U0945086

企业法律风险防范与管理丛书

人力资源管理法律地图

——公司劳动法应用操作指南

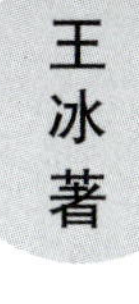

王冰 著

避开人力资源管理领域中的法律陷阱和地雷

英属百慕大中信资源控股有限公司
北京代表处
CITIC RESOURCES HOLDINGS LIMITED BEIJING OFFICE

WUHAN UNIVERSITY PRESS
武汉大学出版社

图书在版编目(CIP)数据

人力资源管理法律地图:公司劳动法应用操作指南/王冰著.—武汉:武汉大学出版社,2007.10

企业法律风险防范与管理丛书

ISBN 978-7-307-05879-8

Ⅰ.人… Ⅱ.王… Ⅲ.公司—劳动力资源—资源管理—劳动法—中国 Ⅳ.D922.5

中国版本图书馆 CIP 数据核字(2007)第 151408 号

责任编辑:张 欣　　责任校对:黄添生　　版式设计:詹锦玲

出版发行:**武汉大学出版社** (430072 武昌 珞珈山)

(电子邮件:wdp4@whu.edu.cn 网址:www.wdp.com.cn)

印刷:湖北恒泰印务有限公司

开本:720×1000 1/16 印张:21.5 字数:312 千字 插页:1

版次:2007 年 10 月第 1 版 2007 年 10 月第 1 次印刷

ISBN 978-7-307-05879-8/D·768 定价:30.00 元

版权所有,不得翻印;凡购我社的图书,如有缺页、倒页、脱页等质量问题,请与当地图书销售部门联系调换。

作者简介

王冰，资深执业律师，经济、民事法律事务专家。

执业以来，王律师一直致力于企业经营管理法律的研究与办理，积累了极其丰富的企业经营诉讼与非诉实战经验；同时先后担任了诸多企业的常年法律顾问，深谙企业的经营运作之道，给企业经营的现实问题分析乃至解决以有效的助力。

他在企业劳动法领域，具有丰富的法律理论和实践经验，处理劳动争议案件数百起，参与多家公司规章制度的建设和项目的法律规划。其课程特色在于，结合大量劳动关系管理和劳资纠纷案例，介绍企业劳动关系管理中的常见问题与解决方法，指导如何避免和预防法律纠纷，实现可预期的人力资源管理。

王律师根据多年深入企业任职企业经营法律顾问的丰富经验，将大量鲜活生动的企业案例融入图书之中，使读者获益匪浅。

王律师在国内外培训过的企业近百家，学员上千人，学员将所学法律技能运用在企业经营管理活动的操作中产生了明显效果。

王冰律师的联系方式是：falvsalon625@ gmail. com。

您也可以登录公司法律风险防范沙龙 www. falvsalon. com. cn，与王冰律师共同探讨公司法律风险管理。

目　　录

第二部分　劳动基准制度

第三部分　劳动合同管理

第四部分　劳动关系管理

第五部分　以证据为基础的劳动纠纷解决与预防

尾　　声

图书使用指南

1. 本书结构

因为地图的如下特性：

- 非常实用的指南
- 能够有针对性地提供许多附加实用工具
- 一目了然的安排

所以我喜欢以地图的方式来编排培训手册或者出版物，尽力让它符合“地图”的特性，即：实用、便捷、易懂。本书就是其中的法律地图代表作，它绘制的是企业人力资源管理过程中的法律地图，让你提前避开人力资源管理领域中的法律陷阱和地雷，提前把握前进道路情况，做正确的人力资源管理法律准备工作，让人力资源管理工作更加合法、科学、专业。

本书作为人力资源管理领域的法律实战工具书，前身是我在过去十多年资料和实战案例积累的基础上编制而成的培训学员手册。这些年里，蒙很多培训班学员的偏爱，广为传播。有许多学员专门来函或发来电邮，提出自己的想法，与我分享他们接触的劳动法典型案例，正是受他们的鼓励，本书才得以持续改版，满足了劳动法工作实战的需要，有效帮助你和你的企业学习、了解和使用目前国内最新、最实用、最有效的劳动法资讯与技巧，协助企业防范劳动风险。

你会注意到，我将立足人力资源管理实际工作，以尽量浅显易懂的方式阐释劳动法问题。本书非常注重大量劳动法实战案例的运用，力争通过控辩双方的交锋、法官判决意见要点提示，带来强烈的现场感，让你能在真实的场境中感悟劳动法有关法律技术的运用策略，从而使本书生动、实用、有效，给你提供借鉴。

除了案例之外，就合同实战技术的呈现方式，我将充分使用实战分析、练习和模拟交互讨论，用生动且深入浅出的方式，通过丰富的案例分析与讨论等培训界广泛运用的高效训练方法，使你能够全面理解人力资源法律管理实用工作方法与策略，有效提升企业的人力资源。同时，也将一改法律深奥、枯燥的印象，让你品味快速掌握运用自如法律工具的乐趣。

我希望通过本书，让你获得如下收获：

- ☐ 提高 HR 劳动关系常见问题的处理和操作能力，帮助建立行为规范和模式；
- ☐ 从签订劳动合同、履行劳动合同到解除劳动合同等企业用工的全流程劳动关系管理提供完整的解决方案；
- ☐ 企业如何有效避免劳动争议，如发生劳动争议如何取得主动地位，解决企业劳动用工的后顾之忧；
- ☐ 提高企业风险防范能力，促进企业安全运营。

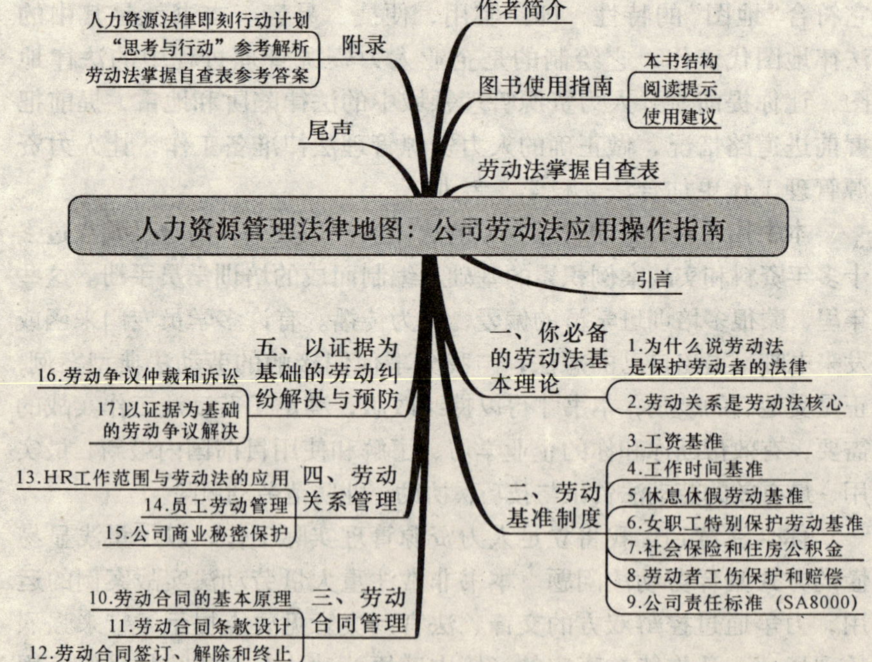

导引部分。该部分以较大篇幅提供了有针对性的本书使用指南，以方便您更快、更容易地掌握本书主要功能、小技巧以及使用各种“快捷键”，比如本书中的主要阅读提示符、充分利用网络资源建议以及充分思考与行动建议。此外，本书提供了劳动法掌握自查表供你了解你的能力状况，在引言则概要介绍了有关本书的基本思考。

第一部分：你必备的劳动法基本理论。在本部分我将介绍您应知应会的劳动法基本理论，包括为什么说劳动法是保护劳动者的法律，以及劳动法的核心——劳动关系。阅读这一部分以后，您就能从更深层次来理解您所面对的人力资源法律问题。

第二部分：劳动基准制度。我将介绍人力资源法律中最基本的一些制度内容，包括制度的把握，包括工资、工作时间、休息休假、女职工特别保护、社会保险和住房公积金、劳动者工伤保护和赔偿；此外，作为延伸内容，我还专门介绍了公司责任标准(SA8000)的一些内容，对您会有一些启发。

第三部分：劳动合同管理。这部分主要阐述一些关于合同签约的要点，首先分析劳动合同的基本原理，进而具体介绍劳动合同条款设计，微观层面完成以后，我会再向您介绍略微宏观的劳动合同签订、解除和终止实用技巧。

第四部分：劳动关系管理。这是人力资源管理法律问题中比较重要，也是问题比较多的一块，一开始我就会介绍 HR 工作范围与劳动法的应用，进而介绍员工劳动管理与公司商业秘密保护等员工管理中的焦点问题。

第五部分：以证据为基础的劳动纠纷解决与预防。我会首先向您介绍如何进行劳动争议仲裁和诉讼，在掌握了这些基本要点之后，您还需要掌握更进一步的纠纷“制胜术”，即实现以证据为基础的劳动争议解决。

附加资源。我在这里为您制定了即刻行动计划，这部分所占内容少，但可发挥重大作用，绝对不要错过，此外还提供了正文中“思考与行动”栏目的部分参考解析。

另外，为增强本书效果，我正式推荐人力资源管理最大的网络平台 www. hrsalon. org，这里有各种强大的人力资源管理工具，是迅速成为人力资源管理专家的一条捷径。

2. 阅读提示

作为对正文的辅助，为你提供丰富而有价值的成功标杆企业、法律法规知识、实战建议、警告提醒等附加内容，我在本书中运用了阅读提示框，以及有关内容的主题专栏。

本手册阅读提示框有七类：

(1)“参考资源”阅读提示框：介绍你可能会用到的一些资源，如重要网站、好用的人力资源法律管理工具等。

(2)“提醒”阅读提示框：让你值得警惕、关注的公司劳动法问题。

(3)“小知识”阅读提示框：补充提供有关公司劳动法的基础知识。

(4)“实战建议”阅读提示框：提供我在企业人力资源法律管理一线的鲜活实战技巧。

(5)“关键词”阅读提示框：提供一些公司劳动法重要名词的解读。

(6)“法律法规”阅读提示框：与正文相关的重要法律法规的介绍。

(7)“标杆借鉴”阅读提示框：非常重要的提示框，通过它们你会了解在与你平行的世界上，一些人力资源法律管理成功者是如何运作的。鉴于“世界是平的”，里面有许多国外案例，与国内企业的成功个案相得益彰。

阅读提示框类似于培训上我不断穿插给学员参考的资料和提醒，专栏则类似于我发给学员的活页资料，如同它们活跃了培训现场一样，我相信它们也会让本书充满活力，这些额外的信息和资源将会进一步加快你的前进步伐。

此外，感谢德国埃·奥·卜劳恩先生于 1934 年至 1937 年间创造的经典漫画《父与子》，他的漫画和他本人始终为我所深深喜爱，那一幅幅小巧精湛的画面闪烁着智慧之光，无言地流泻出纯真的赤子之情与融融的天伦之乐。这么多年里我一直在向很多培训学员推荐，你瞧，现在我又在向您“吹捧”它了。

作为对卜劳恩先生的致敬，我在书中使用了他的多幅漫画。如果有朋友感兴趣，可以到“公司法律风险管理网”下载漫画全集欣赏，这是我特意为您准备的。

3. 使 用 建 议

◆ 利用网络资源

我认为，您应该充分利用三方面的网络工具和资源，娴熟利用各种外部工具，而非掌握呆板的知识，这才是我的目标。毕竟授人以鱼，仅供一饭之需，授人以渔，则终生受益无穷。

(1) google、baidu、yahoo 等搜索引擎。

网络搜索引擎的运用非常重要，我一方面会就若干实战工具介绍相关的行业标杆，让您借鉴它们的成功之处，但更多我会在“思考与行动”中让您运用搜索引擎去寻找一些运用这些工具的企业，这种主动了解的合同实战经验对您会非常有帮助。别人喂的总不如自己找来的香，自古皆然。

(2) 各种劳动法专业网站。

您需要为自己在网络浏览器的“收藏”工具栏里建立一些常用网站的收藏，以备随时使用。HR 沙龙 www. hrsalon. org 劳动关系板块是一个很好的去处。

(3)“公司法律风险防范沙龙”网站。

作为本书的“荣誉读者”，我们欢迎您随时登录本书的配套支持网站“公司法律风险防范沙龙”(www. falvsalon. com. cn)，查阅各种劳动法信息和知识，并向我们提出工作中碰到的各种劳动法问题，一起探讨令人兴奋的人力资源管理法律问题。

也许您还有机会获得我们的幸运小礼物，赶快来吧。

◆ 思考与行动

我在阅读中的重要体验是：要总结，而非只画重点线。简单的画重点线只是一种消极活动，它不能让你大脑充分动起来。当你读完一部分，你应该稍微花点时间用自己的话总结一下，比如在页边缘写下你的概述和思考关键点。

考考自己，让自己面对问题开始去思考。我决不想把它变成单向灌输，而是希望通过互动带动您去思考，特别是一些很有意义的关键问题，从而检验你对这部分内容的理解。充分的互动，无论是对于培训中的讲师和学习伙伴，或者是与面前这本书，都是迅速、彻底掌握有关学习要点的不二法门。

在培训现场，我通常会安排分成一个个学习研讨小组的学员频繁、不断地进行“头脑风暴”，我不仅仅让他们听取外部的成功经

验，我还要求他们一起分享他们所在企业的问题和成功之处，一起来思考如何将现场学到的知识，变成马上反思和改进自己所在企业问题的工具。

不断提出的思考和行动要求，也是本书的一大特点。经验表明，如果您在使用这本手册时积极参与，您就会在今天和以后的时间里，享有更好的结果和成绩。

为了强调这种互动安排，在每个思考与行动栏目标题的右侧，我们都标出了建议最低时间。请强迫自己不断思考和马上行动，这将造就您无与伦比的战略力和执行力。

所以请您务必安排时间来实施这些“思考与行动”，特别是实践训练：技能形成的真谛在于“学习—实践—再学习”循环地反复进行，您运用您的新知识越多，这些知识就会越牢固的转化为您自己的知识、技能，乃至于成为本能。这种感觉真是太好了。

我们给自己确定的目标是：让您的购书款至少达到 100000% 的投资回报率，让我们一起来完成它！

你的劳动法掌握自查表

现在，试着完成下面的问题，检测一下你的“劳动法力”力量指数，了解你的现状，争取带着问题和改进的愿望进入下面部分的阅读。

一、单选题

(1)《中华人民共和国劳动法》适用于（　　）。

A. 国家机关公务员　　B. 企业职工

C. 部队军人　　D. 家庭保姆

(2)依据《劳动法》规定，劳动者在(　　)情况下，用人单位可以解除劳动合同，但应提前30天以书面形式通知劳动者本人。

A. 在试用期间被证明不符合录用条件的

B. 患病或者负伤，在规定的医疗期内的

C. 严重违反用人单位规章制度的

D. 不能胜任工作，经过培训或调整工作岗位仍不能胜任工作的

(3)能够认定劳动合同无效的机构是(　　)。

A. 各级人民政府　　B. 工商行政管理部门

C. 各级劳动行政部门　　D. 劳动争议仲裁委员会

(4)根据有关规定，下列(　　)支出不应列入企业工资总额范围。

A. 计时工资　　B. 计件工资

C. 加班工资　　D. 职工福利费用

(5)《劳动法》规定单位解除劳动合同，工会认为不适当的，有权(　　)。

A. 提出意见　　B. 要求重新处理

C. 予以纠正　　D. 撤销解除意见

(6) 有权实施劳动监察的机关是(　　)。

A. 公安机关　　B. 工会

C. 用人单位上级主管机关　　D. 劳动行政主管部门

(7) 因签订集体合同发生争议，当事人协商解决不成的，有权协调处理该争议的机构是(　　)。

A. 劳动争议调解委员会　　B. 劳动争议仲裁委员会

C. 人民法院　　D. 当地人民政府劳动行政部门

(8) 下列情形中属于劳动法调整的是(　　)。

A. 出版社向作者支付稿酬

B. 企业支付给未签订劳动合同的劳动者的劳动报酬

C. 甲企业支付给乙企业的零件加工费

D. 国家机关支付给公务员的工资

(9) 城镇企事业单位职工缴纳失业保险费比例是职工工资的(　　)。

A. 1%　　B. 2%　　C. 6%　　D. 8%

(10) 在用人单位与劳动者未签订劳动合同的情况下，为证明双方存在劳动关系，劳动者应对下列凭证承担举证责任(　　)。

A. 工资支付凭证

B. 用人单位向劳动者发放的"工作证"

C. 劳动者填写的用人单位招工"登记表"

D. 考勤记录

(11) 用人单位支付劳动者工资的具体做法可以是(　　)。

A. 以法定货币支付　　B. 以实物代替货币支付

C. 以货币和实物一并支付　　D. 以货币和企业债券一并支付

(12) 因违反劳动法应当承担行政责任的主体不包括(　　)。

A. 用人单位　　B. 劳动行政主管部门的工作人员

C. 有关部门的工作人员　　D. 劳动者

(13) 劳动者不能胜任工作，经过培训或者调整工作岗位，仍不能胜任工作的，用人单位可以依法采取的处理方式是(　　)。

A. 解除合同　　B. 终止合同

C. 变更合同　　D. 续订合同

(14)下列关于劳动法地位的认识，通常认为(　　)。

A. 劳动法是一个独立法律部门　　B. 劳动法是民商法组成部分

C. 劳动法是经济法的组成部分　　D. 劳动法是社会法组成部分

二、多选题

(1)劳动法律关系要素为(　　)。

A. 劳动权利能力　　B. 劳动行为能力　　C. 劳动法律关系主体

D. 劳动法律关系客体　　E、劳动法律关系内容

(2)我国《劳动法》规定，劳动者就业，不因(　　)不同而受歧视。

A. 身份　　B. 民族　　C. 种族

D. 性别　　E. 宗教信仰

(3)下列各项中属于劳动合同必备条款的有(　　)。

A. 劳动合同期限　　B. 工作内容　　C. 劳动纪律

D. 社会保险　　E. 试用期

(4)用人单位可以代扣劳动者的工资的情况为(　　)。

A. 用人单位代扣代缴个人所得税

B. 用人单位代扣代缴应由劳动者个人负担的各项社会保险费用

C. 法院判决、裁定中要求代扣的抚养费、赡养费

D. 应债权人请求代扣欠款

E. 按劳动合同约定应由劳动者赔偿给用人单位的经济损失费用

(5)工作日可分为(　　)。

A. 集中工作日　　B. 标准工作日　　C. 缩短工作日

D. 延长工作日　　E. 不定时工作日

(6)企业行政对违反劳动纪律的职工给予经济方面的制裁有(　　)。

A. 罚款　　B. 停发工资　　C. 记过

D. 降低工资级别　　E. 赔偿经济损失

(7)在劳动法的体系结构中，属于劳动关系协调法的有(　　)。

A. 工资法　　B. 劳动合同

C. 集体协商　　D. 集体合同

(8)下列情形中，视同工伤的有(　　)。

A. 在工作时间和工作岗位，突发疾病死亡

B. 自残或自杀的

C. 患职业病的

D. 在维护国家利益、公共利益活动中受伤害的

(9)劳动争议仲裁委员会的办案原则有(　　)。

A. 工会代表参与的原则　　B. 先行调解的原则

C. 一次裁决的原则　　D. 少数服从多数的原则

(10)下列属于工作时间的有(　　)。

A. 病假时间　　B. 停工待料时间

C. 女职工哺乳时间　　D. 职工培训时间

(11)下列不能作为最低工资组成部分的有(　　)。

A. 加班加点工资

B. 特殊工作环境条件下的津贴

C. 法定的劳动者保险福利待遇

D. 用人单位通过补贴伙食、住房支付给劳动者的非货币性收入

(12)下列关于劳动纪律的说法正确的有(　　)。

A. 劳动纪律是企业经营者管理权的一项内容

B. 劳动纪律是劳动合同的必备条款

C. 劳动纪律的效力来自于国家的强制性规定

D. 劳动纪律的内容可视为是劳动合同的具体化

完成它了是吗？那就请你翻到本书的附录三，对照自查表参考答案看一下得分记录，评估自己的劳动法水准。

引言：劳动法对人力资源管理的意义

作为劳动法律师，首先要考虑自己对 HR 工作的价值，我一直在思考：劳动法对 HR 的工作到底有什么样的作用？随着越来越多的劳动法案件经历，和越来越多的与 HR 朋友交往的经验，我渐渐得出了结论：劳动法，首先是 HR 的工作底线。

如果说，工作分析是 HR 的最基本的功夫，那么劳动法就是 HR 的工作底线。

劳动法首先规定了一系列的劳动标准，如最低工资、工作时间、女职工保护等，这些劳动标准是法律对劳动者的最低保护，也是对公司的强制性责任。对 HR 来说，这些劳动标准就是自己工作的底线。

越过这个底线，就会酿成法律问题，导致诉讼。任何一个公司，卷入法律诉讼，都是一个很重要的事件。轻则影响公司形象，重则导致人心涣散。老板如果追究官司产生的原因，HR 部门就会首当其冲；官司赢了还好，如果官司输了，HR 就等着走人吧。所以 HR 掌握劳动法，就是掌握住自己的工作底线，知道哪些事情可以做，哪些事情不可以做。

对于公司，如果打输官司，往往不仅是个案，由于劳动案件的易复制性，往往会有一系列的官司发生，造成公司管理的巨大困难。据说，无锡一个公司，输掉了一个加班工资的官司，然后就是几百个员工的群体诉讼，最后造成公司破产关门。

所以如果自己的职业生涯规划选择了人力资源管理，就一定要掌握劳动法，劳动法的知识越丰富，越知道自己的底线在哪儿，就越不容易触界。

不要挑战法律！

第一部分

你必备的劳动法基本理论

在本部分我将介绍您应知应会的劳动法基本理论，如为什么说劳动法是保护劳动者的法律。您将知道中国劳动法的调整范围、劳动法律层阶体系、劳动法对劳动者保护的倾斜、劳动者权利的特别规定，以及不遵守劳动法现象的原因和作为人力资源管理者的应对策略。

第 2 章则介绍了劳动法的核心——劳动关系，包括劳动关系的特殊性、认定及其主要内容，该章比较重要也非常现实的一个内容是公司对劳动者进行管理的界限。

阅读这一部分以后，您就能从更深层次来理解您所面对的人力资源法律问题。

【内容提要】

第 1 章：为什么说劳动法是保护劳动者的法律

【本章提要】

□ 保护劳动者是劳动法与生俱来的使命
□ 劳动法的范围
□ 我国劳动法律层阶体系
□ 劳动法倾斜保护的法律体现
□ 劳动者权利的特别规定
□ 为什么很多公司不遵守劳动法
□ 老板违反劳动法，你该怎么办

1. 保护劳动者是劳动法与生俱来的使命

劳动关系起源于民法上的雇佣关系。雇佣是一方为他方提供劳务，他方给付报酬的行为。民法的特征是当事人各方在法律关系中地位平等，法律给予当事人平等保护。

劳动关系被视为两个独立人格之间就劳务和报酬之间的交换关系，这种交换关系受合同自由原则的规范，由当事人的自由合意确定。劳动者可以自由决定与任何的雇主签订合同，可以随时签订，也可以任意解除，双方权利义务的内容完全取决于当事人在合同中的约定，不会产生其他任何的附随义务，法律对双方的雇佣合同不予干涉。

实际上，由于雇主掌握生产资料和分配的权利，劳动者除了劳动力之外一无所有。因此合同自由也只是雇主一方的自由，而非劳动者的自由。法律关系的平等只是一种表面的平等，资本的巨大支配力将劳动者的独立转化为对资本的依附。劳动者处于事实上的弱者地位。在所谓平等、自由的放任之下，劳动者成为机器的附属，跟着飞速旋转的机器无休止地劳动。资本家为了榨取尽可能多的剩余价值，采用大幅度降低工资，尽量延长劳动时间，增加劳动强度，廉价雇佣童工、女工来取代成年男工等最残酷、最原始的剥削方式，使工人的劳动条件和生活状况急剧恶化。

“哪里有剥削，哪里就有反抗”，面对这种处境，各国爆发了无以数计的工人反抗斗争，破坏机器设备、烧毁工厂厂房、停工怠工、抗议示威等接连不断。

为了调整处于强势地位的资本家与处于弱势地位的劳动者之间的关系，调和社会矛盾，保护处于“弱者”地位的劳动者的合法权益，公共权力积极介入劳动关系，在民法基础上，各国相继出台了对劳动者特别保护的劳动法，公共力量（国家）和社会力量（工会）在平衡劳资关系上的作用日益强化。

劳动法发端于民法，又超越了民法，并逐渐成为独立的法律部门。

劳动法其实是一部劳动者权益保护法，是一部对用人单位予以限制，对劳动者提供特别保护的法律。劳动法的假设前提是拥有生产资料的用人单位处于强势地位，以提供劳动获取工资的劳动者处于弱势地位。劳动法牺牲了民法的形式正义，而获得了实质正义的结果。

如果劳动法不以劳动者为专门的保护对象，劳动法也就没有存在的理由和必要，或者说这样的劳动法就不能再称之为劳动法了。保护劳动者是劳动法与生俱来的使命。劳动法既然对劳动者提供特别保护，那么对于作为劳动者对立面的用人单位而言，劳动法就成了紧箍咒，在正常的雇佣合同之外，公司必须承担社会责任。

在我国，从现实来看，劳动者仍然处于弱者地位。劳动力供大于求和劳动对于劳动者的意义是导致现实中劳动者成为“弱者”的主要原因。劳动力大量过剩，供过于求，在这种状况下，劳动者要得到一个岗位相当不容易。失业不仅使失业者本人及其家庭生活由于收入下降而质量下降，而且还会使失业者及其家庭成员在精神上蒙受伤害，甚至连家庭的稳定性也面临严峻的考验。劳动者找工作难正好意味着用人单位很容易找到自己所需要的劳动者，而且还可以以尽可能低的代价找到劳动者。劳动者宁愿放弃诸如休息、健康、福利等基本的权利出卖劳动力。

即使劳动者已经找到工作，实现就业后，劳动者仍然是“弱者”。劳动关系的特征之一就是劳动者对用人单位的依附性。劳动者服从用人单位的管理、指挥和监督是一项基本的劳动义务。在日常工作劳动者必须将自己置于用人单位的管理、指挥和监督下。劳动者权益被侵害时，劳动者也难以得到对自己有利的证据。

面对实际地位不平等的双方当事人，劳动法的任务仍然任重道远，应当继续担负起维护作为“弱者”一方的劳动者合法权益的责任。劳动法在我国不是被削弱，而应继续加强。

劳动法具有如下特征：

(1)劳动法的基本价值取向是侧重保护劳动者，使其进行有尊严的劳动，通过法律的强制弥补劳动者的弱势地位。

(2)强制性规范与任意性规范相结合，以强制性规范为主。劳动法大多属于强制性规范，尤其是劳动强制标准，它是国家对用人单位设定的义务，用人单位必须严格遵守，不能降低标准，只能在最低标准之上给予劳动者更好的劳动条件和工资福利待遇。

(3)在政府内部设置专门的部门执行劳动法，贯彻劳动法的实施，并对用人单位实施劳动法的行为进行监督。政府的劳动保障部门对于违反劳动法中工作时间、休息休假、工资、劳动保护等规定的行为，负有监管之责，政府的劳动监察部门义不容辞地要去查处。政府劳动部门的工作方式是采取接受劳动者举报进行查处与定期和不定期到企业进行检查督促相结合，发现企业违法行为及时予以纠正和处罚。

2. 劳动法的范围

劳动法律制度所调整的范围涉及劳动关系的方方面面，主要包括以下几个部分：

(1)劳动关系方面的法律制度。这是调整劳动关系最基础的法律制度，主要是指劳动合同法和集体合同法。在市场经济条件下，劳动关系主要通过劳动者与用人单位订立劳动合同来建立。由于劳动者个人相对于企业而言总是处于弱势地位，在劳动合同中容易出现一些对劳动者不利的条款，这就需要通过集体合同来矫正，以提高企业的整体劳动条件和职工的工资福利待遇。集体合同一旦签订，对企业及劳动者都具有法律效力，个人与企业签订的劳动合同与集体合同条款相冲突的，以集体合同为准。

(2)劳动基准方面的法律制度。主要指国家制定的关于劳动者最基本劳动条件的法律法规，包括最低工资法、工作时间法、劳动安全与卫生法等。其目的是改善劳动条件，保障劳动者的基本生活，避免伤亡事故的发生。劳动基准属于强制性规范，用人单位必须遵守执行。

(3)劳动力市场方面的法律制度。主要是指调节劳动力市场、促进劳动就业的法律制度，包括就业促进法、职业培训法、就业服务法等。就业是民生之本，促进就业是现代国家的基本责任。国家必须采取各种宏观调控手段，创造就业机会，实现劳动者充分就业。这些主要是国家和政府的义务，与用人单位关系不大。本书对此予以忽略。

(4)社会保险方面的法律制度。主要对劳动者基本生存条件的保障以及生活质量的提高进行规定，具体包括养老保险法、医疗保险法、失业保险法、工伤保险法、生育保险法等。

(5)劳动权利保障与救济方面的法律制度。主要包括劳动监察法和劳动争议处理法。由于劳动关系具有身份属性，劳动者与用人单位之间形成了管理与被管理的关系，用人单位往往会忽视甚至侵犯劳动者的劳动权利。因此，劳动监察对劳动法律制度的实施和劳动者劳动权的实现起着至关重要的作用。

在劳动关系存续中，劳动争议是难以避免的，关键是要建立起有效的解决劳动争议的制度，以此作为解决纠纷、保障当事人合法权益的最后屏障。目前，我国劳动争议处理包括调解、仲裁和诉讼三种方式。

3. 我国劳动法律层阶体系

我国处理法律冲突的基本原则是：上阶法优先于下阶法，下阶法不得与上阶法冲突。

由于法院是劳动争议最终的裁判机构，所以最高人民法院的司法解释在司法体系中具有重要的作用。

小知识

我国的法律层阶顺序

依次为：全国人大通过的基本法律＞全国人大常委会通过的法律＞国务院的行政法规＞省、自治区、直辖市、省会所在的市、较大的市通过的地方性法规＞国务院各部委、省、自治区、直辖市、省会所在的市、较大的市政府制定的规章

(1)法律。由全国人大及其常委会颁布的劳动法律有《劳动法》、《劳动合同法》、《工会法》、《职业病防治法》、《安全生产法》、《矿山安全法》等。

(2)行政法规。由国务院颁布的劳动行政法规主要有《女职工劳动保护规定》、《禁止使用童工规定》、《失业保险条例》、《工伤保险条例》、《企业劳动争议处理条例》、《劳动保障监察条例》等。

(3)部门规章。劳动和社会保障部颁布的配套规章主要有《集体合同规定》、《违反和解除劳动合同的经济补偿办法》、《违反〈劳动法〉有关劳动合同规定的赔偿办法》、《企业最低工资规定》等。

(4)地方性法规和地方政府规章。《劳动法》赋予了省、市、自治区制定劳动合同实施办法的权力，各地制定了大量的地方性法规和地方政府规章，如《北京市劳动合同规定》、《上海市劳动合同条例》等。

(5)司法解释。最高人民法院于2001年发布的《关于审理劳动争议案件有关问题的司法解释》，对处理劳动争议也起了重要的作用。

4. 劳动法倾斜保护的法律体现

一般而言，当事人的权利、义务内容通过相互之间的合同予以确定。在合同之外，劳动法规定公司具有额外的义务和责任。

(1)公司的社会责任。

① 促进残疾人就业：企业有义务按规定录用一定比例的残疾人员；如果公司没有录用残疾人员，则公司应缴纳残疾保障金。

② 在劳动者工作期间，公司不但具有支付劳动报酬的义务，而且应承担照顾劳动者生活的额外责任，如生育、失业、养老、疾病等，公司以缴纳社会保险的方式承担该责任；如公司没有缴纳社会保险，则公司必须自行承担对员工的生育、失业、养老、疾病责任。

③ 公司应协助员工解决居住问题，公司具有为员工缴纳住房公积金的责任。

(2)劳动强制标准。

公司应在工资、劳动时间、员工休假、劳动条件等方面遵循最低劳动标准，公司给予劳动者的待遇只能高于国家规定的劳动标准，而不能低于劳动标准。如公司在劳动合同中与员工约定的待遇低于劳动标准，则约定无效，按劳动标准执行，同时可对公司处以一定的处罚。

(3)劳动合同的限制。

公司具有和员工签订书面劳动合同的义务；除非根据法律规定，公司不得和员工解除劳动合同。

(4)员工参与。

员工有权根据法律参与公司的民主管理，公司制定与员工利益相关的规章制度应征求员工的意见；在国有公司，与员工相关的规章制度必须经职工代表大会通过；公司监事会的三分之一应由员工代表担任；一定条件下，公司实行员工持股。

(5)工会。

公司有义务支持工会组织的成立和活动，在员工成立工会时，不得干涉阻挠；公司必须依据法律为员工成立工会和开展活动提供必要的条件；对工会委员的劳动合同期限应延长到其工会委员任职期限。

(6)公司保护员工的义务。

工伤的无过错责任和对员工的全面照顾；提供符合安全生产要求的劳动条件，保障员工安全；培训员工的义务；在员工非因工负伤和疾病时，应提供员工病假并支付病假工资。

(7)保证员工休息、休假的义务。

应根据法律规定提供员工年休假、婚假、产假、探亲假、丧假等。

5. 劳动者权利的特别规定

(1)劳动合同的特别保护。

一般的民事合同，合同自由为基本原则，合同自由包括签订与不签订劳动合同的自由，与谁签订劳动合同的自由，决定劳动合同条款的自由。在劳动合同中，基于保护劳动者的角度，对合同自由原则进行了一定的限制。

① 就业平等权。用人单位在招用职工时，除国家规定不适合从事的工种或者岗位外，不得以性别、民族、宗教信仰为由拒绝录用或者提高录用标准。

② 劳动合同期限延长。当劳动者在法定的医疗期、工伤保护期、女职工在“三期”内，工会委员在任期内，劳动合同到期后，期限自动延长至保护期结束。

③ 劳动合同内容必须符合法律规定的强制标准；劳动合同条款必须符合法律的要求。

④ 单方解除劳动合同的权利，劳动者的辞职权，是劳动者自主选择职业权利的一项具体化权利。

(2)组织和参加工会的权利。

员工有权组织和参加工会，通过工会和公司集体协商，保证员工的利益。

(3)解除合同权(职业选择权)。

解除合同权(职业选择权)是《劳动法》规定的劳动者的一项基本权利。《劳动法》第31条、《劳动合同法》第37条规定了劳动者自主选择职业的权利的肯定和具体化。

(4)休息、休假权。

员工有权获得法定节假日以及年休假、探亲假、婚丧假、事假、生育假、病假等带薪休假。

(5)女职工的特别保护。

女职工在休息、休假、劳动合同、工作强度等方面都获得特别保护。

(6)基本劳动条件权。

劳动安全卫生保护，是保护劳动者的生命安全和身体健康，依照我国法律规定，劳动者享有下列职业安全卫生权利：获得各项保护条件和保护待遇的权利、知情权、拒绝权、监督权、紧急状况下的停止作业和紧急撤离权等。

(7)报酬救济权。

当员工的报酬受到侵害时，员工除有权要求立即支付劳动报酬外，还有权立即解除劳动合同，要求支付经济补偿金等。

(8)生存权(社会保险和福利)。

员工有权要求公司为自己缴纳法定的社会保险以及住房公积金，以保证自己的基本生活条件。

6. 为什么很多公司不遵守劳动法

相对于一般合同关系，劳动关系课以用人单位很多额外义务。这些义务的代价就是财产和责任。从趋利避害的角度，用人单位当然不希望承担这些义务，因此不遵守劳动法是一些公司的本能。

公司与员工实际地位的不平等性，他们无法抗拒企业裁减、分流、下岗等的威胁，决定了员工对公司的一些加害行为只能默默忍受。而且工作场所控制在公司手中，即使发生侵害，员工也很难搜集对自己有利的证据。员工的消极忍受，更纵容了少数公司的嚣张气焰。

劳动者的软弱地位，决定了维护劳动者权益不能仅仅依靠劳动者本人的力量，而必须依靠国家和社会的力量。政府劳动部门和工会的介入，就是为了加强劳动者的维权力量。但是，各级政府均以发展经济为中心，招商引资成了他们工作的重点，职能部门偏重于维护公司利益。政府站在了公司利益的一边，必然和维护劳动者利益形成角色冲突。这种冲突决定了政府不可能承担起维护劳动者权益的重任。事实上，《劳动法》的贯彻执行在各地都遇到了严重障碍，有法不依、执法不严成了普遍现象。甚至一些政府部门成了公司压榨劳动者的保护伞。

违法行为并不一定招致惩罚后果。违法行为只有被查处，违法公司才能够被惩罚。由于劳动者法律意识薄弱，对违法行为不知道如何举报；劳动监察部门人数限制，不可能对所有的公司一一查处，因此有些公司虽然违法，但是没有被发觉。即使被发现，法律对违法行为的处罚一般都比较轻微，只是责令违法企业纠正违法行为而已。对于违反劳动法，侵犯劳动者合法权益的行为如何处理，应当承担什么样的法律责任，缺乏有效的法律条款。违法成本低廉，导致违法行为有利可图。

实战建议

老板违反劳动法，你该怎么办？

如果老板的决定违反劳动法的规定，作为负责公司人力资源管理者，你应该通过正常渠道向老板反映，把决定可能出现的各种结果和老板进行沟通，请老板慎重决定。你要掌握各种违反《劳动法》行为的不利后果，通过不利后果的避免劝说老板遵守《劳动法》的规定。

法律条款的不可操作性，导致一些法律条文形同虚设。“没有救济，就没有保护”，法律对劳动者保护的很多规定，仅仅是宣言和口号性质。当公司违反这些对劳动者保护规定的时候，劳动者却没有有效的救济途径。例如法律规定劳动者有平等的就业权利，但是当公司因为户籍、性别、民族等原因限制劳动者的就业权而产生劳动争议的时候，但这类劳动争议既不属于劳动仲裁的范围，也不属于劳动监察的范围，劳动者没有途径去维护自己的合法权利。由于没有救济途径，导致劳动者的权利成为一纸空文。

劳动者维权成本高昂。劳动者权利发生侵害，必须先提起劳动仲裁，对仲裁不服，才能向法院起诉，我国的劳动法律法规对劳动仲裁给予了较多的限制，如时效期只有 60 日，劳动仲裁程序繁杂，效率低下，仲裁期限较长，不能有效地维护劳动者的合法权益。而且很多劳动者赢了官司，丢了饭碗；耗费钱财，难有结果。高昂的维权成本，常常导致劳动者放弃维权。

在违法行为有利可图的时候，一些公司当然会选择违反劳动法规定。

7. 老板违反劳动法，你该怎么办？

如果老板的决定违反劳动法的规定，作为负责公司人力资源管理者，你应该通过正常渠道向老板反映，把决定可能出现的各种结果和老板进行沟通，请老板慎重决定。

你要掌握各种违反劳动法行为的不利后果，通过不利后果的避免劝说老板遵守劳动法的规定。

违反劳动法行为的 12 种可能不利后果

序号	违反劳动法的行为	后果
1	违反劳动法延长劳动者工作时间（每周 40 小时工作时间，延长工作时间，一般每日不得超过 1 小时；因特殊原因需要延长工作时间的，在保障劳动者身体健康的条件下延长工作时间每日不得超过 3 小时，但是每月不得超过 36 小时）	由劳动行政部门给予警告，责令改正，并可以处以罚款

续表

序号	违反劳动法的行为	后果
	劳动报酬方面： (1)克扣或者无故拖欠劳动者工资的	在规定的时间内全额支付劳动者工资报酬外，还需加发相当于工资报酬25%的经济补偿金
2	劳动报酬方面： (2)拒不支付劳动者延长工作时间工资报酬的	在规定的时间内全额支付劳动者工资报酬外，还需加发相当于工资报酬25%的经济补偿金
	劳动报酬方面： (3)低于当地最低工资标准支付劳动者工资的	要在补足低于标准部分的同时，另外支付相当于低于部分25%的经济补偿金；员工可随时解除劳动合同
3	用人单位的劳动安全设施和劳动卫生条件不符合国家规定或者未向劳动者提供必要的劳动防护用品和劳动保护设施的	由劳动行政部门或者有关部门责令改正，可以处以罚款；情节严重的，提请县级以上人民政府决定责令停产整顿
	用人单位违反本法对女职工和未成年工的保护规定，侵害其合法权益的	由劳动行政部门责令改正，处以罚款；对女职工或者未成年工造成损害的，应当承担赔偿责任
4	(1)造成劳动者工伤、医疗待遇损失的	除按国家规定为劳动者提供工伤、医疗待遇外，还应支付劳动者相当于医疗费用25%的赔偿费用
	(2)造成女职工和未成年工身体健康损害的	除按国家规定提供治疗期间的医疗待遇外，还应支付相当于其医疗费用25%的赔偿费用
5	用人单位强令劳动者违章冒险作业，违反安全法规，对事故隐患不采取措施，造成严重后果的（1人死亡，或者3人以上重伤）	重大责任事故罪
6	侵犯员工人身自由： (1)以暴力、威胁或者非法限制人身自由的手段强迫劳动的； (2)侮辱、体罚、殴打、非法搜查和拘禁劳动者的	由公安机关对责任人员处以15日以下拘留、罚款或者警告；构成犯罪的，对责任人员依法追究刑事责任；员工可随时解除劳动合同

续表

序号	违反劳动法的行为	后果
7	用人单位无故不缴纳社会保险费的	由劳动行政部门责令其限期缴纳，逾期不缴的，可以加收滞纳金；补缴；如在劳动关系期间发生工伤、大病、生育等，社保承担部分，需用人单位承担责任；员工可随时解除劳动合同
8	未扣缴员工所得税	税务局罚款(税收征收管理法)
9	违反规定对劳动者进行处罚	处罚可能被撤销
10	特殊岗位使用无上岗证的人员	劳动部门处罚；发生责任事故承担刑事责任
11	发生工伤事故未按照规定申报(从业人员发生事故伤害或者按照职业病防治法规定被诊断、鉴定为职业病，所在单位应当自事故伤害发生之日或者被诊断、鉴定为职业病之日起30日内，向用人单位所在地的区、县劳动保障行政部门提出工伤认定申请)	用人单位未在规定的时限内提出工伤认定申请的，在此期间发生符合规定的工伤待遇等有关费用由该用人单位负担
12	规章制度违反法律规定	劳动部门进行处罚；根据规章制度进行的行为无效；对劳动者造成损害的，应当承担赔偿责任
13	不签订书面劳动合同	用人单位自用工之日起超过1个月不满1年未与劳动者订立书面劳动合同的，应当向劳动者每月支付2倍的工资；用人单位自用工之日起满1年不与劳动者订立书面劳动合同的，视为用人单位与劳动者已订立无固定期限劳动合同
14	未签订无固定期限劳动合同	用人单位违反规定不与劳动者订立无固定期限劳动合同的，自应当订立无固定期限劳动合同之日起向劳动者每月支付2倍的工资

续表

序号	违反劳动法的行为	后果
15	违法解除、终止劳动合同	用人单位违反规定解除或者终止劳动合同的，应当依照正常情况下应支付的经济补偿标准的 2 倍向劳动者支付赔偿金
16	要求劳动者提供担保	用人单位违反规定，以担保或者其他名义向劳动者收取财物的，由劳动行政部门责令限期退还劳动者本人，并以每人 500 元以上 2000 元以下的标准处以罚款；给劳动者造成损害的，应当承担赔偿责任
17	未向劳动者出具离职证明	用人单位违反规定未向劳动者出具解除或者终止劳动合同的书面证明，由劳动行政部门责令改正；给劳动者造成损害的，应当承担赔偿责任
18	招用有其他劳动关系的员工	用人单位招用与其他用人单位尚未解除或者终止劳动合同的劳动者，给其他用人单位造成损失的，应当承担连带赔偿责任

当公司既不愿意冒着违反劳动法的风险，又想通过变通手段实现管理的目的，这时 HR 可以考虑把以提供劳务为标的的法律关系（通常情况下，一般表现为劳动关系，但也可以表现为其他民事关系）设计成一般民事法律关系，这样一来，双方的权利义务直接通过合同进行确定，而无须负担合同以外的其他义务。

第 2 章：劳动关系是劳动法的核心

【本章提要】

□ 劳动关系的特殊性
□ 劳动关系的认定
□ 劳动关系的主要内容
□ 公司对劳动者进行管理的界限

1. 劳动关系的特殊性

劳动关系是一种特殊的买卖关系，作为劳动报酬的对价，劳动者出卖的是自己的劳动时间。

劳动关系

劳动关系是指劳动者与用人单位在实现劳动过程中发生的社会关系，其基本内容是劳动者在劳动时间范围内提供劳动，用人单位在劳动时间范围内使用该劳动并支付工资。

劳动者和公司签订劳动合同建立劳动关系，公司支付给劳动者报酬，如果把劳动报酬理解成价款的话，那么公司购买劳动者的是什么呢？从一般意义上的理解是员工的“劳动”，从经济学意义理解是“劳动力”。从法律上劳动合同条款分析，公司向员工购买的应是“员工8小时工作时间的劳动支配权”。

(1)公司仅能够就“劳动支配”的有关事项对员工实施管理，与工作管理无关的事情，公司对员工没有干涉权。公司对员工的命令、监督、惩罚等均局限于工作领域。

(2)公司只有对员工在8小时工作时间以内的行为进行支配，对8小时以外的工作时间，原则上公司没有支配权。根据《劳动法》规定，公司要求员工加班，应与员工协商，取得员工同意；只有在紧急情况下，公司才有单方面要求员工加班的权利。员工加班，等于员工额外提供了“工作时间”，因此公司应支付加班工资。

(3)员工的个人劳动构成公司整体劳动的一部分，在以工作为背景的对外关系中，员工的人格被公司吸收，员工隶属于公司。公司应对员工的职务行为承担责任。

(4)公司向员工购买的不是“劳动结果”，而是“劳动过程”。公司获得对员工劳动过程的支配权和指挥权，员工应服从公司的工作安排；同时公司应对员工的劳动结果负责，员工的行为无论造成公司盈利还是亏损，后果都由公司承担，公司同时应承担劳动过程中的全部风险。

(5)劳动合同对公司对员工“8小时工作时间的劳动支配权”进行了明确的限定。根据劳动法对劳动合同条款的要求，要求劳动合同应明确工作地点、具体的工作时间、公司对员工劳动时间的支配方式(职务和岗位)等内容，任何一方改变履行方式均要经过对方的同意。

2. 劳动关系的认定

- **劳动关系的根本特点**

劳动关系的根本特点是劳动者对用人单位的从属性，包括人格上的从属性和经济上的从属性。

人格上的从属性主要指劳动者对用人单位的指示服从的义务。人格上的从属性主要表现为如下标准：①用人单位对劳动者的工作时间、地点和业务内容具有广泛的指示权；②劳动者成为用人单位组织中的一员，必须服从用人单位组织中的内部劳动规则，即必须遵守本单位的规章制度；③劳动者有接受用人单位的检查以及接受合理制裁的义务。

经济上的从属性，即劳动者并不是为自己之营业活动，而是从属于他人，为他人之目的而劳动，因而不具有经济上的独立性。这可从以下几个方面来判断：①生产工具或器械由用人单位所有，原料由用人单位供给；②劳动者的工作是作为用人单位所经营的事业整体的、不可分割的一部分，劳动者是为用人单位的事业提供劳动而不是为自己提供劳动；③劳动者依赖用人单位的工资为其主要生活来源。

- **区别劳动关系与非劳动关系的两种理论**

(1)组织标准论。

如果一个人的工作是单位业务的组成部分时，可以认定双方形成雇佣关系。如果该工作不是用人单位业务组成部分的，则双方不是雇佣关系。例如，没有文员，一个公司的业务是无法进行的，则该文员的工作是单位的组成部分，该文员是公司的雇员。

(2)控制标准论。

雇员必须服从雇主，遵守雇主的劳动纪律和规章制度，雇主有权监督雇员的工作。如果某人签约做某一特定工作，自行提供工作设备，完全自行决定，或不必遵守有关工作细节的指令，则该人通常是独立承包人，而不是雇员。同时还可以考虑履行其职责时是否承担任何风险。

- **实践中认定劳动关系的依据**

(1)用人单位向劳动者支付劳动报酬；

(2)劳动者付出劳动是用人单位业务的组成部分或劳动者实际接受用人单位的管理、约束；

(3)用人单位向劳动者发放“工作证”或“服务证”等身份证件，

或填写“登记表”、“报名表”，允许劳动者以用人单位员工名义工作或没有反对意见的。

- **实践中排除劳动关系的依据**

不接受用人单位管理、约束、支配，以自己的技能、设施、知识承担经营风险，基本不用听从单位有关工作指令，与用人单位没有身份隶属关系的，不是用人单位的劳动者，人民法院可根据双方关系的实际状况来确定双方的法律关系。

用人单位和劳动者之间未形成职业性的从属关系或劳动者的劳动并不是用人单位业务必须的组成部分时，双方之间不形成劳动关系，而应根据其性质具体判定。

3. 劳动关系的主要内容

劳动关系是法律关系的一种，法律关系是法律调整在人们行为的过程中形成的权利、义务关系。

提醒

劳动者权利、义务规定来源

劳动者的权利、义务来自于以下几方面的规定：劳动法的强制性规定、劳动合同的规定、公司规章制度的规定。

劳动关系的内容可以用“权利、义务”来概括。在公司与劳动者的相互关系中，一方的权利就是另一方的义务，习惯上人们用“劳动者的权利、义务”概括劳动关系的内容。

具体来说，劳动者的权利、义务包括以下内容。

- **劳动者的8项权利**

（1）平等就业和选择职业的权利；

（2）取得劳动报酬的权利；

（3）休息休假的权利；

（4）获得劳动安全卫生保护的权利；

（5）接受职业技能培训的权利；

（6）享受社会保险和福利的权利；

（7）提请劳动争议处理的权利；

（8）法律规定的其他劳动权利。

- **劳动者的义务**

(1)劳动者有完成劳动任务的义务。

劳动者一旦与用人单位发生劳动关系，就必须履行其应尽的义务，其中最主要的义务就是完成劳动生产任务。这是劳动关系范围内的法定的义务，同时也是强制性义务。劳动者不能完成劳动义务，就意味着劳动者违反劳动合同的约定，用人单位可以解除劳动合同。

(2)提高职业技能、执行劳动安全卫生规程，遵守劳动纪律和职业道德的义务。

劳动纪律是劳动者在共同劳动中所必须遵守的劳动规则和秩序。它要求每个劳动者按照规定的时间、质量、程序和方法完成自己应承担的工作。职业道德是从业人员在职业活动中应当遵循的道德，其基本要求是忠于职守，并对社会负责。

(3)根据用人单位要求，保守商业秘密的义务。

4. 公司对劳动者进行管理的界限

根据劳动关系原理，当劳动者与用人单位建立劳动关系，劳动者就把自己的劳动力交付给用人单位支配，劳动者的人身亦同时受到用人单位的支配和管理。公司对员工的管理必须遵循以下原则：

(1)在工作场所和工作时间内，对员工在非工作场所、非工作时间的行为，原则上无权管理，除非员工侵害了公司利益；

(2)因工作原因才能管理员工，非工作目的无权干涉员工行为；

(3)管理员工不能侵犯员工其他合法权利，且以工作必要性为限度；

(4)公司无权管理员工私人领域内的事情，除非证明和工作有关。

也就是说，公司有权在工作场所、工作时间内，对员工的行为进行管理，管理方式包括命令、监督和惩罚等，这就是公司对劳动者实施管理的界限。

【思考与行动】（10分钟）

1. 思考一：视频监控

员工的角度：员工感觉到自己时刻被老板盯梢，没有隐私空间，因此失去安全感。

公司的角度：办公室是办公的地方，公司通过视频监控员工的行为，是公司行使管理权的正当方式。

焦点：公司能否对办公场所内的员工行为进行视频监控？监控的界限在哪里？

____

____

____

____

2. 思考二：网络监控

焦点：公司能否对员工实施网络监控？如果能，界限在哪里？

____

____

____

____

3. 思考三：同事之间不得恋爱/结婚

员工的角度：恋爱自由、婚姻自由，这是员工的私事，公司无权干涉。

公司的角度：公司内部员工恋爱、结婚，会破坏员工之间的关系，把家庭中的一些不利情绪带到工作中来，破坏公司的内部监督秩序。

焦点：劳动合同中"本单位同事恋爱或者结婚一方必须辞职"条款有效还是无效？为什么？

____

____

____

____

4. 思考四：不怀孕条款

许多公司在招聘女员工时往往有许多附带条件，例如劳动合同中规定"10 年内不得怀孕，如怀孕劳动合同自动解除"，很多求职者由于求职心切，只好接受了这样的"不怀孕条款"。

员工的观点：员工的生育是天赋人权，公司不得剥夺。

公司的观点：员工怀孕造成工作的不连续性，不能像正常员工一样工作，给公司管理带来不利。

焦点："不怀孕条款"无效吗？

____

____

____

____

参考解析详见附录 2"参考解析一"

专栏：劳动法能够解决公司和员工之间的所有问题吗？

《劳动法》并不是独立、封闭和自足的，而只能与民法、行政法和刑法等方面的法律结合起来，才能用以解决实际问题。从法律实务的角度讲，任何法律问题的解决往往都要综合运用不同法律部门的规范。HR 如果要深入研究劳动法，就必须具有覆盖整个法律体系的视野，具有扎实的民法基本功，而不能试图只在《劳动法》及其配套法律文本中寻求解决劳动关系问题的答案。

公民的权利分为人身权和财产权，人身权又分为人格权和身份权。在劳动关系中，公司通过劳动合同取得了员工在 8 小时劳动时间内的行动控制权，因此员工在工作时间内的行动自主权应服从于

公司的管理权。除此之外，员工的其他权利仍然由自己保留。例如人身自由权、言论自由权、财产权等。

尽管因为员工的劳动属于公司整体劳动的一部分，员工因此对于公司具有隶属性，但是在现代社会中，劳动者人格平等、人格独立构成人权的最基本涵义，这种隶属性并不破坏员工的人格平等权和人格独立权。隶属性仅仅表现为员工以公司的名义工作，员工的职务行为后果由公司承担。

劳动法以劳动关系为核心，对公司的管理行为进行约束，保护劳动者权益。劳动法调整的主要是劳动关系的争议。

但是公司在对劳动者的管理过程中，不可避免地涉及劳动关系以外的事宜，这些事宜与劳动关系相牵连，但是不属于劳动关系的内涵。

例如公司使用员工肖像进行广告宣传，调整公司和员工关系的法律是民法肖像权的规定，而不是劳动法的规定；员工因过失给公司造成损失，公司应依民法侵权赔偿的规定要求员工赔偿损失，《劳动法》里则很难找到这样的规定；尽管《劳动法》规定员工应保守公司的商业秘密，但一旦发生员工侵犯公司商业秘密的情形，公司应从《反不正当竞争法》里寻找法律依据。

由于劳动关系存在着管理与被管理、支配与服从的特征，劳动者的人格尊严往往容易被忽视甚至被侵犯。据媒体报道，一些企业主随意打骂工人，有些企业为了严格管理制度，工人每天下班都要搜身才能出厂，这些行为严重侵害了劳动者的人格尊严，应按照民法的侵权规定进行处理。

法律关系的复杂性决定了《劳动法》不能解决公司与员工之间争议的所有问题，《劳动法》主要解决劳动关系的争议，同时需要借助民法和公司法的规定。

民法是调整平等主体间法律关系的法律规范，劳动法是调整表面上平等、事实上不平等的劳动关系的法律规范。劳动者在与用人单位建立劳动关系前，两者具有一定的平等性，可以平等协商、选择。但一旦建立劳动关系，这种平等即因劳动力及劳动力附着的人身被支配而改变，双方从平等走向实质的不平等。虽然劳动合同和法律仍然载明了双方应是平等的，但事实上双方已不可能平等。劳动关系就是劳动者与用人单位之间平等和不平等两种事实的交织，也因此导致民法和劳动法适用的交织。

《劳动法》第 17 条规定："订立和变更劳动合同，应当遵循平等自愿、协商一致的原则，不得违反法律、行政法规的规定。""劳动合同依法订立即具有法律约束力，当事人必须履行劳动合同规定的义务。"这一条文所规定的"平等"、"自愿"、"协商一致"的原则，与《民法通则》所规定的当事人法律地位平等和意思自治的原则一致。《劳动合同法》第 3 条规定："订立劳动合同，应当遵循合法、公平、平等自愿、协商一致、诚实信用的原则。"因此劳动法本身条文，也说明了劳动法和民法的不可分离，而且民法是劳动法的基础。

无论劳动法作为民法的特别法，或者劳动法是独立于民法的一个独立法律部门，均认为：公司与劳动者之间的争议，如果劳动法有明确的规定，则适用劳动法的规定；如果劳动法没有规定，或者规定不明确，则适用民法的规定。

当劳动合同关系发生纠纷时，首先应当优先适用倾斜保护劳动者的裁判规范，国家的劳动法、劳动行政法规、劳动地方性法规、劳动规章及规范性文件几乎均是基于保护劳动者的宗旨制定的，在处理劳动争议案件时应当优先适用这些规范。其次，当缺乏上述专门的劳动规范存在时，则可适用民事法律规范，如民法通则、合同法等，因为在没有倾斜保护规范的情况下，至少应当实现形式上的平等，故而应当适用民事法律规范。

案例：员工浪费食物应当被开除吗？

小赵是深圳某文仪耗材（深圳）有限公司员工。2006 年 11 月 4 日中午，他到公司食堂吃午饭，因看到饭里有小石子，没吃多少他就把米饭倒了。倒饭的时候，恰巧被食堂的清洁工看见，清洁工将此事报告给了行政部的周先生。当日下午，周先生将小赵叫到办公室谈话。周称，公司新出了规定，员工浪费粮食，一律开除。第二天，公司负责人胡经理明确告知小赵，公司刚刚作出的规定，要得到执行，小赵必须开除。

小赵说，公司食堂饭菜一直做得不好，员工就餐是自己付了钱的，每天早餐、中餐4元，公司每月扣掉他们105元。小赵认为，既然自己出了钱，饭菜就可以自己处置，不好吃倒掉一点也没有关系，公司不能因为这么一点小事就开除他。再说，他的工作合同到2007年才到期，公司开除他违反了合同，应该给他赔偿。

公司称，员工浪费粮食的现象非常严重，有时候食堂的包子、油条、米饭没吃多少就倒掉了，浪费是最大的犯罪，这种坏风气一定要治理。

11月初，公司经理已在食堂向全体员工讲话，称凡是谁浪费粮食，一律开除。11月3日，公司为此专门张贴通告告知员工。没想到，第二天就发现小赵浪费粮食，为执行公司规定，必须开除小赵。

评析

员工浪费食物属于个人道德范畴，与劳动纪律无关，公司以"浪费粮食"为由开除员工是不合法的。公司应该采取其他方式加强内部的管理，而不能以此种简单、粗暴的方式处理问题。

资料来源：《员工倒饭菜被公司以浪费粮食为名开除》（卢先兵，南方新闻网，2006年11月10日）

✍ 我在本部分的收获与心得

第二部分

劳动基准制度

劳动基准是为了保障劳动者最起码的劳动报酬、劳动条件而对用人单位劳动义务所作的最低标准的要求。用人单位对劳动者提供的劳动报酬、劳动条件可以高于但不能低于劳动基准所规定的标准。凡劳动合同、公司规章制度所确定的标准未达到国家规定的劳动基准的，均无法律效力。

本书将介绍人力资源法律中最基本的一些制度内容，包括制度的把握，包括工资、工作时间、休息休假、女职工特别保护、社会保险和住房公积金、劳动者工伤保护和赔偿；此外，作为延伸内容，本书还专门介绍了公司责任标准（SA8000）的一些内容，对你会有一些启发。

对违反劳动基准的行为，例如劳动合同或者公司规章制度等，不但不能产生预期的法律效力，而且会导致民事责任和行政责任。作为用人单位，必须把握法律劳动基准制度相关的界限。

【内容提要】

第 3 章：工资基准
第 4 章：工作时间基准
第 5 章：休息休假劳动基准
第 6 章：女职工特别保护劳动基准
第 7 章：社会保险和住房公积金
第 8 章：劳动者工伤保护和赔偿
第 9 章：公司责任标准（SA8000）

第 3 章：工资基准

【本章提要】

□ 工资构成
□ 工资范围
□ 最低工资基准
□ 工资支付基准

1. 工资构成

在用人单位，员工的薪酬一般由工资、奖金和津贴三部分构成。工资、奖金和津贴具有不同的法律意义。

- 工资

工资是对定额劳动报酬的支付，它主要以计时工资和计件工资两种不同方式存在，加班加点工资本质上是以上两类工资的延续。用人单位一旦与劳动者在劳动合同中确定了工资的数额，用人单位必须按月按约定发放工资，不得少于约定的金额发放工资，否则就属于拖欠或者克扣工资。

计时工资是指按计时工资标准和工作时间支付给个人的工资报酬。计时工资是公司支付员工工资的基本形式，被绝大多数公司所采用。员工只要到公司上班，无论公司是否安排具体工作，公司都应该支付工资给员工。劳动者的工资取决于本人的工资标准和实际劳动的持续时间。

工资

是指基于劳动关系，公司根据劳动者提供的劳动数量和质量，依照法律规定或劳动合同约定，以货币形式直接支付劳动者的劳动报酬。

计件工资是根据劳动者提供的合格产品的数量和规定的计件单价支付工资的一种形式。计件工资把职工的工资与企业经济效益和个人劳动成果更紧密地挂起钩来，有利于更好地贯彻按劳分配原则，激发职工的劳动热情，促进他们努力提高技术水平和劳动熟练程度，从而提高劳动生产率。

关于计件工资

- □ 计件工资应以标准工时制度为计算基础，实行计件工资制的公司对员工每小时工作件数应制定合理，且严格规定制定件数的方式和流程。
- □ 计件工资不能低于政府规定的最低工资。
- □ 企业应对在法定标准工作时间以外工作的员工通过调整计件单价的方式支付加班费。

- **奖金**

奖金是用人单位为了嘉奖突出的贡献和业绩而发放的特殊的薪资，其特点是非常规的、额外的、灵活的。奖金发放属于用人单位的自主权，完全由用人单位根据经济效益和公司的用人策略确定，其目的是为了鼓舞士气、激励员工。单位有权以货币或者非货币的形式给予员工奖励，也有权不对员工进行奖励。

关键词

奖金

是指支付给职工的超额劳动报酬和增收节支的劳动报酬，包括生产奖、节约奖、劳动竞赛奖、机关事业单位的奖励工资以及其他奖金。

但在下列情况下，公司应向员工支付奖金：

（1）劳动合同中约定了奖金的具体计算办法的。比如按照销售业绩或者利润的一定比例发放，那么劳动者就有权要求用人单位履行发放奖金的义务。

（2）根据单位的规定用人单位应当发放奖金的。比如用人单位以内部规章制度的形式，把奖金发放的条件和计算方法形成制度，如果员工符合条件，那公司应该发放奖金。

（3）公司已经对特定的员工作出了对其发放奖金以及具体奖励办法决定的，如果公司借口反悔，员工则可以依法要求单位发放奖金。

【思考与行动】 （2分钟）

讨论一下，员工年前离职，公司应否发放年终奖？

___

___

___

___

参考解析详见附录2“参考解析二”

- **津贴**

津贴的特点：

(1)津贴是一种补偿性的劳动报酬，是对劳动者在特殊的环境和条件下超常劳动消耗和额外支出的一种补偿。

津贴

是指为补偿职工特殊或额外劳动消耗和因其他特殊原因支付给职工的收入。津贴包括补偿职工特殊或额外劳动消耗津贴、保健性津贴、技术性津贴、年功性津贴及其他津贴。

(2)大多数津贴所体现的主要不是劳动本身，即劳动数量和质量的差别，而是劳动所处的环境和条件的差别，主要功能是调节工种、行业、地区之间在这方面的工资关系。

(3)津贴具有单一性的特点，往往是一事一贴。多数津贴是根据某一特定条件，为了某一特定要求而制定的，这与工资制度综合多种条件与因素的情况是不同的。这就要求在确定津贴的条件、范围、对象时，界限必须十分明确。

(4)津贴具有较大的灵活性，随着工作环境、条件的变化而变化。而不像标准工资那样，一经确定，在较长一段时间内难以变动。

2. 工资范围

列入工资范围的收入：

(1)计时工资；(2)计件工资；(3)奖金；(4)津贴和补贴；(5)加班加点工资；(6)特殊情况下支付的工资。

不列入工资范围的收入：

(1)根据国务院发布的有关规定颁发的创造发明奖、自然科学奖、科学技术进步奖和支付的合理化建议和技术改进奖以及支付给运动员、教练员的奖金；

(2)有关劳动保险和职工福利方面的各项费用；

(3)有关离休、退休、退职人员待遇的各项支出；

(4)劳动保护的各项支出；

(5)稿费、讲课费及其他专门工作报酬；

(6)出差伙食补助费、误餐补助、调动工作的旅费和安家费；

(7)对自带工具来企业工作职工所支付的工具、牲畜等的补偿费用；

(8)实行租赁经营单位的承租人的风险性补偿收入；

(9)对购买本企业股票和债券的职工所支付的股息(包括股金分红)和利息；

(10)劳动合同制职工解除劳动合同时由企业支付的医疗补助费、生活补助费等；

(11)因录用临时工而在工资以外向提供劳动力单位支付的手续费或管理费；

(12)支付给家庭工人的加工费和按加工订货办法支付给承包单位的发包费用；

(13)支付给参加企业劳动的在校学生的补贴；

(14)计划生育独生子女补贴。

确定工资范围的法律意义在于：

(1)作为计算个人所得税的依据；

(2)作为公司和员工缴纳社会保险、公积金的计算依据；

(3)计算公司向员工根据法律支付的经济补偿金的计算依据。

案例：年终奖该不该发?

2004年5月6日，江苏省南通美亚热电有限公司(外资)招聘在上海一家外企供职的张明(化名)为该公司管理人员。聘用确认书载明：热电公司自2004年5月17日起聘用张明为高层商务经理，其中规定了张明的基本工资和奖金，同时附上劳动合同和员工手册。

双方签完聘用确认书后又签订了一份劳动合同。劳动合同约定：合同期限为2004年5月17日到2006年12月31日；工作岗位为高层商务经理；甲方(热电公司)依法制定的规章制度和《员工手册》，乙方(张明)应当严格遵守；甲方按月支付乙方的工资，甲方视生产经营状况及乙方的工作表现，调整乙方的工资收入。《员工手册》第3.6条特别规定：“经董事会批准后公司于每年大约春节放假前根据公司的经营目标完成结果、部门的绩效及员工个人的考核结果核发上年度的年终奖。在年终奖发放前离职及于12月31日未满3个月或试用期的员工将不发该年的年终奖。”

2004年5月17日，张明按约如期到热电公司工作。张明作为公司商务经理，因工作成绩突出、经营目标完成出色得到了公司的赞赏。公司按照合同如数支付了张明的基本工资、月度奖金和2004年度的全年奖金。

2005年8月25日，张明以夫妻两地分居为由向公司提出了辞职请求。公司接受了张明的辞呈，双方经协商后于2005年9月23日办理移交手续。

9月23日，张明向企业提出索取年终奖金，企业以《员工手册》规定职工在年终奖发放前离职不享受年终奖为由拒绝。2005年10月，回到上海的张明连续发了数份电子邮件到热电公司，仍然主张其应享有2005年的年终奖金。2005年12月19日，热电公司作出书面决定致函张明：“根据《员工手册》第3.6条规定，你不参与2005年度个人绩效考评，同时不能获得2005年年终奖金。”

2006年1月19日，张明向南通市劳动争议仲裁委员会申请仲裁，要求热电公司给付其2005年度年终奖金62250元。

2006年3月14日，南通市劳动争议仲裁委员会作出仲裁裁决认为：张明申请辞职，全年工作任务尚未完成，更不存在超额完成年度工作任务和突出的年度工作绩效，热电公司拒绝支付张明年度奖金的做法并不违反法律规定和双方签订的聘用确认书约定，故驳回张明的申诉请求。

2006年3月21日，张明不服仲裁结果，将热电公司告上了南通市经济技术开发区法院。

2006年4月15日，南通市经济技术开发区法院开庭审理这起企业员工向外企追讨年终奖金而引发的劳动争议案。

原告张明诉称：被告热电公司认为根据《员工手册》的规定，原告不参与2005年度个人绩效考评，同时不能获得2005年年终奖金。但其所依据的《员工手册》本身是无效的，且原告对《员工手册》的内容不知情，本案中不应当适用《员工手册》。被告应当根据2004年年度奖金比例发放的情况，按原告实际工作时间发放2005年的年度奖金，劳动争议仲裁委员会裁决驳回原告的仲裁请求不当。原告不服该裁决，请求法院判令被告热电公司给付原告劳动报酬62250元。

被告热电公司答辩：原告对《员工手册》规定的内容是明知的，该《员工手册》属于劳动合同的一部分，应当适用于本案。根据《员工手册》的规定，离职人员无权享受年度奖金，且因原告中途辞职也没有2005年的个人绩效考核。原告自2005年9月23日离职至2006年1月19日申请劳动仲裁，已超过法律规定的60日仲裁时效，请求法院驳回原告的诉讼请求。

一审法院经审理后认为本案的争议焦点是：被告是否应当对提前解除劳动合同的原告按比例支付当年度的年终奖金。

劳动部《关于贯彻执行〈劳动法〉若干问题的意见》中明确规定："工资是指用人单位依据国家有关规定或劳动合同的约定，以货币形式直接支付给本单位劳动者的劳动报酬，一般包括计时工资、计件工资、奖金、津贴和补贴、延长工作时间的工资报酬以及特殊情况下支付的工资等。"就本案而言，被告并未举证证明本案争议的年终奖金不属于法律规定的"工资"范畴。

《劳动法》规定用人单位不得克扣或者无故拖欠劳动者的工资。现《员工手册》的该条规定实质是克扣了提前解除劳动合同的劳动者的劳动报酬。

原告在收到被告不予发放年终奖的书面决定书后，于60日内向劳动争议仲裁委员会申请仲裁，并未超过法定仲裁时效。因此，被告认为原告超过仲裁时效的抗辩理由法院不予采信。

综上，被告应依法向原告支付包括年终奖金在内的工资，被告提供的《员工手册》第3.6条规定不能成为被告拒付年终奖金的合法依据。原告要求被告按比例支付62250元年终奖金的诉讼请求应予支持。

2006年5月18日，一审法院作出判决：被告热电公司于本判决书发生法律效力之日起15日内一次性支付原告张明2005年度年终奖金人民币62250元。

宣判后，热电公司不服判决向江苏南通市中级人民法院提起上诉。

2006年7月12日，南通市中级人民法院二审开庭审理本案。

上诉人热电公司称：《员工手册》不仅仅是上诉人的规章制度，还是其与被上诉人签订劳动合同的组成部分，根据《员工手册》的规定，被上诉人作为雇员不能得到2005年度的年终奖金；《员工手册》在制定过程中通过上诉人的工会向全体职工征求意见，并在相关劳动部门审批、备案，故《员工手册》是通过单位的民主程序制定的；年终奖金是上诉人与被上诉人之间的约定，其发放条件受公司年度绩效、个人年度绩效等因素的制约，一审将年终奖金划入工资的范畴不当。《员工手册》规定了年终奖发放前离职的职工不发放年终奖，该规定不违反法律规定；被上诉人申请仲裁已超过法定仲裁时效。请求二审法院撤销原判，依法改判驳回被上诉人的诉讼请求。

被上诉人张明辩称：上诉人所提供的《员工手册》对员工年终奖的发放条件有所限制，但上诉人未能提供证据证明该《员工手册》通过民主程序制定，故该《员工手册》的规定亦不适用于被上诉人；员工的年终奖作为劳动报酬的一部分，应属于工资的范畴，《员工手册》规定年终奖发放前离职的职工不发放年终奖，该规定违反了《劳动法》的相关规定；被上诉人申请仲裁未超过法定仲裁时效。请求二审驳回上诉，维持原判。

同时，二审另查明，2004年5月上诉人与被上诉人签订劳动合同时，上诉人提供给被上诉人的《员工手册》第4.2条规定：一般在每个月的上旬发放上个月的生产月度奖。在春节前向员工发放相当于一年度基本工资总额25%的年终鼓励奖，但公司有权决定是否发放此奖金，也有权根据公司的营运状况和员工的个人表现及对公司的贡献程度决定此奖金额的数量。本项奖金只发给在奖金发放日仍在职的员工。如果到年终时工作时间不足12个月，员工的奖金基数将按员工在该年度实际工作的月数按比例计算。

庭审中双方向法庭表达了希望通过调解解决此案的意愿。2006年9月29日，双方互谅互让，在法官的主持下自愿达成了调解协议：热电公司于签收调解书之日给付张明2005年度年终奖金35000元。在双方签收南通中院制作的民事调解书后，张明随即收到了热电公司支付的35000元。

资料来源：《一起外企克扣职工奖金引出的诉讼》(吴生，工人日报，2006年11月21日)

3. 最低工资基准

最低工资支付的前提是劳动者提供了正常劳动，所谓正常劳动，是指劳动者按依法签订的劳动合同约定，在法定工作时间或劳动合同约定的工作时间内从事的劳动。劳动者依法享受带薪年休假、探亲假、婚丧假、生育(产)假、节育手术假等国家规定的假期间，以及法定工作时间内依法参加社会活动期间，视为提供了正常劳动。用人单位向劳动者支付的工资不得低于最低工资标准。

最低工资标准

是指劳动者在法定工作时间或依法签订的劳动合同约定的工作时间内提供了正常劳动的前提下，用人单位依法应支付的最低劳动报酬。

劳动者由于本人原因造成在法定工作时间内或依法签订的劳动合同约定的工作时间内未提供正常劳动的，不适用最低工资的规定，企业向其支付的工资可以低于最低工资。比如劳动者非因工作原因受伤或患病，在医疗期间没有为单位提供正常劳动，其领取的工资可能低于最低工资标准。

不在最低工资计算范围内的收入

职工收入中加班加点工资；中班、夜班、高温、低温、井下、有毒有害等特殊工作环境、条件下的津贴；国家法律、法规和政策规定的劳动者保险、福利待遇；雇主通过贴补伙食、住房等支付给劳动者的非货币性收入等项目。

在最低工资问题上，需要你注意的是：

(1)根据劳动部《关于贯彻执行〈劳动法〉若干问题的意见》第56条，在劳动合同中，双方当事人约定的劳动者在未完成劳动定额或承包任务的情况下，用人单位可低于最低工资标准支付劳动者工资的条款不具法律效力。

(2)用人单位违反最低工资标准，低于当地最低工资标准支付劳动者工资的，除责令补齐差额外，并可责令按所欠发部分1至5倍支付劳动者赔偿金。

4. 工资支付基准

工资支付，就是工资的具体发放办法，包括工资支付形式、工资支付对象、工资支付水平、工资支付时间以及特殊情况下的工资支付等。

(1)工资支付形式：货币形式，不得以实物替代。

(2)工资支付对象：劳动者本人。

有下列情况之一的，用人单位可以代扣劳动者工资：①用人单位代扣代缴的个人所得税；②用人单位代扣代缴的应由劳动者个人负担的各项社会保险费用；③法院判决、裁定中要求代扣的抚养费、赡养费；④法律、法规规定可以从劳动者工资中扣除的其他费用。

(3)工资支付水平：按照劳动合同、公司工资制定足额支付。

以下减发工资的情况也不属于"克扣"：①国家的法律、法规中有明确规定的；②依法签订的劳动合同中有明确规定的；③用人单位依法制定并经职代会批准的厂规、厂纪中有明确规定的；④企业工资总额与经济效益相联系，经济效益下浮时，工资必须下浮的（但支付给提供正常劳动职工的工资不得低于当地的最低工资标准)；⑤因劳动者请事假等相应减发工资等。

(4)工资支付时间：工资应按月支付，不得克扣或者无故拖欠劳动者工资。对于实行小时工资制和周工资制的人员，工资也可以按日或周发放，支付周期最长不得超过 15 日。对完成一次性临时劳动或某项具体工作的劳动者，用人单位应按有关协议或合同规定在其完成劳动任务后即支付工资。用人单位与劳动者终止或依法解除劳动合同的，用人单位应当在与劳动者办好工作交接时一次性付清劳动者的工资。

工资按月支付，是指按照用人单位与劳动者约定的日期支付工资。如遇节假日或休息日，则应提前在最近的工作日支付，工资至少每月支付一次。

"无故拖欠"不包括：①用人单位遇到非人力所能抗拒的自然灾害、战争等原因，无法按时支付工资；②用人单位确因生产经营困难、资金周转受到影响，在征得本单位工会同意后，可暂时延期支付劳动者工资，延期时间的最长限制可由各省、自治区、直辖市劳动行政部门根据各地情况确定。除上述情况外，拖欠工资均属无故拖欠。

专栏：用人单位克扣或无故拖欠工资的法律后果

根据《劳动法》第 91 条，用人单位克扣或者无故拖欠劳动者工资的，由劳动行政部门责令支付劳动者的工资报酬、经济补偿，并可以责令支付赔偿金。根据劳动部《违反和解除劳动合同的经济补偿办法》第 3 条规定，用人单位克扣或无故拖欠劳动者工资的，除全部支付劳动者工资报酬外，还需加发相当于工资报酬25%的经济补偿金。根据《违反〈劳动法〉行政处罚办法》第6条规定，用人单位克扣或者无故拖欠劳动者工资的，除了补发工资和支付经济补偿金之外，还应当按相当于支付劳动者工资报酬的1至5倍支付劳动者赔偿金。

用人单位克扣或者无故拖欠劳动者工资的，劳动者可以随时解除与用人单位的劳动合同；劳动者因用人单位克扣或者无故拖欠劳动者工资解除劳动合同的，有权要求用人单位支付经济补偿金。

公司工资支付注意事项

对实行年薪制或按考核周期兑现工资的劳动者，用人单位应当每月按不低于最低工资的标准预付工资，年终或考核周期期满时结算。

用人单位应当书面记载支付劳动者工资的数额、项目、时间、本人姓名等，并按有关规定保存备查。

第4章：工作时间基准

【本章提要】

- □ 法定工作时间基准
- □ 特殊工作时间
- □ 加班

1. 法定工作时间基准

因工作性质或生产特点的限制，不能实行每日工作8小时、每周工作40小时标准工时制度的，可以实行不定时工作制或综合计

算工时工作制等其他工作和休息办法，并按照劳动部《关于企业实行不定时工作制和综合计算工时工作制的审批办法》执行。

提醒

公司应实行考勤制度

如果公司和员工在劳动时间上发生劳动争议，应由公司承担举证责任，证明员工违反公司的工作时间制度，而证明的依据就是公司的考勤记录。如果公司不能证明员工违反公司的工作时间制度，则推定员工遵守了公司的工作时间制度。因此公司应实行考勤制度，并保管好考勤记录。

2. 特殊工作时间

- **不定时工作制**

企业对符合下列条件之一的职工，可以实行不定时工作制。

(1)企业中的高级管理人员、外勤人员、推销人员、部分值班人员和其他因工作无法按标准工作时间衡量的职工；

(2)企业中的长途运输人员、出租汽车司机和铁路、港口、仓库的部分装卸人员以及因工作性质特殊，需机动作业的职工；

关键词

不定时工作制

不定时工作制是针对因生产特点、工作特殊需要或职责范围的关系，无法按标准工作时间衡量或需要机动作业的职工所采用的一种工时制度。

(3)其他因生产特点、工作特殊需要或职责范围的关系，适合实行不定时工作制的职工。

对实行“不定时工作制”的单位和人员来讲，每周至少有一天休息时间，不受《劳动法》第41条规定的日延长工作时间标准和月延长工作时间标准的限制，不涉及延长工作时间支付相应报酬的情况。但用人单位如安排职工在法定节假日工作，则要依照《劳动法》第44条第(3)项的规定支付职工的工资报酬。

- **综合计算工时工作制**

综合计算工时主要适用于：交通、铁路、邮电、水运、航空、渔业等行业中因工作性质特殊，需要连续作业的职工；地质、石油及资源勘探、建筑、制盐、制糖、旅游等受季节和自然条件限制的行业的部分职工；亦工亦农或由于受能源、原材料供应等条件限制难以均衡生产的乡镇企业的职工等。另外，对于那些在市场竞争中，由于外界因素影响，生产任务不均衡的企业的部分职工也可以参照综合计算工时工作制的办法实施。

综合计算工时工作制

是针对因工作性质特殊，需连续作业或受季节及自然条件限制的企业的部分职工，采用的以周、月、季、年等为周期综合计算工作时间的一种工作制度，但其平均日工作时间和平均周工作时间应与法定标准工作时间基本相同。

在综合计算周期内，某一具体日(或周)的实际工作时间可以超过8小时(或40小时)，但综合计算周期内的总实际工作时间不应超过总法定标准工作时间，超过部分应视为延长工作时间并按《劳动法》第44条第1款的规定支付工资报酬，其中法定休假日安排劳动者工作的，按《劳动法》第44条第3款的规定支付工资报酬。而且延长工作时间的小时数平均每月不得超过 36 小时。

综合计算工时工作制采用的是以周、月、季、年等为周期综合计算工作时间，但其平均日工作时间和平均周工作时间应与法定标准工作时间基本相同。也就是说，在综合计算周期内，某一具体日（或周）的实际工作时间可以超过 8 小时（或 40 小时），但综合计算周期内的总实际工作时间不应超过总法定标准工作时间，超过部分应视为延长工作时间并按《劳动法》第 44 条第 1 款的规定支付工资报酬，其中法定休假日安排劳动者工作的，按《劳动法》第 44 条第 3 款的规定支付工资报酬。而且延长工作时间的小时数平均每月不得超过 36 小时。

工时计算方法应为：

（1）工作日的计算：

① 年工作日：365 天/年 - 104 天/年（休息日）- 10 天/年（法定休假日）=251 天/年

审批后执行

不定时工作制和综合计算工时工作制应经过劳动行政部门审批后执行。

② 季工作日：251 天/年 ÷4 季 =62.75 天

③ 月工作日：251 天/年 ÷12 月 =20.92 天

（2）工作小时数的计算：

以每周、月、季、年的工作日乘以每日的 8 小时。

3. 加　班

延长工作时间包括加班和加点。加班是指职工根据用人单位的要求，在法定节日或公休日从事生产或工作。加点是指职工根据用人单位的要求，在标准工作日以外继续从事生产或工作。

- **加班、加点的构成条件**

(1)公司安排，如果公司没有安排，员工出于工作的责任心自愿延长工作时间，则不构成加班；

(2)超过法定标准时间提供劳动。

劳动合同的标的是“在工作时间内用人单位对员工的劳动支配”，因此加班是用人单位对员工额外工作时间的支配。员工有权拒绝公司在劳动合同和法律规定之外的额外交付。所以法律规定，用人单位由于生产经营需要延长工作时间，应与工会和劳动者协商，经劳动者同意后方可延长工作时间。对企业违反法律、法规强迫劳动者延长工作时间的，劳动者有权拒绝。若由此发生劳动争议，可以提请劳动争议处理机构予以处理。

但是，有下列特殊情形和紧急任务之一的，延长工作时间可以不与工会和劳动者协商：

(1)发生自然灾害、事故或者因其他原因，使人民的安全健康和国家资财遭到严重威胁，需要紧急处理的；

(2)生产设备、交通运输线路、公共设施发生故障，影响生产和公众利益，必须及时抢修的；

(3)必须利用法定节日或公休假日的停产期间进行设备检修、保养的；

(4)为完成国防紧急任务，或者完成上级在国家计划外安排的其他紧急生产任务，以及商业、供销企业在旺季完成收购、运输、加工农副产品紧急任务的。

延长工作时间的限制：延长工作时间每日不得超过3小时，但是每月不得超过36小时。

【思考与行动】 (2分钟)

想一想，我们如何才能界定员工延长工作时间是自愿加班还是公司安排加班？

○ ____________________

○ ____________________

○ ____________________

○ ____________________

参考解析详见附录2“参考解析三”

- **休息日安排工作**

休息日安排劳动者工作的，应先按同等时间安排其补休，不能安排补休的应支付劳动者加班工资；法定节假日(元旦、春节、劳动节、国庆节)安排劳动者工作的，应支付劳动者加班工资：

(1)在标准工作日安排劳动者延长工作时间的，支付不低于工资的150%的工资报酬；

(2)休息日安排劳动者工作又不能安排补休的，支付不低于工资的200%的工资报酬；

(3)法定休假日安排劳动者工作的，支付不低于工资的300%的工资报酬。

- **加班工资的计算基数**

(1)如果劳动合同有明确约定工资数额的，应当以劳动合同约定的工资作为加班费计算基准。应当注意的是，如果劳动合同的工资项目分为“基本工资”、“岗位工资”、“职务工资”等，应当以各项工资的总和作为基数计发加班费，不能以“基本工资”、“岗位工资”或“职务工资”单独一项作为计算基数。

(2)如果劳动合同没有明确约定工资数额，或者合同约定不明确时，应当以实际工资作为计算基数。凡是用人单位直接支付给职工的工资、奖金、津贴、补贴等都属于实际工资。

(3)在确定职工日平均工资和小时平均工资时，应以每月工作时间为20.92天或167.4小时进行折算。

(4)实行计件工资的，应当以法定时间内的计件单价为加班费的计算基数。

(5)加班费的计算基数低于当地当年的最低工资标准的，应当以日、时最低工资标准为基数。

案例：一张11.52万元的罚单

杭州某服装企业近日收到了一张11.52万元的罚单，据悉这是杭州市劳动监察部门迄今为止开出的最大一张罚单。监察支队调查后发现这家服装企业每天工作时间为12小时，采用两班轮换制，一班人每天上午8：30开工，到晚上8：30下班，中间有中饭和晚饭时间各半小时，另外还有15分钟可以休息；另一班人从晚上8：30开工，到第二天上午8：30下班，中间夜宵和早餐时间各半小时，另有15分钟时间休息。

杭州市劳动保障监察支队根据该企业的考勤表，发现这家企业的总工时已经超过法定工作时间，涉及员工1152名，严重违反劳动法的规定。监察支队根据相关规定对该公司进行11.52万元的行政处罚。

浙江省劳动监察部门负责人表示：根据劳动法规定，用人单位由于生产经营需要，经与工会和劳动者协商后可以延长工作时间，一般每日不得超过1小时。根据规定，执法部门对非法延长工时的企业将处以每人100~500元的罚款，如企业人数众多，罚款数额十分巨大。

实行非标准工时制度的用人单位，则需经劳动保障行政部门批准，并严格按照批复执行。用人单位违反上述规定的，即属违法延长劳动者工作时间。

资料来源：《杭州一企业加班超时被处巨额罚单》(张继东，新华社杭州2006年10月13日电)

案例：她的加班工资该付吗？

杨女士于2004年6月进某保健食品公司工作，月工资2500元，双方未签订书面劳动合同，公司亦未办理用工登记。2005年3月9日，杨女士与公司签订经理聘用与业绩考核协议书，公司聘用杨女士担任销售副总及常务副经理一职，对公司进行全面

管理，工资调为每月5000元。杨女士在该保健食品公司工作至2006年2月20日，但公司未支付杨女士2006年2月工资。经劳动争议仲裁委员会仲裁，杨女士仍不服，遂向法院提起诉讼，要求公司补办招、退工手续，支付2006年2月工资，补发双休日加班工资及25%经济补偿金，支付2006年3月至办妥退工手续之日止的工资。

审理中，保健品公司却辩称公司并无星期六加班的规定，也没有对员工的考勤记录及加班审批制度。且杨女士作为某保健食品公司的副总经理，负责公司的日常事务，即使其因工作需要星期六来公司，也不能视为加班，故不同意支付杨女士加班工资及25%经济补偿金，也不同意支付某保健食品公司2006年3月至退工手续办妥之日止的工资。而杨女士则提供两名证人到庭作证，证明公司规定每周六加班，杨女士工作期间每周六均至公司加班。

法院经审理后认为，杨女士和保健食品公司虽未签订劳动合同，但建立了事实劳动关系，公司应为杨女士办理招工录用及退工手续。杨女士工作至2006年2月20日，公司应支付杨女士相应工资。庭审中，杨女士提供证人证言以证明其每周六加班的事实，某保健食品公司虽加以否认，但未能提供相应证据。且根据某保健食品公司庭上自述，公司既无考勤记录，也无加班审批手续的规章制度，公司仅以杨女士系公司副总经理为由否认杨女士加班缺乏可信度，杨女士所提供的证据具有证明优势，故法院采信杨女士主张，公司应依法支付杨女士双休日加班工资，并应支付拖欠加班工资的25%经济补偿金。至于杨女士要求公司支付2006年3月至办妥退工手续之日止的工资，因杨女士持有劳动手册，公司延迟办理退工手续并不能影响杨女士的正常就业，故杨女士该请求缺乏依据，遂判决公司为杨女士办理招工及退工手续；支付2006年2月1日至2月20日工资3333.33元；支付加班工资28680.69元及25%经济补偿金7170.17元。

资料来源：《加班不发工资　副总状告公司胜诉》（胡海容，中国法院网，2006年11月2日）

第5章：休息休假劳动基准

【本章提要】

□ 法定假日和休息日

□ 员工休假

□ 假期工资基数

□ 与女员工生育有关的假期

□ 单位主动放假

用人单位和劳动者的劳动关系以劳动者提供劳动，用人单位支付劳动者报酬为主要内容，计算劳动者报酬的主要方式是根据劳动者对用人单位提供的劳动时间。因此劳动者获得工资以提供劳动作为条件。如果劳动者没有提供劳动，原则上无权取得报酬。

但是，为了照顾劳动者休息，宪法规定了劳动者的休息权，因此根据劳动法，劳动者有在法定的休息和休假时间内无需劳动而获得报酬的权利。《劳动法》第51条规定："劳动者在法定休假日和婚丧假期间以及依法参加社会活动期间，用人单位应当依法支付工资。"这就是《劳动法》的休息、休假制度。

1. 法定假日和休息日

- 法定节假日

根据国务院《全国年节及纪念日放假办法》规定，我国全体公民放假的节日共10天，其中新年1天(1月1日)、春节3天(农历正月初一、初二、初三)、劳动节3天(5月1日、2日、3日)和国庆节3天(10月1日、2日、3日)。

- **休息日**

休息日简单地说就是双休日，它是常规的休息时间。

休息日与法定节假日的区别在于：

(1)法定节假日用人单位应按照员工提供正常劳动支付员工工资，休息日不支付员工工资。

(2)加班工资：法定休假日加班，企业应按照不低于劳动者本人日工资或小时工资的300%支付加班工资；休息日加班，按照不低于劳动者本人日工资或小时工资的200%支付加班工资。

(3)用人单位在法定休假日安排劳动者工作的，不能以安排补休代替支付加班工资。用人单位安排劳动者在休息日工作的，应首先安排其补休，不能安排补休的，按照不低于本人日工资或小时工资的200%支付工资报酬。补休时间应等同于加班时间。

2. 员工休假

- **带薪年休假**

带薪年休假是指劳动者每年享有一次连续的带工资的休息时间。

根据《中共中央国务院关于职工休假问题的通知》规定：

(1)各地区、各部门在确保完成工作、生产任务，不另增人员编制和定员的前提下可以安排职工的年休假。

(2)确定职工休假天数时，要根据工作任务和各类人员的资历、岗位等不同情况，有所区别，最多不得超过两周。休假时间要注意均衡安排，休假方式一般以就地休假为主，一律不准搞公费旅游，也不得以不休假为由向职工发放或变相发放钱物。

(3)企业职工休假，由企业根据具体条件和实际情况，参照上述精神自行确定。

法律规定

带薪休假规定

按照《劳动法》第 45 条的规定："国家实行带薪休假制度。劳动者连续工作一年以上的，享受带薪年休假。具体休假办法按照 1991 年 6 月 15 日发布的《中共中央国务院关于职工休假问题的通知》执行。"

因此，关于年休假目前没有强制性的规定，由各公司根据自身情况自行确定，公司可以给员工年休假，也可以不给年休假，年休假的天数和享受条件也由公司自行规定。

- **探亲假**

探亲假期是指职工与配偶、父、母团聚的时间，另外，根据实际需要给予路程假。

根据《国务院关于职工探亲待遇的规定》(国发[1981]36 号)规定，在国家机关、人民团体和全民所有制企业、事业单位工作的职工享受探亲假待遇。职工探亲假期：

(1)职工探望配偶的，每年给予一方探亲假一次，假期为 30 天。

提醒

探亲假

上述假期均包括公休假日和法定节日在内。目前国家还没有对外商投资企业及其他非公有制企业职工的探亲假作出具体规定。

(2)未婚职工探望父母，原则上每年给假一次，假期为20天。如果因为工作需要，本单位当年不能给予假期，或者职工自愿两年探亲一次的，可以两年给假一次，假期为45天。

(3)已婚职工探望父母的，每4年给假一次，假期为20天。

- **婚假和奖励婚假**

根据原国家劳动总局、财政部《关于国营企业职工请婚丧假和路程假问题的规定》(1980年2月20日发布)的规定，国有企业职工本人结婚时，企业应该根据具体情况，酌情给予1～3天的婚假。

晚婚的具体婚假时间现在一般依据的是各省或者直辖市根据《人口与计划生育法》自己规定的，全国各地的规定并不一致。所以晚婚的婚假具体时间依据用人单位所在的省或者直辖市的《××省(市)人口与计划生育条例》。

- **丧假**

按照1980年2月20日发布的《国家劳动总局财政部关于国营企业职工请婚丧假和路程假问题的规定》："职工本人结婚或职工的直系亲属(父母、配偶和子女)死亡时，可根据具体情况，由本单位行政领导批准，酌情给予一至三天的婚丧假。职工结婚时双方不在一地工作的；职工在外地的直系亲属死亡时需要职工本人去外地料理后事的，都可以根据路程远近，另给予路程假。在批准的婚丧假和路程假期间，职工的工资照发。"

3. 假期工资基数

- **国家标准：劳动合同规定的工资标准**

依据：根据劳动部《工资支付暂行规定》规定："劳动者依法享受年休假、探亲假、婚假、丧假期间，用人单位应按劳动合同规定的标准支付劳动者工资。"

- **上海标准**

假期工资的计算基数按以下原则确定：

(1)劳动合同有约定的，按不低于劳动合同约定的劳动者本人所在岗位(职位)相对应的工资标准确定。集体合同(工资集体协议)确定的标准高于劳动合同约定标准的，按集体合同(工资集体协议)标准确定。

(2)劳动合同、集体合同均未约定的，可由用人单位与职工代表通过工资集体协商确定，协商结果应签订工资集体协议。

(3)用人单位与劳动者无任何约定的，假期工资的计算基数统一按劳动者本人所在岗位(职位)正常出勤的月工资的70%确定。

按以上原则计算的假期工资基数均不得低于政府规定的最低工资标准。法律、法规另有规定的，从其规定。

- **广东标准**

劳动者依法享受法定休假日、年休假、探亲假、婚假、丧假、产假、看护假、计划生育假等假期期间，用人单位应当视同其正常劳动并支付正常工作时间的工资。

4. 与女员工生育有关的假期

- **产假**

产假，是指职业妇女在分娩或流产期间，依据生育保险的法律、法规享有的法定带薪假期。

根据《女职工劳动保护规定》第8条规定，女职工产假为90天，其中，产前假15天。难产的，增加产假15天。多胞胎生育的，每多生育一个婴儿，增加产假15天。根据劳动部《关于女职工生育待遇若干问题的通知》(劳险字〔1988〕2号)有关规定，女职工怀孕不满4个月流产时，应当根据医务部门的意见，给予15～30天的产假；怀孕4个月以上流产时，给予42天产假。女职工在产假期90

天里算出勤。

所谓产前假15天，系指预产期前15天的休假。产前假一般不得放到产后使用。若孕妇提前生产，可将不足的天数和产后假合并使用；若孕妇推迟生产，可将超出的天数按病假处理。

上海地区的晚育假规定为：符合本条例规定生育的晚育妇女，除享受国家规定的产假外，增加晚育假30天，其配偶享受晚育护理假3天。晚婚假、晚育假、晚育护理假遇法定节假日顺延。

该期间工资待遇为：

女职工在其享受法定产假期间，依法领取生育津贴，生育津贴由生育保险基金支付；产假期间不得减少员工的收入，如员工领取的生育津贴低于员工正常工作的收入，则差额部分由公司补足。

- **产前假和哺乳假**

根据《上海市女职工劳动保护办法》，上海市女职工在生育期间符合一定条件可享受产前假和哺乳假。

产前假：女职工妊娠7个月以上，如工作许可，经本人申请，单位批准，可请产前假两个半月。

哺乳假：女职工生育后，若有困难且工作许可，由本人提出申请，经单位批准，可请哺乳假6个半月。

该期间工资待遇为：

女职工请产前假期间的工资，“其工资按本人工资的80%发给”。这里的本人工资是指按女职工请产前假或请产假前正常出勤月的实得工资(不包括生产性津贴和奖金)计算。

6个半月哺乳假的工资按本人原工资的80%发给。这里的本人工资是指按女职工请产前假或请产假前正常出勤月的实得工资(不包括生产性津贴和奖金)计算。如女职工6个半月哺乳假期满后，确有困难，要求继续请假为婴儿哺乳的，各单位可根据生产和女职工的实际情况，哺乳假可酌情延长，但不得超过1年。这期间，其工资按本人工资的70%发给(生活确实有困难的，可适当提高，但最高不超过本人工资的80%)。

5. 单位主动放假

根据1994年12月6日劳动部发布的《工资支付暂行规定》第12条规定，非因劳动者原因造成单位停工停产在一个工资支付周期内的，用人单位应按劳动合同规定的标准支付劳动者工资。超过一个工资支付周期的，劳动者提供了正常劳动(如企业内部组织的其他劳动：打扫厂房、整理仓库等辅助性工作)则应支付给劳动者报酬，但报酬不得低于当地的最低工资标准。如果劳动者没有提供正常劳动，可按照国务院第111号令规定，职工放假期间，企业发放生活费，具体标准由当地人民政府规定。

6. 病　　假

根据《企业职工患病或非因工负伤医疗期规定》(劳部发[1994]479号)等有关规定，患病或非因工负伤职工的病假假期根据本人实际参加工作年限和在本单位工作年限，给予3个月到24个月的医疗期：

(1)实际工作年限10年以下的，在本单位工作年限5年以下的为3个月；5年以上的为6个月。

(2)实际工作年限10年以上的，在本单位工作年限5年以下的为6个月；5年以上10年以下的为9个月；10年以上15年以下的为12个月；15年以上20年以下的为18个月；20年以上的为24个月。

- **病假期间待遇**

根据劳动部《关于贯彻执行〈中华人民共和国劳动法〉若干问题的意见》第59条规定，职工患病或非因工负伤治疗期间，在规定的医疗期间内由企业按有关规定支付其病假工资或疾病救济费，病假工资或疾病救济费可以低于当地最低工资标准支付，但不能低于最低工资标准的80%。

我们再以上海地区的病假期间待遇标准为例来看地方的具体规定：

(1)职工疾病或非因工负伤连续休假在6个月以内的，企业应按下列标准支付疾病休假工资：连续工龄不满2年的，按本人工资的60%计发；连续工龄满2年不满4年的，按本人工资的70%计发；连续工龄满4年不满6年的，按本人工资的80%计发；连续工龄满6年不满8年的，按本人工资的90%计发；连续工龄满8年及以上的，按本人工资的100%计发。

(2)职工疾病或非因工负伤连续休假超过6个月的，由企业支付疾病救济费，其中连续工龄不满1年的，按本人工资的40%计发；连续工龄满1年不满3年的，按本人工资的50%计发；连续工龄满3年及以上的，按本人工资的60%计发。

(3)本人工资按职工正常情况下实得工资的70%计算。

(4)职工疾病或非因工负伤休假待遇低于本企业月平均工资40%的，应补足到本企业月平均工资的40%。企业月平均工资的40%低于本市在职职工定期生活困难补助标准的，应补足到本市在职职工定期生活困难补助标准。

(5)职工疾病或非因工负伤待遇高于本市上年度月平均工资的，可按本市上年度月平均工资计发。

- **公司病假管理**

坚持和完善企业职工的疾病、非因工负伤休假制度。职工疾病需要休假的，应凭企业医疗机构或指定医院开具的《病情证明单》，并由企业行政审核批准。职工疾病或非因工负伤需要转入长休的，应根据企业医疗机构或指定医院开具的《病情证明单》，由企业劳动能力鉴定委员会(小组)作出鉴定，报企业行政批准，并书面通知职工。

7. 员工休假程序与制度

劳动法对员工休假程序没有规定，一般依照各公司的规定执行。因此各公司可根据本公司的实际情况制定《员工休假制度》。

专栏：员工休假制度

一、年休假

（一）参加工作时间满1年的员工，可以享受带薪年休假。

（二）时间标准：

1. 参加工作满1年不满5年的，年休假10天；

2. 参加工作满5年不满15年的，年休假15天；

3. 参加工作满15年以上的，年休假20天。

（三）员工休年休假，需按员工管理权限，提前提出申请，由有关领导根据工作情况予以统筹安排休假；

（四）年休假原则上应在当年一次休完，确因工作需要无法集中休假的，经批准可以在当年分散休假；不安排在当年休假的，不补假，也不予补贴。

（五）员工到外地休假，费用自理，不另给路程假。

（六）新参加工作的员工应在工作时间满1年后的下一年度开始享受年休假；其他员工在参加工作时间满年限的当年，即可按满年限的时间标准休假。

（七）有下列情形之一的员工，不享受当年年休假：

1. 当年病假累计超过30天；事假累计达到或超过本人可享受的年休假时间；病、事假合计超过30天的；

2. 脱产学习期间享受寒暑假的；

3. 当年休产假超过3个月的（如产假跨入第二年；则两年中只享受一次年休假）。

二、探亲假

（一）范围和条件

凡工作年限满1年的员工，与配偶不住在一起，又不能在公休假日团聚的，可以享受探望配偶的待遇；与父亲、母亲都不住在一起，又不能在公休假日团聚的，可以享受探望父母的待遇。员工与父亲或与母亲一方能够在公休假日团聚的，不能享受探望父母的待遇。

因工作需要，员工或员工配偶被派往外地工作的，满1年后，一方可以申请探亲假，其间与配偶团聚满 30 天的，不再享受当年探亲假。

新参加工作的人员应在工作时间满 1 年后的下一年度开始享受探亲假。

（二）探亲假期

1. 员工探望配偶的，每年给予探亲假一次，假期为 30 天。

2. 未婚员工探望父母，每年给假一次，假期为 20 天。如因工作需要，当年不能给予假期，或者员工自愿 2 年探亲一次的，可以 2 年给假一次，假期为 45 天。

3. 已婚员工探望父母的，每 4 年给假一次，在这 4 年中的任何一年，经批准即可探亲，假期为 20 天。

4. 员工丧偶或离婚没有再婚的，如果符合探望父母条件，在丧偶或离婚满 1 年后，即可按未婚员工探望父母的规定享受探亲假。

5. 员工的父亲或母亲和员工的配偶同居一地的，员工在探望配偶时，即可同时探望其父亲或母亲，不再给予探望父母的假期。

6. 女员工在休产假期间已和配偶团聚满 30 天的，不再享受当年的探亲假期。

7. 上述探亲假期，可根据车、船票时间另外给予适当的路程假。

（三）境外人员及出国、出境探亲假期

1. 员工配偶在国外工作 3 年以上或按规定在国外工作需 3 年以上的，员工可按规定申请探亲假，假期按每年 1 个月计算。探亲超假未归，公司停发其工资，超过 6 个月不归者按自动离职处理。

2. 出国进修、培训期限不满 3 年的员工，在学习期间一般不安排回国休假，其配偶也不享受出国探亲待遇。员工学习结业回国后，可安排一定时间休假，其中出国 1 年不满 2 年的，假期为 1 个月，2 年以上的，假期为 2 个月。

3. 员工去境外探望配偶的往返路费，其国内部分由公司负担，国外部分自理。

(四)员工在规定的探亲假期和路程假期内，本人基本工资照发，绩效工资按照探亲天数扣发。

(五)员工探望配偶和未婚员工探望父母的往返路费，由公司负担。已婚员工探望父母往返路费，在本人月工资30%以内的，由本人自理，超过部分由公司负担。

员工探亲路费标准按照《财政部关于职工探亲路费的规定》(81)财事字第113号执行。

三、婚、丧假

(一)员工结婚，经批准，可享受3天婚假；符合晚婚条件的(男25周岁、女23周岁，初婚)，另给7天奖励婚假。一方再婚或一方不到晚婚的，双方不享受晚婚假。

婚假自办理婚姻登记之日起1年内有效。

(二)丧假

员工直系亲属(包括父母、配偶和子女)死亡时，给予丧假5天及相应路程假。

员工休婚、丧假期间，工资照发；到外地休假的，费用自理。

四、计划生育假

(一)产假

1. 女员工产假为90天，其中产前休假15天；难产的，由医院出具证明，增加产假15天；多胞胎生育的，每多生一个婴儿，增假15天。

2. 女员工年满24周岁后初育为晚育。晚育的女员工，另增加奖励假1个月。经双方单位同意，奖励假可由男女双方或者男方使用，但累计不得超过1个月。

再婚夫妇已有一个子女的，女方虽符合晚育条件，也不能享受晚育待遇。

3. 已领取《独生子女父母光荣证》的女员工，经批准，可以增加产假3个月。

4. 女员工怀孕不满4个月流产时，公司根据医疗单位的意见，可给予15天至30天的产假；怀孕满4个月以上流产的，给予42天产假。

5. 按计划生育怀孕的妇女员工进行产前检查的，按出勤对待。

（二）哺乳时间

女员工的婴儿哺乳期为1年，工作时间内哺乳每天不超过1小时，可分为2次使用，每次30分钟。多胞胎生育的，每多哺乳一个婴儿，每次哺乳时间增加30分钟。哺乳时间算作工作时间。

（三）员工休计划生育假期间，工资照发。

五、事假

员工每月事假累计在2天以内（含）的，工资照发；3～5天的，扣发当月20%绩效工资；6～10天的，扣发当月50%绩效工资；超过11天（含）的，扣发当月100%绩效工资。

六、病假

员工病假在2个月以内的，按以下办法计发工资：每月病假累计在5天以内（含）的，工资照发；6～10天的，扣发当月20%绩效工资；11～15天的，扣发当月50%绩效工资；超过16天（含）的，扣发当月100%绩效工资。

员工病假超过2个月的，除了停发绩效工资以外，从第3个月起，按下列标准发放病假期间基本工资：工作年限不满10年的，发给本人基本工资的90%；工作年限满10年的，基本工资照发。超过6个月的，从第7个月起按照下列标准发给病假期间基本工资：工作年限不满10年的，发给本人基本工资的70%：工作年限满10年的，发给基本工资的80%。

员工病假超过2天，须出具医疗单位证明，否则按事假处理。

员工病假医疗期满仍不能工作的，按《劳动合同书》有关条款执行。

七、附则

（一）各部门要根据实际情况，合理安排员工的休假时间，保证各项工作的正常进行。对员工休假，要按照员工管理权限，

建立严格的请假、审批、登记和销假制度。对未经请假或请假未准擅离工作岗位，或假期已满续假未经批准不上班者，均按旷工处理。

（二）本办法中规定的年休假、探亲假、婚丧假、计划生育假，均包括公休假日和法定节假日在内，原则上不可分次使用。

（三）员工出现应该扣发工资时，由人力资源部根据情况在当事月份的次月工资内扣发。

（四）各营业部可参照本办法执行。

（五）本办法自发布之日起执行。

（六）本办法由公司人力资源部负责解释。

第6章：女职工特别保护劳动基准

【本章提要】

□ 女职工的特点
□ 法律对女职工的保护
□ 对女性平等就业权和工作权的法律保护
□ 工作场所性骚扰

1. 女职工的特点

企业购买的是员工8小时的工作(劳动)，工作能力是公司最关注的方面。就工作能力而言，女职工和男职工相比：

(1)身体柔弱：在体力方面不如男性；

(2)月经期：身体比较敏感，需要特殊照顾；

(3)怀孕和哺乳：承担抚育下一代的主要责任，但在工作上造成职业生涯的中断。

这是自然特点，也是自然平衡和社会发展的需要，作为男性，必须尊重这些特点。作为女性，不应因此受到歧视和损失。

因此，对于女职工，国家法律进行了特殊保护。

2. 法律对女职工的保护

◆ 许可劳动范围保护

• 劳动法禁止企业让女职工从事的劳动范围

(1)矿山井下作业;

(2)森林业伐木、归楞及流放作业;

(3)《体力劳动强度分级》标准中第Ⅳ级体力劳动强度的作业;

(4)建筑业脚手架的组装和拆除作业,以及电力、电信行业的高处架线作业;

(5)连续负重(指每小时负重次数在6次以上)每次负重超过20公斤,间断负重每次超过25公斤的作业。

提醒

关于劳动强度

企业若需了解本企业有关工种是否达到第三级、第四级体力劳动强度,可委托劳动保护检测站实地测定和计算。

• 女职工月经期间,禁止企业让女职工从事的劳动范围

女职工在月经期间禁忌从事的劳动范围:

(1)食品冷冻库内及冷水等低温作业;

(2)《体力劳动强度分级》标准中第Ⅲ级体力劳动强度的作业;

(3)《高处作业分级》标准中第Ⅱ级(含Ⅱ级)以上的作业。

根据《上海市女职工劳动保护办法》,对从事高空、低温、冷水、野外流动和国家规定的第三级体力劳动强度作业的女职工,在月经期间应暂时调做其他工作或给予公假一天。对其他生产第一线的女职工，在月经期间也应酌情给予照顾。

- **女职工已婚待孕期间，禁止企业让女职工从事的劳动范围**

已婚待孕女职工禁忌从事的劳动范围包括铅、汞、苯、镉等作业场所属于《有毒作业分级》标准中第Ⅲ、Ⅳ级的作业。

禁止安排未育女职工从事生产或使用铅、苯、汞、镉、二硫化碳的工作，以及超过卫生防护要求剂量当量限值的放射性工作或生产性激素工作。

◆ 对女职工怀孕期间的保护

- **禁止企业要求怀孕女职工从事的劳动范围**

(1)作业场所空气中铅及其化合物、汞及其化合物、苯、镉、铍、砷、氰化物、氮氧化物、一氧化碳、二硫化碳、氯、已内酰胺、氯丁二烯、氯乙烯、环氧乙烷、苯胺、甲醛等有毒物质浓度超过国家卫生标准的作业；

(2)制药行业中从事抗癌药物及乙烯雌酚生产的作业；

(3)作业场所放射性物质超过《放射防护规定》中规定剂量的作业；

(4)人力进行的土方和石方作业；

(5)《体力劳动强度分级》标准中第Ⅲ级体力劳动强度的作业；

(6)伴有全身强烈振动的作业，如风钻、捣固机、锻造等作业，以及拖拉机驾驶等；

(7)工作中需要频繁弯腰、攀高、下蹲的作业，如焊接作业；

(8)《高处作业分级》标准所规定的高处作业。

- **劳动保护**

对妊娠期的女职工，不应延长其劳动时间；对从事频繁弯腰、攀高、下蹲、抬举、搬运等容易引起流产、早产的工作，或者经区、县级以上医疗机构证明不宜从事原工作的，应暂时调做其他适当工作或酌情减轻工作量。

- **怀孕期间的身体检查**

女职工妊娠期间在医疗保健机构约定的劳动时间内进行产前检查(包括妊娠12周内的初查)，应算做劳动时间。

◆ 哺乳期间的女职工保护

- **生育医疗费补贴**

生育妇女的生育医疗费补贴标准为：

(1)妊娠7个月(含7个月)以上生产或者妊娠不满7个月早产的，生育医疗费补贴为2500元；

(2)妊娠3个月(含3个月)以上、7个月以下自然流产的，生育医疗费补贴为400元；

(3)妊娠3个月以下自然流产或者患子宫外孕的，生育医疗费补贴为200元。

- **哺乳期间的哺乳时间**

职工生育后，在其婴儿一周岁内应照顾其在每班劳动时间内授乳两次(包括人工喂养)。每次单胎纯授乳时间为30分钟，亦可将两次授乳时间合并使用。多胞胎生育者，每多生一胎，每次喂乳时间增加30分钟。

婴儿满一周岁后，经区、县级以上医疗保健机构确诊为体弱儿的，可适当延长女职工授乳时期，但最多不超过6个月。

授乳时间及在本单位内授乳往返时间，应算做劳动时间。

- **禁止企业要求哺乳期间的女职工从事的劳动范围**

乳母禁忌从事的劳动范围包括：

(1)作业场所空气中铅及其化合物、汞及其化合物、苯、镉、铍、砷、氰化物、氮氧化物、一氧化碳、二硫化碳、氯、已内酰胺、氯丁二烯、氯乙烯、环氧乙烷、苯胺、甲醛等有毒物质浓度超过国家卫生标准的作业；

(2)《体力劳动强度分级》标准中第Ⅲ级体力劳动强度的作业；

(3)作业场所空气中锰、氟、溴、甲醇、有机磷化合物、有机氯化合物的浓度超过国家卫生标准的作业。

- **哺乳期间的劳动保护**

女职工在哺乳期间，不得延长其劳动时间，一般不得安排其从事夜班劳动。

- **劳动合同保护**

《劳动法》第29条规定，劳动者有下列情形之一的，用人单位不得依据本法第26条、第27条的规定解除劳动合同：……(3)女职工在孕期、产期、哺乳期内的……

劳动部《关于贯彻执行〈中华人民共和国劳动法〉若干问题的意见》第34条：除劳动法第25条规定的情形外，劳动者在医疗期、孕期、产期和哺乳期内，劳动合同期限届满时，用人单位不得终止劳动合同。劳动合同的期限应自动延续至医疗期、孕期、产期和哺乳期期满为止。

【思考与行动】 (10分钟)

王女士于2003年8月入职某公司。劳动合同约定其工作岗位是行政主管，每月工资2800元。2003年9月，王女士发现自己怀孕。2004年2月，公司发出书面通知，宣布解除双方的劳动合同。王女士找到公司老板反复协商无果而发生纠纷。法院审理后认为，该公司与王女士签订的劳动合同是合法有效的，而合同当中并没有约定王女士若在雇佣期内怀孕要将其解雇。因此，按照相关规定，女职工在特殊劳动保护期间，劳动合同期限应自动延续到孕期、产期、哺乳期届满时为止。法院判决该公司单独解除劳动合同成立，依法应按王女士的主管工资待遇，支付王女士孕期、哺乳期的工资总计2.24万元。

(1)看了上面的案例，请你思考一下法院的判决正确吗？为什么？

○ ______

○ ______

○ ______

○ ______

(2)对本案的条件我们进行修改，做一些假设：

假设1：假如王女士是未婚先孕，或者是生育违反了计划生育，那么该如何处理呢？

○ ______

○ ______

假设2：假如王女士是一家私立学校的教师，又该怎么处理？

○ ______

○ ______

假设3：假如王女士在劳动合同里和公司约定了“劳动合同期间不怀孕，否则自动离职”的条款，那么该如何处理呢？

○ ______

○ ______

假设4：假如王女士在进入该公司之前就已经怀孕，在进入该公司时，王女士在“入职登记表”上填写“未怀孕”，那么该如何处理呢？

○ ______

○ ______

3. 对女性平等就业权和工作权的法律保护

- **男女平等权的法律规定**

《劳动法》第12条明确规定：“劳动者就业，不因民族、种族、性别、宗教信仰不同而受歧视。”第13条更加明确规定：“妇女享有与男子平等的就业权利。在录用职工时，除国家规定的不适合妇女的工种或者岗位外，不得以性别为由拒绝录用妇女或者提高对妇女的录用标准。”

《妇女权益保障法》第22条至第25条规定，国家保障妇女享有与男子平等的劳动权利和社会保障权利；各单位在录用职工时，除不适合妇女的工种或者岗位外，不得以性别为由拒绝录用妇女或者提高对妇女的录用标准；实行男女同工同酬。妇女在享受福利待遇方面享有与男子平等的权利；在晋职、晋级、评定专业技术职务等方面，应当坚持男女平等的原则，不得歧视妇女。《女职工劳动保护规定》第3条也强调，凡适合妇女从事劳动的单位，不得拒绝招收女职工。

- **法律规定的缺陷**

涉及一些具体可供实践操作的规定，比如如何监督、限制用人单位的用人权，对用人单位的侵权行为如何追究责任等内容，都没有明确的具体规定，其结果是企业滥用私权无人过问、公民告状状告无门。

我国当前法律规定的劳动争议受案范围，均以劳动者与用人单位已经订立书面劳动合同或建立事实劳动关系为基本前提，从而未包括就业争议在内。加上没有专门的处理就业歧视、就业不平等的专门机构，这些都使得就业不平等的法律救济程序缺位。

- **法律改进趋势**

为切实保护女职工的合法权利，有关部门正在进行调研，并根据国外的先进经验，对法律作出相应修改：

(1)救济措施：法律上应当扩大劳动争议案件的受案范围，将用人单位违反男女平等，侵害妇女就业和其他劳动权益的行为纳入其管辖范围，考虑在劳动行政部门内设立就业歧视委员会，专门进行处理；应具体规定当妇女的就业权遭受侵犯时如何进行民事救济，除追究侵权行为的民事责任，同时明确赋予劳动行政机关对企业实施行政制裁的权力，在罚款数量上采取加大力度，以此体现国家权力对妇女就业权的保障。

(2)不适合妇女从事劳动的岗位或工种，劳动行政部门应该在经过调查后予以公布，对于其他岗位或工种，企业一律不得以性别作为录取标准；用人单位不得提高对女职工的录用标准。

(3)婚姻、家庭状况属于私生活范围，与招聘没有必然的联系。招聘启事或任何形式的公开招工广告中都不得指明招聘对象的性别和家庭状况，招聘单位也不得以性别或家庭状况为由拒绝聘用；用人单位也不得指明招聘对象是已婚或未婚。以年龄、性别、婚姻设限的，用人单位必须对设限的必要性进行充分合理的说明。

(4)劳动部门和法院可对聘用劳动者的最低标准和女职工是否胜任该标准进行审查和裁量。

(5)涉及歧视女性的劳动案件，不是由原告女雇员证明歧视的存在，而是由用人单位拿出证据来证明自己的做法不是出于性别的考虑而是出于其他的客观因素。在证据上如有疑问，法官应从有利于雇员的角度判断。

4. 工作场所性骚扰

《妇女权益保障法》第 40 条规定："禁止对妇女实施性骚扰。受害妇女有权向单位和有关机关投诉。"各省市根据《妇女权益保障法》的这一规定，陆续制定地方性法规，将反对工作场所性骚扰落实到公司责任。

《上海市实施〈中华人民共和国妇女权益保障法〉办法》第 32 条规定："禁止以语言、文字、图像、电子信息、肢体行为等形式对妇女实施性骚扰。受害妇女有权向有关单位和部门投诉。有关部门和用人单位应当采取必要措施预防和制止对妇女的性骚扰。"

- **认识性骚扰**

下列行为可被视为性骚扰：

(1)不受欢迎的性要求：例如挤眉弄眼、淫亵动作、触摸、抓弄或故意摩擦他人的身体。

(2)为了获取性方面的好处而提出的不受欢迎的要求：例如暗示倘若对方在性方面予以合作或容忍其性要求，便会在事业发展或学业成绩方面得到好处。

性骚扰

是指任何人对一名女性提出不受欢迎的性要求，或提出不受欢迎的获取性方面的好处的要求，或就一名女性作出其他不受欢迎并涉及性的行径，而在有关情况下，一名合理的人在顾及所有情况后，应会预期该女性会感到受冒犯、侮辱或威吓，或如自行或联同其他人作出涉及性的行径，而该行径对该名女性构成一个在性方面有敌意或具威吓性的工作环境，该人即属对该女性作出性骚扰。

(3)不受欢迎的口头、非口头或身体上涉及性的行径：例如带有贬抑成分或有成见的与性有关的言论、不断追问某人的性生活等；及涉及性的行径，以致工作环境带有敌意或具威吓性：例如在工作场所高谈与性有关的或淫亵的笑话、展示有性别歧视成分或与性有关的不雅图片或海报等。

性骚扰行为大体可分为两大类型：

(1)交换性骚扰。

是指雇主或具有管理、监督权者，明示或暗示员工或求职者以性要求或其他具有性含义的言词或行为，作为劳动合同成立、存续、变更、解除或者岗位调配、报酬、绩效考核、升迁、奖惩等结果的交换条件。

(2)敌意工作环境性骚扰。

是指任何人(包括非员工，如客户)，以性要求、性含义或性别歧视的言词或行为，在劳动合同履行过程中，对员工造成胁迫性、敌意性或冒犯性的工作环境，侵犯或干扰员工人格尊严、人身自由或影响员工工作表现，如同事之间的黄色笑话、色迷迷的窥视或盯视、在工作场所张贴煽情的裸露海报、传阅色情书刊、制造不必要的身体碰触，或是顾客对受雇员工性骚扰等。

这些虽然没有直接影响当事人工作权益，却会间接地影响当事人的工作表现，或产生对当事人不友善、敌意、令人害怕的工作环境。

● 反对性骚扰的公司责任

为避免性骚扰，保护女职工合法权益，公司有提供优良环境的义务：

法律要求雇主或者是用人单位必须提供一个使其身心良好的发展环境。在德国和美国就规定由性骚扰引起的雇主的侵权责任，如果雇佣的员工在雇主提供的场所中受到性骚扰，除非雇主举证证明说你尽到了监管和注意的义务，否则公司要承担责任。

法律要求用人单位员工达到一定人数，应订定性骚扰防治措施、申诉及惩戒办法等规章制度，并明确告知所有员工。

法律要求用人单位提供员工及求职者免于性骚扰的工作环境，采取适当预防、纠正及惩戒措施，切实维护当事人隐私。

公司性骚扰防治措施一般包括：

(1)对员工实施防治性骚扰的制度培训；

(2)规定处理性骚扰事件的投诉程序，并指定人员或部门负责；

(3)以保密方式处理投诉，并使投诉人免于遭受任何报复或其他不利待遇；

(4)调查属实，对行为人进行惩戒。

员工在遭到性骚扰后，如对公司处理不服，可将侵害人和公司作为共同被告，要求承担连带责任，公司只有在证明已经尽到了监管和注意义务才可以免予承担法律责任。

第7章：社会保险和住房公积金

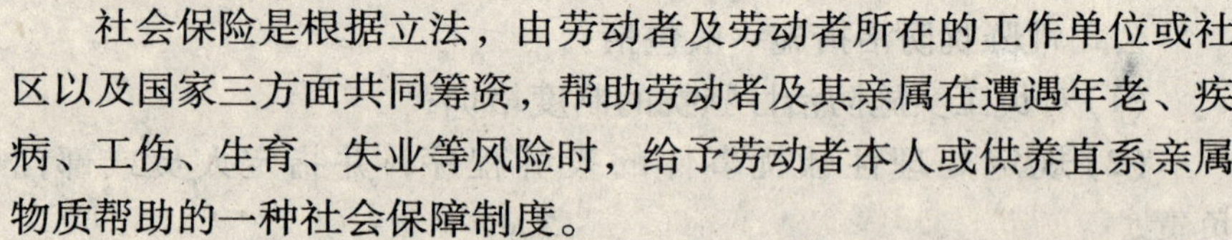
【本章提要】

□ 公司在社会保险中的责任
□ 公司规避社会保险责任的常见行为与后果
□ 住房公积金

社会保险是根据立法，由劳动者及劳动者所在的工作单位或社区以及国家三方面共同筹资，帮助劳动者及其亲属在遭遇年老、疾病、工伤、生育、失业等风险时，给予劳动者本人或供养直系亲属物质帮助的一种社会保障制度。

参加社会保险制度的成员资格由法律确定，在法律规定范围内的每一个劳动者都必须参加社会保险。社会保险带有一定的立法强制性。

1. 公司在社会保险中的责任

(1)社会保险登记。

缴费单位必须持营业执照或者登记证书等有关证件，向当地社会保险经办机构办理社会保险登记，由社会保险经办机构发给社会保险登记证件。

登记事项包括：单位名称、住所、经营地点、单位类型、法定代表人或负责人、开户银行账号以及国务院劳动保障行政部门规定的其他事项。

(2)社会保险费数额申报。

缴费单位必须按月向社会保险经办机构申报应缴纳的社会保险费数额，经社会保险经办机构核定后，在规定的期限内缴纳社会保险费。

缴费单位不按规定申报应缴纳社会保险费数额的后果：由社会保险经办机构暂按该单位上月缴费数额的110% 确定应缴数额；没有上月缴费数额的，由社会保险经办机构暂按该单位的经营状况、职工人数等有关情况确定应缴数额。缴费单位补办申报手续并按核定数额缴纳社会保险费后，由社会保险经办机构按照规定结算。

(3)社会保险费缴纳。

缴费单位和缴费个人应当以货币形式全额缴纳社会保险费。缴费个人应当缴纳的社会保险费，由所在单位从其本人工资中代扣代缴，社会保险费不减免。

缴费单位未按规定缴纳和代扣代缴的后果：由劳动保障行政部门或者税务机关责令限期缴纳；逾期仍不缴纳的，除补缴欠缴数额外，从欠缴之日起，按日加收2‰的滞纳金，滞纳金并入社会保险基金。

(4)社会保险缴费主体。

基本养老保险、基本医疗保险和失业保险由单位和个人缴费，工伤保险、生育保险由单位缴费，个人不缴费。

(5)缴费工资和比例。

缴费基数是单位和职工缴纳社会保险费的基数，根据职工上年度月平均工资收入确定。

缴费比例根据当地政策确定。

上海市城镇职工社会保险缴费比例：企业缴费占缴费总额的37%，其中养老保险占22%，医疗保险占12%，失业保险占2%，工伤保险占0.5%，生育保险占0.5%；个人占缴费总额的11%，其中养老保险占8%，医疗保险占3%。

2. 公司规避社会保险责任的常见行为与后果

- **用人单位偷逃、欠缴社会保险费的常见情形**

(1)瞒报、少报职工的缴费基数。根据规定，职工缴纳社会保险费的基数是按照本人上年度月平均工资性收入来确定的。用人单位为了达到少缴社会保险费的目的，就在确定工资性收入上玩起了花样，将绩效奖金和支付给职工的津贴等应当列入工资总额的项目不列入企业工资总额，从而达到少申报社会保险缴费基数、少缴社会保险费的目的。

(2)要求职工以自由职业者身份自行缴费，用人单位给予一定的补贴。从概念上讲，用人单位职工与自由职业者是有本质区别的，是完全不同的两种参保身份。职工以自由职业者身份缴费，不但使单位逃避了缴纳社会保险费的法定义务，而且造成职工将来不能享受某些社会保险待遇(如失业保险)。

(3)要求失业人员在应聘工作时提供虚假"协保"、下岗等证明，以此作为逃避缴费的借口。由于协保人员的社会保险费已一次性缴纳到了退休年龄，下岗人员与单位建立的不是纯粹的劳动关系，因此单位使用协保、下岗人员可以免缴社会保险费。但是失业人员不同于协保、下岗人员，其并未缴足社会保险费用，在其工作期间，单位必须履行缴费的义务。

(4)故意瞒报职工人数，以达到少缴社会保险费的目的。如某公司从业人员有2000多名，仅外来从业人员就有1500多名，可单位只为其中近300名外来从业人员办理了综合保险缴费手续。

(5)利用关联企业将职工工资分开发放，以便降低缴纳社会保险费的基数。如某公司将发放给职工的2500元工资分由本公司和另一关联公司发放，然后仅以本公司发放的1500元作为基数为其缴费。

- **少缴、不缴社会保险的法律风险**

(1)被劳动监察部门发现。根据法律规定，劳动监察部门有权到企业进行监察，查看公司财务账簿、员工工资报表以及员工考勤卡等材料，如发现公司有漏缴行为，有权要求公司补缴所有员工的社会保险费。劳动监察部门同时可以通过社保审计部门或者委托审计事务所对被举报企业的财务状况进行核查，对漏缴公司，依法征

收滞纳金并按规定收取补缴利息。

(2)劳动者发现单位未按规定缴纳社会保险费的，以具名或匿名的方式向劳动保障监察部门举报投诉。举报投诉可使劳动保障监察部门及时介入，从而查处单位的欠薪行为。

(3)劳动者也可在离开单位后向劳动保障监察部门投诉，或在离开单位 60 天内向劳动争议仲裁委员会申请劳动仲裁。

(4)欠保单位在接到相关通知后仍不补缴的，除法院强制执行外，劳动行政部门可以课以最高限额 2 万元的行政处罚。

【思考与行动】 (8 分钟)

请你就下面这些常见社会保险责任问题作出判断，并说出你的理由。

1. 员工自愿放弃社会保险是否合法?

判断：□ 是　　□否

理由：____

____

2. 公司是否可以与员工自行约定社会保险缴费基数?

判断：□ 是　　□ 否

理由：____

____

3. 试用期期间是否应为员工缴纳社会保险?

判断：□ 是　　□ 否

理由：____

____

4. 每月工资不确定如何确定缴费基数?

判断：□ 是　　□ 否

理由：____

____

参考解析详见附录 2“参考解析四”

案例：迟到的工伤保险

2004年10月16日，吕某进入海安县某化纤公司工作。2005年7月28日，该化纤公司与吕某签订了期限至2006年7月27日的劳动合同一份。2005年8月28日，吕某在工作过程中不慎将其左手划伤，后经治疗诊断：左手中环指切割伤、伸肌腱断裂。2005年10月19日，海安县劳动和社会保障局认定吕某所受伤害为工伤。2006年1月19日，南通市劳动能力鉴定委员会评定吕某工伤伤残等级为十级，吕某为此缴纳鉴定费280元。吕某受伤后，化纤公司为其支付了相关医疗费用。

事故发生后得知，吕某发生工伤事故前，化纤公司并未为吕某申报工伤保险，亦未缴纳工伤保险费。2005年8月28日，工伤事故发生后，化纤公司于当月31日向工伤保险机构提出申请，要求缴纳包括吕某在内的6名职工8月份的工伤保险费。2005年9月1日，工伤保险机构收取了6名职工8至9月份的工伤保险费，并向化纤公司出具了收据。

吕某治疗期间，化纤公司发放吕某的工资至2005年8月，2005年9月后未再向吕某发放工资。此后，吕某与化纤公司之间就工伤待遇由谁支付及支付标准等问题发生争执，一直未能达成一致意见，引发劳动仲裁。

2006年2月28日，在仲裁过程中，申请人吕某向劳动仲裁委员会提出如下具体申请：1. 依法解除其与化纤公司之间的劳动合同关系，化纤公司支付其经济补偿金2400元；2. 化纤公司支付其工资福利、一次性伤残补助金、一次性工伤医疗补助金、一次性伤残就业补助金、劳动能力鉴定费等28600元。2006年4月21日，仲裁委作出仲裁裁决：1. 吕某与化纤公司之间的劳动合同关系于2006年2月28日解除，化纤公司一次性支付吕某经济补偿金2129.28元；2. 化纤公司一次性支付吕某工伤保险待遇25278.84元。

仲裁委作出裁决后，化纤公司不服，以原告身份向法院提出诉讼。

原告化纤公司诉称，我公司已于2005年9月1日向劳动保障部门缴纳了被告吕某等人的工伤保险费，劳动保障部门出具的收据中明确所收工伤保险费包括8至9月份，由此可以推定，劳动保障部门对8月份发生的事故追认了保险行为；因而，尽管吕某的工伤事故发生在2005年8月，但其工伤保险待遇依法仍应由社会保险经办机构予以发放。现请求法院依法判决我公司对吕某不承担工伤赔偿责任。

法院认为，工伤保险属于社会保险的一种，社会保险具有强制性、互济性、普遍性的特点，只要符合条件的，企业都应当为职工及时缴纳。未及时缴纳的，劳动保障部门可以通过强制征缴要求企业补交。与一般民事行为有所不同的是，社会保险所保危险应当具有未来性和不确定性等特征，已发生的事故不能成为保险对象，因而补交保险费行为对已发生的事故不具有溯及力，劳动保障部门接受补交不能推定为追认，只能视为企业补充履行社会性法定义务。本案被告吕某在工作过程中遭受人身伤害，经有关部门鉴定构成工伤，伤残等级被评定为十级，其依法享有获得工伤保险待遇的权利。原告化纤公司在被告吕某2005年8月发生工伤事故前未为原告缴纳工伤保险费，与社会保险机构未能建立工伤保险关系，尽管劳动保障部门收取了化纤公司补交的8月份的保险费，但不能视为对已发生事故的保险追认，故吕某应享有的工伤保险待遇依法应由化纤公司予以支付。原告化纤公司主张已为被告吕某缴纳了工伤保险费，吕某工伤保险待遇应由工伤保险机构予以发放的理由难以成立，故对其主张不予支持。

被告吕某发生工伤事故后，在接受治疗、停工留薪期间，其工资福利待遇不变，应由原告化纤公司按月支付，但化纤公司未向吕某支付相应待遇，其行为违反了《中华人民共和国劳动法》有关工资发放的规定，吕某据此依法享有与化纤公司随时解除劳动合同关系的权利。仲裁过程中，被告吕某于2006年2月28日提出与原告化纤公司解除劳动合同关系，仲裁委亦作出相应裁决，故应认定双方的劳动合同关系自2006年2月28日起解除。劳动合同解除后，原告化纤公司应当依法向被告吕某支付相应经济补偿金，并补发其相应工资至伤残评定之日。遂依照《中华人民共和国劳动法》、《工伤保险条例》的有关规定，作出判决。

资料来源：《发生工伤才投保　社保机构不担责》（钱军、王维申、吉承宏，东方法眼，2006 年 8 月 8 日）

3. 住房公积金

住房公积金是国家推行住房保障制度下的一种称谓，它实质上是劳动报酬的一部分，是归属职工个人所有的、专项用于解决职工住房问题的保障性资金。一般认为，住房公积金具有保障性、强制性、工资性、互助性的特点。

住房公积金

是指国家机关、国有企业、城镇集体企业、外商投资企业、城镇私营企业及其他城镇企业、事业单位、民办非企业单位、社会团体及其在职职工缴存的长期住房储金。

住房公积金法律依据为国务院《住房公积金管理条例》。

- **住房公积金缴存中用人单位的义务**

按照国务院《住房公积金管理条例》及相关配套文件，用人单位的义务具体包括两个：

（1）设立住房公积金账户。

单位义务：《住房公积金管理条例》第 13 条规定："单位应当到住房公积金管理中心办理住房公积金缴存登记，经住房公积金管理中心审核后，到受委托银行为本单位职工办理住房公积金账户设立手续。”

违反责任：《住房公积金管理条例》第37条规定：“违反本条例的规定，单位不办理住房公积金缴存登记或者不为本单位职工办理住房公积金账户设立手续的，由住房公积金管理中心责令限期办理；逾期不办理的，处1万元以上5万元以下的罚款。”

(2)按时足额缴存住房公积金。

单位义务：《住房公积金管理条例》第15条规定：“单位录用职工的，应当自录用之日起30日内到住房公积金管理中心办理缴存登记。”第20条规定：“单位应当按时、足额缴存住房公积金，不得逾期缴存或者少缴。”

违反责任：《住房公积金管理条例》第38条规定：“违反本条例的规定，单位逾期不缴或者少缴住房公积金的，由住房公积金管理中心责令限期缴存；逾期仍不缴存的，可以申请人民法院强制执行。”

住房公积金可缴可不缴吗?

一些用人单位认为住房公积金不如社会保险般具有强制性，因此可缴可不缴。还有的单位认为，他们已经提供了住房福利、住房补贴等，因此可以代替住房公积金。

这些观点都是错误的。住房公积金制度是国家法规政策强制实行的，用人单位和职工个人都须承担缴存住房公积金的义务。如有违反的，住房公积金管理中心可责令限期缴存乃至申请法院强制执行。

- **住房公积金争议解决途径**

住房公积金制度开展以来，由于对救济程序缺乏明确、有效的法律依据，致使执行起来遇到很多障碍。

(1)目前各地劳动仲裁机构对因住房公积金引发的争议不予

受理。

主要原因是：

① 住房公积金纠纷不属于《劳动法》和《企业劳动争议处理条例》明确规定的劳动仲裁受理范围；

② 住房公积金问题属于建设部门管理监督的职能之一，而不属于劳动部门管理范围。

因此，劳动者就住房公积金纠纷提起劳动仲裁时，劳动仲裁机构因为没有依据，一般不予受理。

(2) 目前人民法院一般也不直接受理住房公积金争议。

理由是既非劳动争议也不属于民事诉讼，例如广东省高院就在指导意见中明确规定“劳动者与用人单位因住房公积金发生的纠纷，不属于《劳动法》第2条规定的劳动争议，法院不予受理”。

(3) 目前劳动者解决住房公积金纠纷的途径是以举报投诉为主。

《住房公积金管理条例》第38条规定：“单位逾期不缴或者少缴住房公积金的，由住房公积金管理中心责令限期缴存。”因此，如用人单位不缴、少缴住房公积金的，劳动者可以向住房公积金管理中心投诉，要求进行处理。

第 8 章：劳动者工伤保护和赔偿

【本章提要】

□ 工伤事故构成要件
□ 工伤认定
□ 工伤保险待遇

工伤事故是指企业职工和个人雇工在工作时间、工作场所内，因工作原因所遭受的人身损害，以及罹患职业病的意外事故。

工伤事故一经发生，就在工伤职工与用人单位之间产生相应的法律上的后果，构成一种损害赔偿的权利义务关系，工伤职工或者工伤职工的亲属有要求赔偿损失的权利，企业有赔偿受害人及其亲属损失的义务。

按照《条例》的规定，工伤事故的救济办法是按照保险的形式进行，这其实是转嫁工伤风险，将用人单位的责任转嫁给工伤保险机构。

用人单位向工伤保险经办机构交纳保险费，职工遭受工伤事故造成人身损害，由保险机构向工伤职工提供劳动保险待遇。这种工伤保险的权利义务关系，就是工伤事故发生后产生的基本的法律关系。

1. 工伤事故构成要件

- 职工与企业或雇主之间必须存在劳动关系

劳动关系是构成工伤事故责任的必要要件，有劳动关系的劳动者，才能构成工伤事故的可能，没有劳动关系的劳动者，无论受何种伤害，都不属工伤事故。

劳动合同是确定劳动关系的依据和前提。凡是有书面劳动合同的，应当认定其有劳动关系。如果没有书面劳动合同，但是在事实上构成了劳动合同关系的，也应当视为有劳动关系，是事实上的劳动关系。

专栏：劳动合同与承揽合同

应当区分提供劳务的承揽加工合同与劳动合同的界限：劳动合同是以劳动力作为合同的标的，企业或者雇主支付的是劳动报酬或者是劳动力价格；加工承揽合同是以加工行为和加工的成果为标的，雇主支付的是加工费。

劳动合同与承揽合同的区别如下：

(1)劳动合同目的在于提供劳务，其标的在于劳务本身，承揽合同虽然涉及劳务，但劳务仅是获得成果的手段，其目的在于获得劳动成果。

(2)劳动合同中无论有无成果，均能获得报酬；而承揽合同无成果则无报酬。

(3)劳动合同中，提供劳务，需服从安排，工作具有从属性，事故及事故赔偿责任通常先由单位承担，而承揽合同中，工作具有独立性，并且责任自负。

加工承揽合同的加工人遭受损害，定作人不承担工伤事故责任。

- **职工必须受有人身损害事实**

工伤事故的主要侵害对象，是职工的健康权和生命权，事故致职工伤害，致伤或者致残，侵害的是健康权；致死，则侵害的是生命权。职工患职业病，也是一种人身损害事实，侵害的客体是健康权。

工伤认定和劳动能力鉴定

在确定工伤事故责任时，应进行工伤认定和劳动能力鉴定。工伤认定的意义在于确定是否构成工伤事故责任，而劳动能力鉴定则是为了确定工伤职工享受何种工伤待遇。因此，只要将职工的人身伤害认定为工伤，即具备工伤事故损害事实的要件。

- **职工的损害必须在其履行工作职责的过程中发生**

一般来说，工伤事故构成的三要素是：工作时间、工作场所和工作原因，确认履行工作职责的界限，就是要根据工作时间、工作场所和工作原因这三个要素衡量确定。

(1)工作时间，就是在履行工作职责的时间界限之内，即用人单位规定的上班时间。为了保护职工的合法权益，对工作时间的认定适当放宽。第一，从事与工作有关的预备性或者收尾性工作的正式工作时间的前后，认定为工作时间；第二，因工外出时间，认为是工作时间；第三，上下班途中的时间，认为是工作时间。

(2)工作场所，是指在履行工作职责的环境范围之内。执行工作任务的场所，就是工作场所。因工外出的领域，以及上下班的途中，也认为是工作场所。在这些地方发生的职工人身伤害事故，也认为是工伤事故。

(3)工作原因，是指履行工作职责的事由。对此，应当作较为宽泛的理解，例如，与工作有关的预备性工作和收尾性工作，在工作中遭受暴力等意外伤害，以及在因工外出期间发生事故下落不明的，也都认为是工作原因。

根据《工伤保险条例》职工有下列情形之一的，应当认定为工伤：

(1)在工作时间和工作场所内，因工作原因受到事故伤害的；

(2)工作时间前后在工作场所内，从事与工作有关的预备性或者收尾性工作受到事故伤害的；

(3)在工作时间和工作场所内，因履行工作职责受到暴力等意外伤害的；

(4)患职业病的；

(5)因工外出期间，由于工作原因受到伤害或者发生事故下落不明的；

(6)在上下班途中，受到机动车事故伤害的；

(7)法律、行政法规规定应当认定为工伤的其他情形。

职工有下列情形之一的，视同工伤：

(1)在工作时间和工作岗位，突发疾病死亡或者在48小时之内经抢救无效死亡的；

(2)在抢险救灾等维护国家利益、公共利益活动中受到伤害的；

(3)职工原在军队服役，因战、因公负伤致残，已取得革命伤残军人证，到用人单位后旧伤复发的。

职工有下列情形之一的，不得认定为工伤或者视同工伤：

(1)因犯罪或者违反治安管理伤亡的。职工因犯罪活动违反治安管理伤亡，自然是与履行工作职责无关，不得认定为工伤。

(2)醉酒导致伤亡的。职工因醉酒而伤亡，也与履行工作职责无关，即使是在工作时间、工作场所，也不得认定为工伤。

(3)自残或者自杀的。这种人身伤害是行为人自己的责任，不能认定为工伤。

- **事故须是职工受到损害的原因**

事故指意外的损失或灾祸，包括在履行工作职责中受到暴力等意外伤害，因工外出期间由于工作原因受到的伤害或者下落不明，上下班途中受到机动车事故伤害等。

2. 工伤认定

工伤事故责任认定中，最重要的就是工伤认定和劳动能力鉴定。

◆ 工伤认定

(1)工伤认定机构。

工伤认定的机构是劳动保障行政部门。统筹地区的劳动保障部门分为省级和设区的市级，一般是由设区的市级劳动保障部门负责工伤认定，如果是属于省级劳动保障部门进行的工伤认定，则由用人单位所在地的设区的市级劳动保障部门办理。

(2)工伤认定申请和工伤认定材料。

工伤认定申请的申请人分为：用人单位；职工或者其直系亲属。

用人单位申请的，应当在职工发生事故伤害或者被鉴定、诊断为职业病，所在单位应当自事故伤害发生之日或者被诊断、鉴定为职业病之日起的30日内，向统筹地区的劳动保障部门提出。如果有特殊情况，经过劳动行政部门同意，该期限可以适当延长。如果用人单位未按照前述规定提出工伤认定申请的，工伤职工或者其直系亲属、工会组织可以提出申请，其期限是1年。这样的规定有利于保护职工的合法权益。

提出工伤认定申请应当提交下列材料：一是工伤认定申请表；二是与用人单位存在劳动关系(包括事实劳动关系)的证明材料、医疗诊断证明或者职业病诊断证明书(或者职业病诊断鉴定书)。其中工伤认定申请表应当包括事故发生的时间、地点、原因以及职工伤害程度等基本情况。工伤认定申请人提供材料不完整的，劳动保障行政部门应当一次性书面告知工伤认定申请人需要补正的全部材料。

(3)调查核实、举证责任和认定。

在接受工伤认定申请之后，劳动保障行政部门有权进行调查核实。用人单位、职工、工会组织、医疗机构以及有关部门应当予以协助。如果受伤害职工或者其直系亲属认为是工伤，而用人单位不认为是工伤的，用人单位应当负举证责任，提出不是工伤的证据。证明属实的，认定为不属于工伤；不能证明或者证明不足的，认定为工伤。

劳动保障行政部门应当自受理工伤认定申请之日起60日内作出工伤认定的决定，并书面通知申请工伤认定的职工或者其直系亲属和该职工所在单位。

◆ 劳动能力鉴定

在工伤发生之后，还应当对受害职工进行劳动能力鉴定。劳动能力鉴定的意义在于受害职工享受何种工伤待遇。

(1)鉴定的内容。

劳动能力鉴定的内容分为劳动功能障碍等级鉴定和生活自理障碍等级鉴定，这两部分合在一起称为劳动能力鉴定。

劳动功能障碍等级鉴定是确定受害职工因为工伤致使其劳动能力下降的程度，也就是对劳动能力发挥的障碍程度。按照规定，劳动功能障碍的等级为十级，也称为十个伤残等级。最重的为一级，最轻的为十级。

提醒

劳动能力复查鉴定

自劳动能力鉴定结论作出之日起1年后，工伤职工或者其直系亲属、所在单位或者经办机构认为伤残情况发生变化的，可以申请劳动能力复查鉴定。

生活自理障碍等级鉴定分三级，分别是生活完全不能自理，生活大部分不能自理和生活部分不能自理。

根据受害职工伤残情况和劳动能力鉴定标准，确定受害职工的劳动功能障碍等级和生活自理障碍等级，并且以此确定其享受的工伤保险待遇。

(2)劳动能力鉴定组织。

劳动能力鉴定机构是劳动能力鉴定委员会，分为两级：省级劳动能力鉴定委员会和设区的市级劳动能力鉴定委员会。设区的市级劳动能力鉴定委员会的鉴定结论是第一级的鉴定结论，省级劳动能力鉴定委员会的鉴定结论是最终的鉴定结论。

(3)鉴定程序。

劳动能力鉴定由用人单位、工伤职工或者其直系亲属向设区的市级劳动能力鉴定委员会提出申请。提出申请时，应当提供工伤认定决定和职工工伤医疗的有关资料。

第一级的劳动能力鉴定机构为设区的市级劳动能力鉴定委员会。设区的市级劳动能力鉴定委员会应当自收到劳动能力鉴定申请之日起60日内作出劳动能力鉴定结论。如果必要，作出劳动能力鉴定结论的期限可以延长30日。劳动能力鉴定结论应当及时送达申请鉴定的单位和个人。

第二级劳动能力鉴定机构为省级劳动能力鉴定委员会。申请鉴定的单位或者个人对设区的市级劳动能力鉴定委员会作出的鉴定结论不服的，可以在收到该鉴定结论之日起15日内向省、自治区、直辖市劳动能力鉴定委员会提出再次鉴定申请。省、自治区、直辖市劳动能力鉴定委员会作出的劳动能力鉴定结论为最终结论，不能再要求重新鉴定。

3. 工伤保险待遇

职工被认定为工伤，经过劳动能力鉴定之后，享受工伤保险待遇。工伤保险待遇，实际上就是职工在履行工作职责中受到工伤事

参加工伤保险

用人单位应参加工伤保险而未参加或未按规定缴纳工伤保险费的，期间用人单位从业人员发生工伤的，工伤待遇由用人单位支付。

故损害，用人单位所应当承担的责任。由于国家实行强制工伤保险制度，用人单位定期缴纳工伤保险费，并以此建立工伤保险基金，因此用人单位的赔偿责任转嫁到工伤保险机构，由工伤保险机构对工伤职工提供保险待遇。

工伤待遇的种类和内容具体包括下面几种。

◆ 工伤医疗待遇

职工因工作遭受事故伤害或者患职业病进行治疗，享受工伤医疗待遇，这一待遇具体包括以下内容。

• 就医待遇

就医待遇包括以下内容：

(1)治疗。职工治疗工伤应当在签订服务协议的医疗机构就医，情况紧急时可以先到就近的医疗机构急救。

(2)治疗费用。治疗工伤所需费用符合工伤保险诊疗项目目录、工伤保险药品目录、工伤保险住院服务标准的，从工伤保险基金支付。工伤保险诊疗项目目录、工伤保险药品目录、工伤保险住院服务标准，由国务院劳动保障行政部门会同国务院卫生行政部门、药品监督管理部门等部门规定。

(3)治疗补助。职工住院治疗工伤的，由所在单位按照本单位因公出差伙食补助标准的70%发给住院伙食补助费；经医疗机构出具证明，报经办机构同意，工伤职工到统筹地区以外就医的，所需交通、食宿费用由所在单位按照本单位职工因公出差标准报销。工伤职工治疗非工伤引发的疾病，不享受工伤医疗待遇，按照基本医疗保险办法处理。

(4)康复性治疗费用。工伤职工到签订服务协议的医疗机构进行康复性治疗的费用，符合工伤保险诊疗项目目录、工伤保险药品目录、工伤保险住院服务标准的，从工伤保险基金中支付。

• 伤残辅助工具待遇

工伤职工因日常生活或者就业需要，经劳动能力鉴定委员会确

认，可以安装假肢、矫形器、假眼、假牙和配置轮椅等辅助器具，所需费用按照国家规定的标准从工伤保险基金支付。

- **停工留薪**

职工因工作遭受事故伤害或者患职业病需要暂停工作接受工伤医疗的，在停工留薪期内，原工资福利待遇不变，由所在单位按月支付。

停工留薪期一般不超过12个月。伤情严重或者情况特殊，经设区的市级劳动能力鉴定委员会确认，可以适当延长，但延长不得超过12个月。工伤职工评定伤残等级后，停发原待遇，享受伤残待遇。工伤职工在停工留薪期满后仍需治疗的，继续享受工伤医疗待遇。生活不能自理的工伤职工在停工留薪期需要护理的，由所在单位负责。

- **生活护理**

工伤职工已经评定伤残等级并经劳动能力鉴定委员会确认需要生活护理的，从工伤保险基金按月支付生活护理费。

生活护理费按照生活完全不能自理、生活大部分不能自理或者生活部分不能自理三个不同等级支付，其标准为统筹地区上年度职工月平均工资，生活完全不能自理的为50%，生活大部分不能自理的为40%，生活部分不能自理的为30%。

◆ 伤残待遇

工伤职工经过鉴定劳动能力障碍等级的，按照伤残等级的不同，享受不同的伤残待遇：

- **一级至四级的伤残待遇**

职工因工致残被鉴定为一级至四级伤残的，保留劳动关系，退出工作岗位，享受以下待遇：

(1)一次性伤残补助。从工伤保险基金按伤残等级支付一次性伤残补助金，标准为：一级伤残为24个月的本人工资，二级伤残为22个月的本人工资，三级伤残为20个月的本人工资，四级伤残为18个月的本人工资。

（2）伤残津贴。从工伤保险基金按月支付伤残津贴，标准为：一级伤残为本人工资的90%，二级伤残为本人工资的85%，三级伤残为本人工资的80%，四级伤残为本人工资的75%。伤残津贴实际金额低于当地最低工资标准的，由工伤保险基金补足差额。

（3）基本养老金保险。工伤职工达到退休年龄并办理退休手续后，停发伤残津贴，享受基本养老保险待遇。基本养老保险待遇低于伤残津贴的，由工伤保险基金补足差额。

职工因工致残被鉴定为一级至四级伤残的，由用人单位和职工个人以伤残津贴为基数，缴纳基本医疗保险费。

- **五级、六级伤残的待遇**

职工因工致残被鉴定为五级、六级伤残的，享受以下待遇：

（1）一次性伤残补助金。从工伤保险基金按伤残等级支付一次性伤残补助金，标准为：五级伤残为16个月的本人工资，六级伤残为14个月的本人工资。

（2）安排适当工作或伤残津贴。保留与用人单位的劳动关系，由用人单位安排适当工作。难以安排工作的，由用人单位按月发给伤残津贴，标准为：五级伤残为本人工资的70%，六级伤残为本人工资的60%，并由用人单位按照规定为其缴纳应缴纳的各项社会保险费。伤残津贴实际金额低于当地最低工资标准的，由用人单位补足差额。

经工伤职工本人提出，该职工可以与用人单位解除或者终止劳动关系，由用人单位支付一次性工伤医疗补助金和伤残就业补助金。具体标准由省、自治区、直辖市人民政府规定。

- **七级至十级的伤残待遇**

职工因工致残被鉴定为七级至十级伤残的，享受以下待遇：

（1）一次性伤残补助金。从工伤保险基金按伤残等级支付一次性伤残补助金，标准为：七级伤残为12个月的本人工资，八级伤残为10个月的本人工资，九级伤残为8个月的本人工资，十级伤残为6个月的本人工资。

(2)一次性工伤医疗补助金和伤残就业补助金。劳动合同期满终止，或者职工本人提出解除劳动合同的，由用人单位支付一次性工伤医疗补助金和伤残就业补助金。具体标准由省、自治区、直辖市人民政府规定。

◆ 工伤复发和再次发生工伤的待遇

工伤职工工伤复发，确认需要治疗的，享受本条例规定的工伤医疗待遇。

包括治疗待遇、伤残辅助工具、停工留薪和生活护理等待遇。职工再次发生工伤，根据规定应当享受伤残津贴的，按照新认定的伤残等级享受伤残津贴待遇。

◆ 工亡待遇

职工因工死亡，其直系亲属按照规定从工伤保险基金领取丧葬补助金、供养亲属抚恤金和一次性工亡补助金：

(1)丧葬补助金。丧葬补助金为6个月的统筹地区上年度职工月平均工资。

(2)供养亲属抚恤金。供养亲属抚恤金按照职工本人工资的一定比例发给由因工死亡职工生前提供主要生活来源、无劳动能力的亲属。标准为：配偶每月40%，其他亲属每人每月30%，孤寡老人或者孤儿每人每月在上述标准的基础上增加10%。核定的各供养亲属的抚恤金之和不应高于因工死亡职工生前的工资。供养亲属的具体范围由国务院劳动保障行政部门规定。

(3)一次性工亡补助金。一次性工亡补助金标准为48个月至60个月的统筹地区上年度职工月平均工资。具体标准由统筹地区的人民政府根据当地经济、社会发展状况规定。

(4)特别规定。伤残职工在停工留薪期内因工伤导致死亡的，其直系亲属享受前述三项待遇。一级至四级伤残职工在停工留薪期满后死亡的，其直系亲属可以享受前述第一项和第二项待遇。

◆ 因公外出或者抢险救灾中下落不明的待遇

职工因工外出期间发生事故或者在抢险救灾中下落不明的，从事故发生当月起3个月内照发工资，从第4个月起停发工资，由工伤保险基金向其供养亲属按月支付供养亲属抚恤金。生活有困难的，可以预支一次性工亡补助金的50%。职工被人民法院宣告死亡的，按照职工因工死亡的规定处理。

提醒

及时提出工伤认定申请

从业人员发生事故伤害或者按照职业病防治法规定被诊断、鉴定为职业病，所在单位应当自事故伤害发生之日或者被诊断、鉴定为职业病之日起30日内，向用人单位所在地的区、县劳动保障行政部门提出工伤认定申请。用人单位未在规定的时限内提出工伤认定申请的，在此期间发生的工伤待遇等有关费用由该用人单位负担。

【思考与行动】 （2分钟）

思考一下，用人单位以外的第三人侵权行为造成劳动者工伤的如何处理，是否可以在得到民事侵权赔偿后享受工伤待遇？

参考解析详见附录2“参考解析五”

案例：在单位组织外出活动中受伤是工伤吗？

方建坤是福建省华福证券公司莆田涵江证券营业部的经警，1998年8月30日，证券营业部组织员工前往福建东山岛旅游。在单位组织进行的“枪弹射击比赛”体育活动中，方建坤右眼被塑料飞弹（彩弹）意外击中，造成右眼晶体破裂，虹膜100%脱落。

2004年8月，方建坤向莆田市涵江区劳动和社会保障局补递交工伤事故申请书，请求被告进行工伤认定。2004年12月，劳动部门作出认定，方建坤的意外伤害为工伤事故。证券营业部不服，认为第三人在旅游中由于自己的原因造成右眼受伤，不能认定为工伤。遂向涵江区人民法院提起行政诉讼，请求判决撤销被告所做的按工伤性质认定的行政行为。涵江区法院日前判决维持劳动部门的工伤性质认定。

此案的审结促使福建省华福证券公司莆田涵江证券营业部与方建坤，在涵江区劳动争议仲裁委员调解下达成赔偿协议，方建坤得到原告的工伤赔偿款人民币74000元。

在本案中，方建坤在单位组织外出活动中受伤的情形，在《工伤保险条例》所列举的10种应为工伤认定的情形中对不上号，同时又排除了《工伤保险条例》所规定的不属于工伤认定的6种情形。也就是说，方建坤的行为是否为工伤，《工伤保险条例》没有作出明确的规定。劳动部门参照全国总工会劳动保险部1964年4月《劳动保险问题解答》第54问的答复“（9）职工参加本企业所组织的各种体育活动比赛时负伤可以比照因工待遇处理”。因此法院在审理中，从我国法律、法规的立法精神是保护弱者的利益为前提，司法审判的价值取向于保护弱者的合法利益，既然方建坤的行为不属于不应认定为工伤的情形，那么就属于工伤。故劳动部门作出对方建坤的工伤性质认定的行政行为合法，法院遂判决维持了劳动部门的具体行政行为。

资料来源：《劳动纠纷　不可忽略的小事》（李亮，燕赵晚报，2005年11月8日）

第9章：公司责任标准（SA8000）

【本章提要】

- ☐ 公司社会道德责任标准
- ☐ 为什么要实行SA8000标准
- ☐ SA8000实施

1. 公司社会道德责任标准

“公司社会责任”是指企业除了对自己和股东负责，即创造财富之外，还应对全体社会承担责任，一般包括遵守商业道德、保护劳工权利、保护环境、发展慈善事业、捐助公益事业、保护弱势群体等，其中，最主要的是保护劳工权益。

标杆借鉴

SA8000标准

是近几年来兴起的新国际性贸易标准，其宗旨是“赋予市场经济以人道主义”，通过有道德的采购活动关注并改善全球工人的工作条件，要求企业在赚取利润的同时，承担对企业生产环境和利益相关者的相关责任。

SA8000 标准根据国际劳工组织（ILO）公约、联合国儿童权利公约及世界人权宣言制定，主要内容包括童工、强迫劳动、安全卫生、结社自由和集体谈判权、歧视、惩罚性措施、工作时间、工资报酬及管理体系等 9 个要素。

社会道德责任标准在下列领域指定了最低要求：

（1）童工：企业必须按照法律控制最低年龄、工作时间和安全工作范围。

（2）强制雇用：企业不得进行或支持使用强制劳工或在雇用中使用诱饵或要求抵押金，企业必须允许雇员轮班后离开并允许雇员辞职。

（3）健康安全：企业须提供安全健康的工作环境，对事故伤害的防护，健康安全教育，卫生清洁维持设备和常备饮用水。

（4）工人结社的自由和集体谈判权：企业尊重全体人员组成和参加所选工会并集体谈判的权利。

（5）工作时间：公司应在任何情况下都不能经常要求员工一周工作超过 48 小时，并且每 7 天至少应有一天休假；每周加班时间不超过 12 小时，除非在特殊情况下及短期业务需要时不得要求加班；且应保证加班能获得额外津贴。

（6）工资：公司支付给员工的工资不应低于法律或行业的最低标准，并且必须足以满足员工的基本需求，并以员工方便的形式如现金或支票支付；对工资的扣除不能是惩罚性的；应保证不采取纯劳务性质的合约安排或虚假的学徒工制度以规避有关法律所规定的对员工应尽的义务。

2. 为什么要实行 SA8000 标准

实行 SA8000 标准的必要性在于，作为全球第一个"社会道德责任认证标准"，SA8000 标准认证要求企业在赚钱的同时也要承担社会责任。在对工作环境、员工健康与安全、员工培训、薪酬、工会权利等具体问题上，该标准都有最低要求。近年来，该认证已越来越多地出现在跨国公司订单的附加条件中。

对你的公司，实行SA8000标准的好处在于：

(1)使企业有效保护和提升公司品牌，避免公司品牌因劳工标准问题受到损害；

(2)帮助公司及其商业伙伴更好地遵守法规，避免商业活动引起负面的法律诉讼；

(3)解决企业融资问题；

(4)填补商业活动和西方社会价值观之间的空隙，可以避免受到贸易制裁；

(5)让企业在劳动力市场处于有利的地位，提高雇员的忠诚度和归属感，有利于提高效率、降低成本。

标杆借鉴

劳工权利与订单挂钩

美国、欧盟的国家将开始强制推广这个标准认证。该认证将劳工权利与订单挂钩，主要约束出口企业的劳动密集型产品。

有消息说，现在有超过50%的跨国公司和外资企业表示，如果该标准实施，将重新与中国企业签订采购合同。

案例：沃尔玛供应商风波

2006年2月9日，美国全国劳工委员会等机构发表了一份报告，指责沃尔玛公司在广东省东莞地区的数家供应商存在工作环境恶劣、克扣工人工资、强迫工人加班等情形。随后，美国《华盛顿邮报》的记者对此事展开调查，并在头版发表了其到该厂调查的报道，据报道工人实际工资为每小时16.5美分(约1.36元人民币)。这一报道迅速引起了国内外的广泛关注，我国国内的记者也对此展开了调查。在东莞市合艺电子塑胶制品厂记者了解到，这里的工人每天工作时间多至12个小时，在旺季每天从上午

8点工作到晚上11～12点，而每小时加班只能领到1.8元的加班费。按照《劳动法》和东莞市的有关规定，东莞工人法定最低工资标准应为450元，而法定工资的计算基础是按照每天正常工作8小时，每周工作40小时的标准，而且每周享有两天休息日。而任何超出这个标准，每小时应支付每月工资的150%。面对记者的采访合艺厂办公室主任说："如果严格按照《劳动法》的标准来做的话，工厂就不要开了。"同时，他们解释"沃尔玛如果发现同类厂家供货比他们便宜，哪怕只有几分钱的价差，也会立即转移订单。因此厂方不得不采用各种方法压低工资成本"。越来越多的舆论压力集中到了沃尔玛身上。

沃尔玛一位发言人说，他们每周在全球进行超过300次的工厂检查，以保证供货商工厂的操作符合联合国和相关国家制定的标准。如发现供货商没有遵循当地法律和沃尔玛标准，他们会终止与其的合作关系。在一份"供应商标准"上，沃尔玛要求"供应商应遵守其营业地的地方及国家法规，或该国普行的地方标准（若普行的地方标准较高），提供雇佣合理的工资及福利"。然而记者对工人的采访后发现，尽管沃尔玛确实对工厂开展过检查，但在厂家的"暗箱操作"后，形同虚设。"外国采购商来履行检查前，厂方会发答卷给我们，让我们按答卷回答问题。"《华盛顿邮报》的记者表示，"很难判断沃尔玛是真的看不到真实情况，还是不愿意看到真实情况"。

在有关报道公布后，广东东莞市常平劳动分局立即派了两位工作人员前往该厂调查此事，结果与外界及媒体报道所反映的情况基本一致。并责令该厂10日内提交整改报告，在劳动分局认可后由劳动分局监督整改，如果该厂不按照劳动分局认可的整改方案进行整改，劳动分局将对其进行处罚。

资料来源：《违反SA8000案例回放　世界500强也有失策时》（148法律在线www.148online.com.cn，2006年10月）

3. SA8000 实施

SA8000 实施记录清单包括：

(1)年纪证明(受雇时)，身份证等(影印本)；

(2)法规登录及符合性评估；

(3)危害性办识记录；

(4)劳动合同；

(5)培训记录；

(6)意外事故报告及统计；

(7)消防和环保局发出之许可证/合格证；

(8)消防设施维修，保养记录；

(9)安全工作条件监测报告及许可证(空气，粉尘，化学品仓库，叉车证，电工证等)；

(10)火警等意外状况演习记录；

(11)劳动和卫生局发出之许可证/合格证书(食堂、医疗等)；

(12)未成年工体检记录；

(13)食用水测试报告；

(14)急救、谈判记录、集体谈判合同；

(15)工资记录(含扣款/罚款记录)；

(16)员工惩戒记录；

(17)员工工作时数记录(包括加班、请假)；

(18)法定最低工资记录及工资计算方式；

(19)供应商评审及承诺记录；

(20)各种内外部沟通记录(薪资比较，政府当局，法规等)；

(21)程序文件实施记录；

(22)员工性别，年纪，地区等统计资料；

(23)劳保用品的发放记录；

(24)利益相关方的投诉及处理记录；

(25)社保的相关记录；

(26)劳动年审记录；

(27)公司的营业执照。

专栏：社会责任 8000(2001)

社会责任 8000(SOCIAL ACCOUNTABILITY 8000)-SAI：2001

一、目的与范围

本标准规定公司应该遵守的社会责任，以帮助公司：

(a)发展、维持和加强公司的政策和程序，在公司可以控制或影响的范围内，管理有关社会责任的议题；

(b)向利益团体证明公司政策、程序和措施符合本标准的规定。本标准之规定具有普遍适用性，不受地域、产业类别和公司规模的限制。

二、规范纲要与诠释

公司应该遵守国家和其他适用的法律、公司签署的其他规章和本标准。当国家和其他适用的法律、公司签署的规章和本标准所规范的议题相同时，应该采用其中最严格的条款。

公司也应该尊重下列国际协议的原则：

2-01 国际劳工组织公约第 29、105 条(强迫性和奴役性劳动)

2-02 国际劳工组织公约第 87 条(组织工会的自由)

2-03 国际劳工组织公约第 98 条规(集体谈判的权利)

2-04 国际劳工组织公约第 100 和 111 条规(男女同工同酬；歧视)

2-05 国际劳工组织公约第 135 条规(工人代表公约)

2-06 国际劳工组织公约第 138 条和建议款第 146 条规(最低年龄和建议)

2-07 国际劳工组织公约第 155 条和建议条款第 164 条(职业安全和健康)

2-08 国际劳工组织公约第 159 条(职业训练与雇用/伤残人士)

2-09 国际劳工组织公约第 177 条(家庭工作)

2-10 国际劳工组织公约第 182 条(最恶劣儿童)

2-11 世界人权宣言

2-12 联合国儿童权利公约

2-13 联合国消除一切形式歧视妇女行为公约

三、定义

1. 公司的定义:

任何负责实施本标准中各项规定组织或企业的整体，包括公司所有的员工(即董事、决策阶层、经理、监督和非管理人员，不论是直接雇用、合约性质或以其他方式代表公司的人)。

2. 供货商/分包商的定义:

提供货物或服务给公司的实体，它所提供的货物或服务构成公司生产的货物或服务的一部分，或被利用来生产公司的货物或服务。

3. 下级供货商的定义:

在供应链中直接或间接向供货商提供货物或服务的实体，它所提供的货物或服务构成供货商或公司生产的货物或服务的一部分，或被利用于生产供货商或公司的货物或服务。

4. 补救行动的定义:

给 SA8000 所涵盖权益受侵害的工人或前雇员的补救行动。

5. 纠正行动的定义:

为确保给不符合提供及时、持续补救而实施的系统化改进或解决措施。

6. 利益团体的定义:

关心公司的社会表现或受到公司社会表现所影响的个人或团体。

7. 儿童的定义:

任何 15 岁以下的人，若当地法律规定最低工作年龄或义务教育年龄高于 15 岁，则以较高年龄为准;若当地法律规定最低工作年龄是 14 岁，符合国际劳工组织公约第 138 条有关发展中国家的例外规定，则以较低年龄为准。

8. 青少年工人的定义：

任何超过上述定义的儿童年龄，但不满18岁的工人。

9. 童工的定义：

任何属于上述定义的儿童年龄的人所从事的劳动，除非符合国际劳工组织建议条款第146条。

10. 强迫性劳动的定义：

任何人在任何受惩罚威胁下被榨取的非志愿性工作或服务或作为偿债方法的工作或服务。

11. 拯救儿童的定义：

为了保障曾经担任童工并遭遣散的儿童的安全、健康、教育和发展，而采取的所有必要的支持和行动。

12. 居家工人的定义：

在直接或间接合同下，不在公司场地内为公司做工的人。不论由谁提供设备、原料或其他物料，只要提供了雇主界定的产品或服务并为报酬而做工的人。

四、社会责任之规定

1. 童工

1-1 公司不可雇用童工或支持雇用童工的行为。

1-2 若发现有童工，公司应该建立、纪录、保留旨在拯救童工的政策和程序，和有效的传达这些政策和程序给员工和其他利益团体，并且应该提供足够的支持来促使童工接受学校教育，直到他们超过儿童年龄为止。

1-3 公司应该建立、纪录、维持国际劳工组织建议条款第146条所涉及的旨在推广儿童教育和青少年工人教育的政策和措施，并将其向员工及利益团体有效传达。政策和措施还应包括一些具体措施来保证在上课时间内不雇用童工或青少年工人，而且童工和青少年工人的每日交通(来回工作地点和学校)、上学和工作时间加起来不得超过10小时。

1-4 无论工作地点内外，公司不可置儿童或青少年工人于危险、不安全或不健康的环境中。

2. 强迫性劳动

2-1 公司不可雇用或支持雇用强制性劳工的行为，也不可要求员工在受雇之时交纳押金或存放身份证于公司。

3. 健康与安全

3-1 公司应该考虑到产业中普遍认知的危险和任何特定的危险，而提供一个健康与安全的工作环境，并应采取适当的措施，在可能条件下最大限度地降低工作环境中的危害隐患，以避免在工作中或由于工作发生或与工作有关的事故对健康的危害。

3-2 公司应该指定一个高级管理代表，来负责所有员工的健康与安全，并且负责实施本标准中有关健康与安全的规定。

3-3 公司应该保证所有的员工都接受定期和有纪录的健康与安全训练，并为新进的和调职的员工重新进行培训。

3-4 公司应该建立系统来侦查、防范或反应可能危害员工健康与安全的潜在威胁。

3-5 公司应该提供所有员工干净的厕所、可饮用的水，在适当的情形下，并提供员工储藏食物的卫生设备。

3-6 如果公司提供员工宿舍的话，应该保证宿舍设备干净、安全，并能满足员工的基本需求。

4. 组织工会的自由与集体谈判的权利

4-1 公司应该尊重所有员工自由成立和参加工会，以及集体谈判的权利。

4-2 当自由组织工会和集体谈判的权利受到法律限制的时候，公司应该协助员工采用类似的方法来达到独立和自由结社和谈判的权利。

4-3 公司应该保证工会代表不受歧视，并且在工作环境中能够接触工会的会员。

5. 歧视

5-1 公司在雇用、薪酬、训练机会、升迁、解雇或退休等事务上，不可从事或支持任何基于种族、社会阶级、国籍、宗教、残疾、性别、性别取向、工会会员资格或政治关系的歧视行为。

5-2 公司不可干涉员工遵奉信仰和风俗的权利，和满足涉及种族、社会阶级、国籍、宗教、残疾、性别、性别取向和工会的信条、政治需要的权利。

5-3 公司不可允许带有强迫性、威胁性、凌辱性或剥削性的性行为，包括姿势、语言和身体的接触。

6. 惩戒性措施

6-1 公司不可从事或支持肉体上的惩罚、精神或肉体胁迫以及言语凌辱。

7. 工作时间

7-1 公司应该遵守适用法律及行业标准有关工作时间的规定；在任何情况下，不可经常要求员工一个星期的工作时间超过48小时，并且员工在每个7天之内至少有一天的休息时间。所有超时工作应付额外报酬。在任何情况下每个员工每周加班不得超过12个小时。

7-2 除非符合7.3条(见下款)，所有加班必须是自愿性质。

7-3 若公司与代表众多所属员工的工人组织(依据国际劳工组织定义)通过自由谈判达成集体协商协议，公司可以根据协议要求工人加班以满足短期业务需要。任何此类协议应符合7-1条有关规定(见上面规定)。

8. 薪酬

8-1 公司应该保证它所给付的标准工作周的工资至少能够达到法律或行业规定的最低工资标准，而且满足员工的基本需求，和提供一些可随意支配的收入。

8-2 公司应该保证不会为了惩戒的目的而扣减工资，并且保证定期向员工清楚的列明工资、福利的构成；公司还应该保证工资、福利完全合乎所有适用的法律，而且薪酬给付的形式，无论是现金或支票，都必须合乎方便工人的原则。

8-3 公司不可采用纯劳务性质的合约安排或虚假的见习期(学徒工制度)办法，来逃避劳动法和社会安全法规中明文规定的公司对员工应尽的义务。

9. 管理系统

—政　策

9-1 高层应该制定有关社会责任和劳动条件的公司政策，以保证这个政策：

(a)包含对符合本标准内所有规定的承诺；

(b)包含对遵守国家和其他适用的法律、公司签署的其他规章以及尊重国际协议和其解释(如第II部分所列)的承诺；

(c)包含对不断改善的承诺；

(d)有效的纪录、实施、维持和传达这个政策，并且以明白易懂的形式供所有员工随时取阅，所有员工在此所指的是包括董事、决策阶层、经理、监督和非管理人员，不论是直接雇用、合同制聘用或用其他方式代表公司的人；

(e)对公众公开。

—管理审核

9-2 高层管理人员应依据本标准和公司签署的其他规章要求定期审查公司的政策、措施及其执行结果，决定其是否充分、适用和持续有效，在必要的时候，应该做系统的修正和改进。

—公司代表

9-3 公司应该指定一个高层管理代表，不论他在公司是否担负其他职务，来负责保证公司达到本标准中的规定。

9-4 公司应该协助非管理人员选出自己的代表，以便跟高层管理层就本标准规定的事项进行沟通。

—计划与实施

9-5 公司应保证公司上下皆能了解和实施本标准的规定，包括但不限于下列各项：

(a)明确的定义角色、责任和职权；

(b)在雇用之际，训练新进的和临时的员工；

(c)为既有员工提供定期训练和宣传；

(d)持续监督相关的活动和成效，来证明系统是否有效地达到公司政策和本标准的规定。对供货商的控制。

9-6 公司应该建立和维持适当的程序，在评估和挑选供货商/分包商(若情况允许，下级供货商)时应考虑其满足本标准要求的能力。

9-7 公司应该保留适当的纪录记载供货商/分包商(若情况允许，下级供货商)对社会责任的承诺，包括但不限于下列书面的承诺：

(a)符合本标准的所有规定(包括本条规定)；

(b)在公司的要求之下参与公司的监督活动；

(c)及时补救违反本标准规定的任何不符合事项；

(d)及时、完整的向公司通报所有与之有商业关系的其他供货商和分包商及下级供货商。

9-8 公司应该维持合理的证据，证明供货商和分包商能够达到本标准中和各项规定。

9-9 除上述9-6及9-7款规定外，如果公司接收、处理或经营任何出自居家工人的供货商和分包商及下级供货商的产品和/或服务，公司应采取特别措施保证这些居家工人享有以本标准规定向直接雇员提供的相似程度的保护。这些特别措施包括但不限于：

(a)订立具法律效力的书面购买合同载明最低要求(应与本标准相符)；

(b)确保居家工人及所有与该书面购买合同有关人员理解并能贯彻合同要求；

(c)在公司内保留详细记载有关居家工人身份、所提供的产品/服务以及工作时数的全面资料；

(d)频繁进行事先通知或未通知的审查活动以确保该书面购买合同得以贯彻实施。

处理疑虑和采取纠正行动

9-10 当员工和其他利益团体质疑公司是否符合或不符合公司政策或本标准规定的事项时，公司应该调查、处理并作出反应；员工如果提供关于公司是否遵守本标准的资料，公司不可对其采取惩罚、解雇或歧视的行为。

9-11 如果发现任何违反公司政策和/或本标准规定事项，公司应该根据其性质和严重性，调配相应的资源予以适当的补救和纠正行动。

—对外沟通

9-12 公司应该建立和维持适当的程序，就公司在执行本标准各项要求上的表现，向所有利益团体定期提供相关的数据和资料，所提供的资料应该包括但不限于管理审核和监督活动的结果。

—核实渠道

9-13 如果合同有此要求，公司应该给有关方面提供合理的信息和取得信息的渠道，以供其核实公司是否符合本标准规定；如果合同中有进一步的要求，公司应该透过采购合同的条文，要求供货商和分包商提供相似的信息和取得信息的渠道。

—纪　录

9-14 公司应该保留适当的纪录，来证明公司符合本标准中的各项规定。（驻纽约总领馆经商室）

我在本部分的收获与心得

第三部分

劳动合同管理

劳动合同是管理员工关系的基本依据。公司也必须受到依法签订的劳动合同的约束。很多劳资纠纷和劳动争议，都可以消弭在一份完美的劳动合同之中。

下面会阐述一些关于合同签约的要点，首先分析劳动合同的基本原理，进而具体介绍劳动合同条款设计，微观面完成以后，会再向你介绍略微宏观的劳动合同签订、解除和终止实用技巧。

2007 年 6 月 29 日全国人大常委会通过，2008 年 1 月 1 日实施的《劳动合同法》是公司劳动合同管理的基本依据。

【内容提要】

第 10 章：劳动合同的基本原理

第 11 章：劳动合同条款设计

第 12 章：劳动合同签订、解除和终止

第 10 章：劳动合同的基本原理

【本章提要】

- □ 劳动合同的特点
- □ 劳动合同主体
- □ 劳动合同与劳务合同
- □ 劳动合同和承揽合同
- □ 劳动合同与委托合同的区别
- □ 劳动合同的转移与劳动合同主体变更

当劳动者有权利、有条件选择自己劳动力出让的对象时，双方呈现出一种形式上的平等关系。在平等主体间进行某种转让或交易，双方的选择只能是也只会是合同，也只有合同才能承担起这一职能。

劳动合同，也称劳动契约、劳动协议，它是指劳动者同企业、事业、机关单位等用人单位为确立劳动关系，明确双方责任、权利和义务的协议。

劳动合同的签订意味着劳动者和用人单位之间劳动法律关系的确立，劳动者成为用人单位的成员。《劳动法》为劳动关系双方当事人直接设定的权利义务，都是以劳动合同的订立为前提并以劳动合同上的权利义务为基础的权利义务。劳动合同在劳动关系中处于基础和核心的地位。劳动合同是劳动关系的法律化。

1. 劳动合同的特点

根据劳动合同，劳动者加入某一用人单位，承担某一工作和任务，遵守单位内部的劳动规则和其他规章制度；用人单位有义务按照劳动者的劳动数量和质量支付劳动报酬，并根据劳动法律、法规和双方的协议，提供各种劳动条件，保证劳动者享受本单位成员的各种权利和福利待遇。

● **劳动合同作为合同的一种，具有合同的一般特征**

(1)合同是法律行为，是设立、变更或消灭某种具体的法律的法律关系的行为，其目的在于表达设定、消灭或变更法律关系的愿望和意图。这种愿望和意图是当事人的意思表示，通过这种意思表示，当事人双方或多方产生一定的权利义务关系，但这种意思表示必须是合法的，否则，合同没有约束力，也不受国家法律的保护。

(2)合同以在当事人之间产生权利义务为目的。合同当事人的协商，总是为了建立某种具体的权利义务关系，而一旦合同依法成立，这种对当事人有约束力的权利义务关系就建立起来了。任何一方当事人都必须履行自己所应履行的义务，如果不履行合同规定的义务，就是违反合同，就要承担相应的法律责任。

(3)合同是当事人双方或多方相互的意思表示一致，是当事人之间的协议。主要表现为：合同的成立，必须有两方或两方以上的当事人；当事人双方或多方必须互相意思表示；当事人的意思表示必须一致。

● **劳动合同除具有合同的一般特征外，还具有本身的法律特征**

(1)劳动合同是建立劳动关系的一种法律形式，以合同形式确立了劳动者与用人单位的权利义务。

(2)劳动合同双方当事人中，一方必须是具有劳动权利能力和劳动行为能力的公民本人，另一方必须是企业等用人单位的行政，不能是企业的党团组织或工会组织。

(3)劳动合同的当事人之间存在着职业上的从属关系，即作为劳动合同一方当事人的劳动者，在订立劳动合同后，成为另一方当事人企业等用人单位的一员，用人单位有权指派劳动者完成劳动合同规定的属于劳动者劳动职能范围内的任何任务。这种职业上的从属关系，是劳动合同区别于其他合同的重要特点之一。

(4)劳动合同双方当事人的权利和义务是统一的，即双方当事人既是劳动权利主体，又是劳动义务主体，根据签订的劳动合同，劳动者有义务完成工作任务，遵守本单位内部的劳动规则，用人单位有义务按照劳动者劳动数量和质量支付劳动报酬。劳动者有权享受法律、法规及劳动合同规定的劳动保险和生活福利待遇，用人单位有义务提供劳动法律、法规及劳动合同规定的劳动保护条件。

(5)劳动合同的订阅、变更、终止和解除，按照国家劳动法律、法规的规定。

- **劳动合同与一般合同的区别**

(1)出于保护劳动者的目的，在劳动合同解除制度上也体现出两点明显的差异：一般民事契约，双方适用同一解除制度；但劳动契约则通常适用两套解除制度，两者比较，劳动立法的态度是严格控制用人单位的解除行为，宽松对待劳动者的解除行为；

(2)一般民事合同违约方要承担违约责任，而劳动合同原则上不允许约定违约金，并且用人单位解除劳动合同，即便是在合法的条件下，也要依法对劳动者进行补偿，支付一次性经济补偿金。

(3)劳动合同解除的效果只能对未来发生效力，不能对已经履行部分发生效力，即劳动合同解除不能溯及既往。

劳动合同与劳动关系

《劳动合同法》第 7 条规定“用人单位自用工之日起即与劳动者建立劳动关系”；第 10 条规定“用人单位与劳动者在用工前订立劳动合同的，劳动关系自用工之日起建立”。

用工单位自用工之日起即与劳动者建立劳动关系，没有用工，就没有建立劳动关系。这时候假如用人单位与劳动者发生争议，因为劳动关系还没有建立，所以争议的性质不属于劳动争议，而属于民事纠纷。在已经签订劳动合同，劳动合同约定的实际用工时间到来前，一方反悔不履行劳动合同，属于违约纠纷，应通过正常的民事诉讼予以解决。

● 劳动合同与大学生就业协议的关系

就业协议与劳动合同是用人单位录用毕业生时所订立的书面协议，但两者分处两个相互联系的不同阶段，表现在：

就业协议

是明确毕业生、用人单位和学校在毕业生就业工作中权利和义务的书面表现形式。就业协议一般由国家教育部或各省、市、自治区就业主管部门统一制表。

(1)毕业生就业协议是毕业生在校时，由学校参与见证的，与用人单位协商签订的，是编制毕业生就业计划方案和毕业生派遣的依据。劳动合同是毕业生与用人单位明确劳动关系中权利义务关系的协议，学校不是劳动合同的主体，也不是劳动合同的见证方，劳动合同是上岗毕业生从事何种岗位、享受何种待遇等权利和义务的依据。

(2)毕业生就业协议的内容主要是毕业生如实介绍自身情况，并表示愿意到用人单位就业、用人单位表示愿意接收毕业生、学校同意推荐毕业生并列入就业计划进行派遣。劳动合同的内容涉及劳动报酬、劳动保护、工作内容、劳动纪律等方方面面，更为具体，劳动权利义务更为明确。

(3)一般来说就业协议签订在前，劳动合同订立在后，如果毕业生与用人单位就工资待遇、住房等有事先约定，亦可在就业协议备注条款中予以注明，日后订立劳动合同对此内容应予认可。

(4)就业协议是毕业生和用人单位关于将来就业意向的初步约定，对于双方的基本条件以及即将签订劳动合同的部分基本内容大体认可，并经用人单位的上级主管部门和高校就业部门同意和见证，一经毕业生、用人单位、高校、用人单位主管部门签字盖章，即具有一定的法律效力，是编制毕业生就业计划和将来可能发生违约情况时的判断依据。

因此就业协议不是证明劳动关系的凭证，不能替代劳动合同。就业协议类似于“出嫁协议”，而劳动合同类似于“夫妻协定”。一旦学生毕业离校后，学校将脱离三方关系，毕业生和用人单位双方应确立劳动关系，签订劳动合同，就业协议则同时终止。

实践中一些公司对就业协议和劳动合同的认知比较模糊，以“签过就业协议就行”为由，不愿签订劳动合同。这种情况根据《劳动合同法》的规定，公司应承担不签订书面劳动合同的法律后果。因此用人单位应予以特别注意。

2. 劳动合同主体

劳动合同主体一方是用人单位，另一方是劳动者。

◆ 用人单位

用人单位是指具有用人权利能力和用人行为能力，使用一名以上职工并且向职工支付工资的单位，“中国境内的企业、个体经济组织、民办非企业单位等组织在劳动法中被称为用人单位”。

• 用人单位资格以民事主体资格为前提

民事主体是按照法律的规定，能够参加民事法律关系，取得民事权利和承担民事义务的人。用人单位的范围必须在民事主体的范围之内，任何不具备民事主体资格的组织均不可能成为用人单位。民事主体必须根据民法规定，合法成立。判断用人单位合法性的标志是“企业法人营业执照”或者“营业执照”。

• 用人单位只能是组织，不能是个人

用人单位只有具备一定的物质、技术和组织条件，足以按法定

要求为职工提供必须的劳动条件，从而能够容纳一定职工并保障职工合法权益时，才能被视为具有用人行为能力。制约单位用人行为能力的因素有财产因素、组织因素等。因此用人单位只能是合法成立的组织，自然人不能成为用人单位主体。

根据最高法院的司法解释，“劳动者与起有字号的个体工商户产生的劳动争议诉讼，人民法院应当以营业执照上登记的字号为当事人，但应同时注明该字号业主的自然情况”。与其他法人单位不同的是，个体工商户的劳动关系主体实质上是老板，而其他法人单位的主体是“用人单位”。

如个人、家庭作为用工主体，例如雇用保姆、家庭教师、农村承包经营户及其所招用的劳工等，系雇用合同而不是劳动合同，不属于劳动法调整范围。

案例：雇佣合同关系还是劳动关系?

原告陈维礼因与被告赖国发发生雇用合同纠纷，向四川省广汉市人民法院提起诉讼。

原告诉称：我在受雇为被告赖国发看管运沙车期间，被汽车摔下夹断左腿，经鉴定为五级伤残。请求判令被告给我赔偿因工致伤的医疗费 3944.20 元、住院费 2800 元、住院生活补助费 900 元、护理费 2000 元、一次性伤残抚恤金 70560 元、一次性伤残补助金 8960 元、一次性医疗补助费 7840 元、残疾人轮椅费 12800 元以及律师费、差旅费 2000 元，合计 111760.20 元，并承担本案诉讼费。

被告辩称：本案是劳动争议，依法应先进行劳动争议仲裁。此次损害的发生，是因原告严重违反操作程序所致，过错在原告方。况且被告已对原告进行了及时救助，双方还对善后处理达成协议，由被告给原告一次性补偿 1000 元后，不再承担其他责任。该协议履行后，原告又由于自己的原因加重了伤情，不应由被告承担责任。

广汉市人民法院经审理查明：

原告陈维礼从 1996 年 8 月起受雇为被告赖国发工作，主要

工作是跟随赖国发经营的运沙车，为汽车换轮胎、在倒车时给主车连接拖车的转动三角架上插插销固定方向、提醒驾驶员注意安全等。双方口头约定，赖国发每月付给陈维礼工资300元，负责吃、住。同年10月7日晚，运沙车在成都某地卸沙需要倒车，此时上下插销孔错位，必须等车辆在运动中将插销孔正位后才能完成插插销的动作，陈维礼便跳上主、拖车之间的三角架，准备在车辆运行中插插销。主车倒车时，陈维礼在三角架上未站稳，左脚滑进三角架内，被正在转正的三角架将左腿夹断。

原告陈维礼当日被送华西医科大学附属第一医院住院治疗。住院期间，陈维礼之父因生活所迫，与被告赖国发达成由赖负担此次住院期间的一切开支，并再支付1000元继续治疗费用，今后不再承担其他责任的善后处理协议。据此协议，陈维礼于1996年10月21日出院，出院的诊断结论为：左胫骨开放性骨折，左小腿及皮肤撕脱伤；患者及家属要求出院；出院后注意加强营养、及时换药，回当地医院继续治疗。赖国发支付了此次住院期间的全部医疗费。

原告陈维礼回家后，在中江县龙台中心卫生院继续住院治疗，后因家庭经济困难无力治疗而出院，共用去医疗费2643.20元。出院后，陈维礼多次请求广汉市连山镇法律服务所协助解决要求被告赖国发赔偿损失一事未果，遂在四川省德阳市法律援助中心提供的法律援助下提起诉讼。1999年7月23日，陈维礼的伤情经德阳市中级人民法院临床法医学鉴定，为五级伤残。

另查明：1995年1月13日，被告赖国发同广汉市连山运输社达成协议，约定由赖国发自己购车加入运输社，车辆由赖国发自己经营，运输社负责管理及协调各种关系并收取一定费用。涉案汽车（车牌号为川F30491）就是赖国发根据这项协议购置的，车辆行驶证和其他相关手续均登记为广汉市连山运输社。

广汉市人民法院认为：

原告陈维礼和被告赖国发达成口头协议，由陈维礼为赖国发提供劳务，赖国发给付陈维礼报酬，属雇佣合同。该合同符合《中华人民共和国民法通则》规定的民事法律行为成立和有效的全部要件，应受法律保护。根据最高人民法院 1988 年 10 月 14 日《关于雇工合同应当严格执行劳动保护法规问题的批复》的规定，陈维礼在受雇佣期间，依法应得到劳动保护。其在工作期间因职务行为而受伤，应当由雇主赖国发承担民事责任。赖国发无证据证实此次事故的发生与陈维礼的故意或重大过失有关，应当承担事故的全部赔偿责任。具体赔偿标准，参照劳动部《企业职工工伤保险试行办法》和四川省劳动厅的规范性文件确定。根据最高人民法院、司法部《关于民事法律援助工作若干问题的联合通知》第 10 条的规定，赖国发还应承担法律援助中心援助人员在为陈维礼办案中的必要开支。故陈维礼请求赖国发赔偿经济损失并承担本案的诉讼费，应予支持。

《中华人民共和国劳动法》第 2 条规定："在中华人民共和国境内的企业、个体经济组织（以下统称用人单位）和与之形成劳动关系的劳动者，适用本法。"劳动部《关于贯彻执行〈中华人民共和国劳动法〉若干问题的意见》第 1 条解释："劳动法第 2 条中的'个体经济组织'，是指一般雇工在 7 人以下的个体工商户。"被告赖国发没有工商行政管理部门颁发的个体工商户营业执照，不是依法成立的个体工商户，故不能作为劳动法律关系的主体。本案不是劳动法律关系，而是雇佣法律关系，属人民法院主管范围，劳动仲裁不是本案的必经程序。赖国发以本案应属劳动法律关系为由，主张本案应先进行劳动仲裁，人民法院无权受理的理由不能成立，不予支持。

原告陈维礼受伤住院后，其父同被告赖国发达成的善后处理协议，非陈维礼本人的真实意思表示，应为无效。赖国发辩称在雇佣关系终止后，陈维礼由于自己的原因加重了伤情，无证据证实，不予采信。据此，广汉市人民法院判决：

一、被告赖国发于本判决生效后 10 日内，一次性付给原告陈维礼医疗费 2634.20 元，伤残抚恤金 71442 元，医疗补助费 7938 元，合计 82023.20 元。

二、被告赖国发于本判决生效后 10 日内，一次性付给法律援助人员在援助原告陈维礼中开支的办案必要费用 2000 元。

三、驳回原告陈维礼的其他诉讼请求。

案件受理费 50 元，其他诉讼费 100 元，均由被告赖国发负担。

赖国发不服一审判决，向四川省德阳市中级人民法院提起上诉称：上诉人是事实上的个体工商户，与被上诉人之间形成的是劳动用工关系，应当受劳动法调整。上诉人在被上诉人住院期间与被上诉人之父达成的善后处理协议，其中的事故处理费 1000 元已由被上诉人之父领取，并承诺以后费用由陈家自负。该协议已经履行应为有效，被上诉人无权再提起诉讼。请求二审改判。

被上诉人陈维礼服从一审判决。

德阳市中级人民法院经审理认为，上诉人赖国发雇佣被上诉人陈维礼干活并给付其劳动报酬，双方形成的是雇佣合同关系。陈维礼在受雇佣期间，为了赖国发的利益而受伤，赖国发应当承担民事责任。因赖国发无证据证实陈维礼的受伤是其故意或重大过失造成，为此一审判决赖国发承担全部责任，是正确的。赖国发未经工商部门依法核准登记，故不具有个体工商户的法律地位，更不属法律规定的个体经济组织。赖国发上诉称“本案应适用劳动法及相关法律调整”的理由，与法律规定相悖，不予支持。赖国发上诉称“陈维礼之父已收其对事故处理费1000元，并承诺以后费用由陈家自负，故上诉人不应再赔”，因陈维礼是具有完全民事行为能力的人，其民事权利的处分应由其本人或经其委托人行使，故这一上诉理由也不成立。一审判决认定事实清楚，适用法律正确，判决适当，审判程序合法。据此，德阳市中级人民法院依照《中华人民共和国民事诉讼法》第 153 条第 1 款第 1 项的规定，于 2000 年 3 月 15 日判决：

驳回上诉，维持原判。

二审案件受理费 50 元，其他诉讼费 100 元，均由上诉人赖国发负担。

资料来源：《陈维礼诉赖国发雇佣合同纠纷案》（王东海，法信网 www.law863.com，2006 年 8 月 28 日）

- **事业单位和国家机关非《劳动法》上的用人单位**

用人单位是企业和个体工商户，事业单位和国家机关原则上不能成为《劳动法》上的用人单位。

这里的企业是指从事产品生产、流通或服务性活动等实行独立经济核算的经济单位，包括各种所有制类型的企业，如工厂、农场、公司等。中国境内的各类企业，按照所有制划分，有国有企业、集体所有制企业、私营企业、外资企业；按照所在地域划分，有城镇企业、乡镇企业；按照企业的组织形式划分，有公司、合伙企业、个人独资企业等。

这里的个体工商户是在工商行政管理部门登记、雇用 7 人以下、开展工商业活动的自然人。

这里的民办非企业单位是指企业事业单位、社会团体和其他社会力量以及公民个人利用非国有资产举办的，从事非营利性社会服务活动的组织。如民办学校、民办医院、会计师事务所、律师事务所、科研院所、福利院等，目前民办非企业单位超过 30 万家。

国家机关、事业单位、社会团体和其聘用的公务员或比照公务员制度的工作人员之间是聘用合同关系，不是劳动合同关系；国家机关、事业组织、社会团体只有在雇佣工勤人员时或者事业组织实行企业化管理时，相互之间才构成劳动关系。

国家机关、事业单位、社会团体和与其建立劳动关系的劳动者，订立、履行、变更、解除或者终止劳动合同，执行《劳动合同法》的规定。

(1)国家机关。这里的国家机关包括国家权力机关、国家行政机关、司法机关、国家军事机关、政协等，其录用公务员和聘任制公务员，适用公务员法，不适用劳动合同法，国家机关招用工勤人员，需要签订劳动合同，就要适用劳动合同法。

(2)事业单位。事业单位适用劳动法，可以分为三种情况：一种是具有管理公共事务职能的组织，如证券监督管理委员会、保险监督管理委员会、银行业监督管理委员会等，其录用工作人员是参照公务员法进行管理，不适用本法；一种是国家、政府出资的事业单位，如公立医院、学校、科研机构等，员工与单位签订的是聘用合同，对于聘用合同法律关系，法律、行政法规和国务院规定另有规定的，就按照法律、行政法规和国务院的规定执行；法律、行政法规和国务院没有特别规定的，按照《劳动合同法》执行；还有一种是民办或者实行企业化管理的事业单位，这类事业单位与职工应签订劳动合同，按照劳动合同法调整。

(3)社会团体。按照《社会团体登记管理条例》的规定，社会团体是指中国公民自愿组成，为实现会员共同意愿，按照其章程开展活动的非营利性社会组织。社会团体的情况也比较复杂，有的社会团体如党派团体，除工勤人员外，其工作人员是公务员，按照公务员法管理；有的社会团体如工会、共青团、妇联、工商联等人民团体和群众团体，文学艺术联合会、足球协会等文化艺术体育团体，法学会、医学会等学术研究团体，各种行业协会等社会经济团体。这些社会团体虽然公务员法没有明确规定参照，但实践中对列入国家编制序列的社会团体，除工勤人员外，其工作人员是比照公务员法进行管理的。对其他没有列入国家编制管理的社会团体，用人单位与劳动者应签订劳动合同，按照劳动合同法调整。

律师提示1：

根据《劳动合同法》规定，对不具备合法经营资格的用人单位的违法犯罪行为，劳动者已经付出劳动的，该单位或者其出资人应当向劳动者支付劳动报酬、经济补偿、赔偿金；给劳动者造成损害的，应当承担赔偿责任。

个人承包经营招用劳动者，给劳动者造成损害的，发包的组织与个人承包经营者承担连带赔偿责任。

律师提示2：

《劳动合同法》两处使用了“同一用人单位”的概念，并四处出现“连续”工龄的概念。连续工龄即劳动者在同一用人单位持续、不间断地工作的时间。

“同一用人单位”是指具有共同的法人人格，例如在分公司工作，即被认为和在总公司工作是服务于同一用人单位。在具有不同法人人格主体的单位工作，一般认为不是同一用人单位。关联企业之间，如和前面一个公司解除了劳动合同并办理退工，公司也依法支付了经济补偿金，然后进入后面一个具有关联关系的公司工作，只要前后两个公司分别具有独立的法人人格，一般认为两个公司不是“同一用人单位”。

◆ 劳动者

劳动者是指具有劳动权利能力和劳动行为能力的公民。

《劳动法》通过列举“用人单位”的方式划定“劳动者”的范围。《劳动法》第 2 条规定，用人单位主要是指企业和个体经济组织，事业单位、国家机关、社会团体与劳动者建立劳动合同关系的。相应的，只有在这五种用人单位管理下从事劳动并获取相应报酬的自然人，才可以成为劳动法上的“劳动者”。

《劳动法》第 15 条规定：“禁止用人单位招用未满 16 岁的未成年人”；国务院《关于工人退休、退职的暂行规定》对退休年龄作出了规定，一般情况下男 60 岁退休，女 55 岁退休。劳动者达到退休年龄后，应依法享受社会保险。

因此劳动者签订劳动合同的适法行为始于 16 周岁并在享受社会保险之前。劳动者享受社会保险之后和用人单位建立的劳动关系是一种特殊劳动关系，只是部分参照劳动法执行。

用人单位中的劳动者，不管其是正式工还是临时工，也不管其是本地户口还是外地户口、城镇户口还是农村户口，都一律受到劳动法保护。

在这里，特别针对四类特殊的劳动者进行阐述。

• 公司高级管理人员

(1)董事、监事。

根据《公司法》规定，董事会、监事会是公司机关，董事、监事与公司股东之间是信托关系，董事、监事对公司的权利、义务由公司法调整。董事与公司之间是经营委托合同关系，监事与公司之间是监督委托合同关系，均不属于公司高级职员，与公司之间不存在劳动关系。董事、监事与公司之间的法律关系不受劳动法调整。

但兼任公司高级职员的董事、监事具有双重身份：作为董事、监事，是公司代表机关或公司机关成员，是公司的委托人；作为公

司高级职员，是公司的高级雇员。当董事、监事作为公司高级雇员的时候，其与公司间的法律关系受劳动法所调整。

(2)总经理、副总经理。

总经理、副总经理的任免、薪酬、职责与权利、义务均受公司法调整；另一方面，总经理、副总经理与公司也建立劳动关系，属于劳动者身份，受劳动法调整。公司法调整与劳动法调整的关系是：当公司法有规定的时候，适用公司法的规定；公司法没有规定，劳动法有规定的时候，适用劳动法的规定。

(3)部门经理、总会计师、总工程师等。

受劳动法调整。

- **在校学生**

在校学生不构成劳动者，与公司之间不存在劳动合同关系，不受劳动法调整。

- **外国人**

不具有中国国籍的外国人在我国境内的用人单位就业的，应依法取得《外国人就业许可证》或《外国专家证》等相关证件，才有资格在我国境内的用人单位就业。

外国人在上海就业须具备条件

(1)年满18周岁，身体健康；(2)具有从事其工作所必需的专业技能和相应的工作经历；(3)无犯罪记录；(4)有确定的聘用单位；(5)持有有效护照或能代替护照的其他国际旅行证件。

用人单位与被聘用的外国人应依法订立劳动合同。劳动合同的期限最长不得超过5年。劳动合同的期限届满即行终止，其就业证即行失效。如需续订，该用人单位应在原合同期满前30日内，向劳动行政部门提出延长聘用时间申请，经批准并办理就业证延期手续。

用人单位与外国人之间签订劳动合同，建立劳动关系，适用劳动法的规定。

未领取就业许可证或《外国专家证》等相关证件的外国人不符合法定的就业条件，在我国境内不具有建立劳动关系的主体资格。未领取就业证擅自就业的外国人和擅自聘用外国人的用人单位一经查实，将受到处罚，情节严重的，按有关规定外国人将被限期出境。

对未办理《外国人就业证》的外国人在上海就业引发劳动纠纷，目前可作为一般民事案件由人民法院直接受理诉讼。

- **保险代理人**

对于保险公司与其业务员之间的关系如何定位，让我们先从一个案例开始看起。

2003 年 12 月 4 日，原"保险代理人"刘某、杨某向南昌市劳动仲裁委员会状告平安保险南昌分公司一案开庭。保险公司与代理人关系问题成了庭审的焦点。原告在仲裁庭陈述理由时表示，原告在平安保险公司从事个人寿险的推销、服务、增员、辅导和管理工作，他们的任免、考核、待遇、福利、工作规范及奖惩均由公司按有关规定执行，而且必须遵守公司的劳动纪律、接受公司的协调、监督和管理。当事人双方在具体的劳动过程中实际履行了劳动权利和劳动义务，是一种参加用人单位具体劳动过程而实现的既成事实的、客观存在的劳动关系。而保险公司坚持认为双方之间是《保险法》规定的委托代理关系，双方签订的《代理人合同书》明确规定"本合同书和其他文件的任何内容，均不直接或间接构成公司与代理人之间存在雇主和雇员关系"。保险公司每月付给代理人的佣金，与劳动者的工资报酬性质根本不同。在管理上代理人与公司员工也有差别。

本案系一起个人保险代理人身份之争案件。代理人模式实际是一种民事委托法律关系。保险代理人在委托人（保险公司）的授权范围内，以其名义向第三人（投保人）销售保险产品，签署保险合同，并且合同中的保险责任由委托人承担。这种法律关系明显区别

于用人单位、劳动者间产生的劳动关系，保险代理人在保险公司中不具有为劳动法所调整的劳动者身份。

理由如下：

(1)个人代理人工作性质。

《保险法》第125条明确规定："保险代理人是根据保险人的委托，向保险人收取代理手续费，并在保险人授权的范围内代为办理保险业务的单位或者个人。"他们并不加入保险公司成为其成员，而是独立地完成自己的劳动或工作，工作上没有定量的目标和工作时限，人员流动性和脱落率非常高，只要不想为这家公司代理业务，合同自然废止，代理人立即就可以离开。而劳动合同关系中的劳动者必须加入到用人单位，成为其雇员，履行相应合同规定的权利和义务，承担合同违约责任。因此，个人保险代理人的劳动报酬是按所收取保费的一定比例提取手续费(佣金)，收入的高低完全取决于自己的劳动成果(保费数额)，就是说无论代理人付出了多大的努力，若是没有保费进账，就得不到任何报酬。这与劳动合同的内容也不相同，劳动合同的标的是一定的劳动行为，劳动者只需要按规定参加用人单位的集体劳动，完成规定的工作量，而不论单位的经营成果如何，劳动者都应享受规定的劳动报酬和福利待遇。

(2)保险代理合同内容。

《个人代理人保险代理合同书》的签订依据是《保险法》、《保险代理人管理规定》等法律法规，整个合同没有一处体现"劳动合同"字样，在合同内容尤其是双方的权利义务方面，规定的是经济利益和经济责任；在违约责任方面，规定的也只是一方给另一方造成经济损失时，应为对方承担经济损失责任；发生争议时，双方应协商解决，若协商不成时，可直接到当地法院提起诉讼。而《劳动合同书》签订的依据是《劳动法》，合同的内容完全是调整劳动关系的相关规定，权利义务也集中于劳动的付出(获取)和工资、福利待遇的获得(支出)；在违约责任方面，规定的是获得(解除)劳动的权利或赔偿相关对应损失；在合同争议处理上，明确规定需到本企业或当地劳动仲裁机构申诉，不服仲裁可到法院起诉。因此，本质上两者是完全不同的，保险代理合同并不是劳动合同。

综上所述，保险公司与其个人代理人的关系是保险代理关系非劳动合同关系，不属《劳动法》调整的范畴。

但从另外一个角度，个人保险代理人与保险公司也能够成立劳动关系：

(1)大多数个人保险代理人被企业录用后，企业有固定的管理机构对其进行管理，虽然在工作时间上推销员的安排较为灵活，但仍然要遵守企业对其劳动纪律的要求，一段时间内不能从事推销活动必须履行请假手续。这表明，推销员必须服从企业对其设定的工作规则，企业对个人保险代理人存在事实上的管理，个人保险代理人已经被纳入企业的组织体系，成为企业组织中的一员。

(2)个人保险代理人开展推销工作，若接受企业的培训，即表明在工作方法上接受用人单位的指示。

(3)双方约定报酬的支付方式往往是按营销业绩提取，有的还可能会有底薪。如果销售业绩突出，企业往往会给予奖励。如没有完成企业下达的销售任务，则要接受经济上的惩罚。而企业根据销售绩效对于个人保险代理人的奖惩，则体现了个人保险代理人接受企业的制裁义务。

(4)个人保险代理人推销保险于其本身而言并不属于经营之事业，只是通过这种方式出卖自己的劳动力，获得生活来源，而对于企业而言则是经济组织与企业结构之重要部分，则意味着，个人保险代理人是为了企业的经济目的而工作，并不是为了自身的营业目的，不具有经济上的独立性。

鉴于此，保监会在答复贵州保监局《关于保险个人代理人在保险公司中法律地位问题的请示》时表示，根据《中华人民共和国保险法》第 125 条和第 128 条的规定，个人保险代理人属于保险代理人的一种，其与保险公司之间属于委托代理关系。

但在具体案件中，保险公司的业务人员是否属于个人保险代理人，保险公司与该业务人员之间是否属于委托代理关系，应当依据二者间订立的具体协议的法律性质确定。

至于保险公司对代理人有管理的行为是否表示双方存在劳动关系，保监会认为根据《保险法》第 136 条的规定，保险公司对个人保险代理人有培训和管理的责任，以确保个人保险代理人职业道德和业务素质。

专栏："职员制"保险代理人

在现行保险公司的代理人体制中，销售人员与保险公司签订的是代理合同而并非正式的劳动合同，大多数保险公司的保险代理人没有底薪和补助，自负盈亏。保险公司只负责提供良好的发展平台，以及免费办公和开展业务的空间。

这种传统的制度在今年也受到了冲击。2006 年 2 月，恒安标准人寿保险公司开始推行"职员制"营销模式，让保险代理人成为公司的正式员工，把以前的代理合同改成了劳动合同。保险代理人每个月也有了一千多元的底薪和社会保险、公积金及误餐补贴等福利。

目前各公司对这种模式运作的细节还不是特别了解，都在采取观望态度。这种做法首先会导致成本负担加重，从保险代理人方面来看，压力降低会使部分人产生惰性，还可能造成业绩下降。

3. 劳动合同与劳务合同

- **劳务合同及其与劳动合同的区别**

劳务合同是一个争议很大的问题，鉴于劳务合同不必承担《劳动法》课以的额外义务，很多公司借劳务合同之名逃劳动合同之实。一旦发生劳动争议，结果仍然是按照劳动合同处理。什么是劳务合同，这个问题在司法部门也是众说纷纭。

关于劳务合同，有两点共识：一是劳务合同是民事合同，当事人之间的权利、义务由合同约定，法律一般不加以干涉；二是劳务合同的标的是劳动力的提供，一方提供劳务（身体劳动），另一方支付报酬。

在此基础上，我们可以看到，承揽合同、运输合同、雇佣合同、建筑合同、委托合同等都可以归结为劳务合同，但由于社会分工的细化，这些合同从劳务合同中独立出来，并自成体系，成为法律上的有名合同。对于那些以提供劳动力为标的，仍然没有独立出来的合同，我们暂且称之为劳务合同。

劳动合同是劳务合同社会化的结果。劳动合同诞生于劳务合同，只是出于保护劳动者的目的，国家对劳资关系干涉逐渐加强，随着劳动法体系的正式建立，劳务合同演化为劳动合同。

劳动合同与劳务合同的根本区别在于主体不同：劳动合同的用人主体必须是国家机关、企事业单位、社会团体或者个体工商户，并且被雇用主体一方必须是年满16周岁以上，60周岁以下(女55周岁以下)的劳动者，且没有其他劳动关系；如果被雇用者的主体不符合这个条件，则可以认定为劳务合同，例如被雇用主体是退休人员、具有其他劳动关系人员、学生或者非自然人等。

以提供劳务为内容的合同，合同的性质可以由主体加以区别：

(1)一方是用人单位，一方是劳动者个人(自然人)的，一般可以认定为劳动合同；

(2)双方是个人的，一般认定为雇佣合同(例如保姆、家庭钟点工，注意，近来雇佣关系有向劳动关系发展的趋势)；

(3)双方是单位的(单位其实是一个不严格的概念，类似于组织)，不是劳动合同。

- **劳动合同和劳务合同的法律适用**

劳务合同适用民法和合同法，当事人之间的约定一般优先于法律规定，法律对当事人之间不进行干涉，只有在特殊情况下法律才对当事人的约定加以干预；当事人因履行劳务合同发生纠纷，可以直接到法院起诉。

劳动合同适用于劳动法和劳动合同法，只有在劳动法没有规定的情况下，才适用民法的规定；劳动法对劳动合同进行了较多的强行性干预，当事人之间的约定必须服从劳动基准，当事人除了履行劳动合同约定的义务外，还必须履行法律额外课加的义务和责任。当事人因履行劳动合同发生纠纷，首先应进行劳动仲裁，对仲裁不服的，可以到法院起诉。

为何要努力适用劳务关系

劳动合同赋予了用人单位缴纳社会保险、提供劳动条件、保护劳动者等强制性义务，如违反不但导致民事责任，而且会导致行政责任，而劳务合同则可避免这些义务和责任，这就是大量公司千方百计适用劳务关系的动机。

- **当前劳务关系的应用**

(1)劳务派遣：用人单位和员工不直接存在劳动关系，中间存在劳务派遣公司作为媒介，用人单位和劳务派遣公司之间存在劳务派遣合同，劳务派遣公司和员工之间存在劳动合同。

(2)企业聘用协保(劳务存在劳动关系)、退休人员(不符合劳动关系主体资格)。

(3)兼职(另外存在劳动关系)。

- **特殊劳动关系**

用人单位使用下列人员之一的形成特殊劳动关系：

(1)企业内部退养人员；

(2)停薪留职人员；

(3)专业劳务公司输出人员；

(4)退休人员；

(5)未经批准使用的外来从业人员；

(6)协保人员；

(7)符合前条规定其他人员。

特殊劳动关系的处理：用人单位与劳动者形成特殊劳动关系，应当参照执行以下劳动标准：工作时间规定、劳动保护规定、最低工资规定。形成特殊劳动关系的双方当事人可以协商约定有关的劳动权利义务。

特殊劳动关系

是现行劳动法律调整的标准劳动关系和民事法律调整的民事劳务关系以外的一种用工关系，其劳动者一方在用人单位从事有偿劳动、接受管理，但与另一用人单位存有劳动合同关系或不符合劳动法律规定的主体条件。

案例：劳动合同关系还是劳务合同关系？

某甲长期为一商店运送货物挣取劳务费。一日，某甲因有事临时让某乙代其为商店运送货物，每日支付劳动报酬 80 元。谁知，某乙在第二次运送货物途中遭遇不幸身亡。肇事车辆逃逸，查无下落。某乙家人要求某甲与商店老板共同赔偿因某乙死亡造成的损失，双方为此发生纠纷，某乙家人以某乙与某甲和商店之间具有劳动合同关系要求按工伤处理为由，向劳动仲裁委员会申请仲裁。

某甲以个人名义要求某乙代其送货并支付劳动报酬，与某乙具有雇佣合同关系，根据相关规定，雇主应承担受雇人在执行受雇事务时造成的自身损害的后果，因此某甲应承担某乙死亡给其家人造成的损失；商店让某甲为其送货并支付报酬，某甲并未成为商店一员，不受商店管理和约束，因此商店和某甲之间是劳务合同关系，根据劳务合同风险由提供劳务方自负的原则，商店不承担某乙死亡的责任。由于此案中不存在劳动合同关系，因此，某乙家人向劳动仲裁委申请仲裁是不对的，应当向人民法院提起诉讼。

资料来源：《劳动合同与雇佣合同、劳务合同的区别》(148 法律在线 www.148online.com.cn，2006 年 10 月)

4. 劳动合同和承揽合同

◆ 承揽合同及其与劳动合同的区别

劳动合同与劳务合同主要是根据主体的不同进行区别，而劳动合同和承揽合同的区别则是从合同的履行内容上进行区分。

承揽合同是承揽人按照定作人的要求完成工作，交付工作，交付工作成果，定作人给付报酬的合同。

承揽合同的根本特征在于：

(1)合同标的为劳动成果。在承揽关系中，劳务仅仅是手段，若不能取得劳动成果，则不能获得报酬。

(2)承揽行为具有独立性。定作人只有在不影响承揽人工作的前提下，才能对承揽人的工作情况进行指示、监督和检查。承揽人在安排工作时间等方面亦有较大自由。

(3)与雇佣关系中的劳务给付具有属人性不同，承揽人一般无须亲自完成工作，除非承揽契约之订立依赖于承揽人之技能者而必须由承揽人自行完成约定工作。

(4)承揽关系中，定作方与承揽方自始至终地位平等，不存在人身依附关系。

劳动合同与承揽合同二者都是以提供劳务为目的的合同，但有本质的区别：

(1)劳动合同目的在于提供劳务，其标的在于劳动本身，无论劳动有无成果，均能获得报酬；承揽合同则在于一定工作的完成，虽然涉及劳务，但它的目的不在于劳动本身，而在于劳动成果，承揽合同如无成果时，则不能获得报酬。

(2)承揽合同的双方当事人之间不存在支配、控制、指挥、组织领导关系，这是承揽合同与劳动合同最本质的区别。在承揽合同中，承揽人尽管在工作过程中要接受定作人的监督和检查，但其工作过程具有独立性，完成工作的条件、地点、时间的具体安排均由

承揽人自行负责。劳动关系则不同，劳动者的工作条件主要由用工单位提供，工作时间、地点、标准和方法，即工作过程必须遵守用工单位的规定，接受其监督、指挥，不具有独立性。

(3)劳动合同反映的是用人单位与劳动者个人之间的以劳动报酬、劳动福利等为核心而发生的合同关系，劳动者的劳动报酬仅仅是劳动力的价值；而承揽合同反映的是两个平等的民事主体之间，一方为另一方提供工作成果而发生的合同关系，承揽人的报酬是劳动成果的价值，包括了材料和劳务的价值。

承揽合同适用后果：

(1)劳务提供人(承揽人)应当以自己的设备、技术和劳力，完成主要工作，另一方不具有提供劳动工具和劳动条件的义务；

(2)劳务提供人(承揽人)在工作期间，另一方在不妨碍承揽人的正常工作前提下，有权进行必要的监督检验。

(3)劳务提供人(承揽人)交付的工作成果不符合质量要求的，另一方可以要求承揽人承担修理、重作、减少报酬、赔偿损失等违约责任。

(4)劳务接受方除提供报酬外，不必承担其他额外义务和责任。

案例：承包路段图的实质

林某系外地到某县务工的农民。2004年5月初，某县物业公司(以下称物业公司)通过招投标与该县环卫所签订该县城区部分街道卫生保洁合同一份。同年5月底，林某经人介绍到物业公司从事卫生保洁工作，具体负责某路段的卫生打扫工作，月工资700元。2004年12月初，林某在街道上从事卫生打扫工作时，被赵某驾驶的货车撞伤，经某县中医院诊断为：脑震荡、视神经损伤。2004年12月底，某县公安局交警大队作出交通事故认定，认定赵某应负交通事故的全部责任。2005年2月初，林某向某县劳动部门提出工伤认定申请。

本案中，林某的工作服装，垃圾车、扫把等劳动工具都是由物业公司提供，而且工作地点、时间、标准都由第三人规定，工作过程接受第三人的监督、指挥。《承包路段图》是双方确认工作地点，物业公司行使指挥、管理权的手段，实质是劳动合同。申请人取得的每月 700 元工资主要是劳动力价值的体现，林某领取工资是按月领取的。林某是按月劳动量取得报酬的，即便出现林某因工作质量达不到要求被扣工资，也不能改变这一性质。

资料来源：《林某不服某县劳动部门作出的不予认定工伤行为申请复议》（浙江省丽水市政府网站，2006 年 7 月 10 日）

◆ 自由职业者

雇员是受雇主雇用的人，自由职业者即独立承包人则是自我雇用的人。比如，张三临时雇李四粉刷房子，李四就是张三的独立承包人，而不是雇员。

如果没有身份上的隶属关系，劳动者可能只是独立承包人，这种人员在英美劳动法上往往被称为自雇人员，不属"雇员"。

自由职业者

是独立工作，不隶属于任何组织的人；自由职业者是脑力劳动者（作家、编辑、会计等）或服务提供者，他们在自己的指导下自己找工作做，经常但不是一律在家里工作。

自由职业者包括三类人：

(1) 小本生意人，如个体零售店、小吃店、冲印店、装修公司老板；

(2) 没有底薪的推销员，如寿险顾问、地产经纪、广告中介等；

(3) 专业人士，如专利代理人、律师、技术顾问、管理顾问等。

确定身份上的隶属关系，劳动法学界以"控制标准论"为通说。

“控制论”的主要理论是，雇员必须服从雇主，遵守雇主的劳动纪律和规章制度，雇主有权监督雇员的工作。如果某人签约作某一特定工作，自行提供工作设备，完全自行决定，或不必遵守有关工作细节的指令，则该人通常是独立承包人，而不是雇员。同时还可以考虑履行其职责时是否承担任何风险。

近来劳动法学界又出现了“组织标准论”来判定双方是否存在劳动关系。“组织标准论”的主要理论是，如果一个人的工作是单位业务的组成部分时，可以认定双方形成雇佣关系。如果该工作不是用人单位业务组成部分的，则双方不是雇佣关系。例如，没有文员，一个公司的业务是无法进行的，则该文员的工作是单位的组成部分，该文员是公司的雇员。

公司雇用独立承包人提供劳务，相互之间是承揽合同关系，不构成劳动合同关系。公司不承担承揽合同以外的义务。

公司和独立承包人签订承揽合同时，应注意以下方面：

(1)合同名称尽量不要使用“劳务合同”，而根据标的劳务的内容予以准确地界定；

(2)如果提供劳务者为公司、公司分支机构或者合伙、私营企业等，可直接否定双方的劳动合同关系；

(3)合同内容应注意对提供劳务者不是具体行为的管理、指示，而是一种监督和检查；

(4)公司原则上不提供设备、工具等条件，而是有对方自行准备工具；

(5)劳务提供者不隶属于公司内部的任何部门；

(6)公司根据劳动成果支付报酬，如果没有劳动成果，则公司不应支付报酬。

最常见的自由职业者/独立承包人情况是“兼职”。

◆ 如何设计与兼职员工的合同

● 兼职员工与一般员工相比有哪些不同点

正式员工在于过程管理，兼职员工主要是侧重工作成果，根据工作成果支付劳动报酬。

这才是最重要的区别。

- **在管理中如何体现兼职员工与一般员工的不同**

兼职合同的核心在于：用货币购买兼职者的工作成果，而不是购买其劳动时间，因此对兼职员工的管理主要在于工作成果的管理：在交付工作任务时要求明确、具体，质量可以衡量和检验，劳动报酬和工作成果联系起来，规定工作成果的最后提交期限。

兼职合同实质上是民法中的承揽合同，双方地位平等，一方不隶属另外一方，除要求对方提供符合要求的工作成果外，没有管理权；兼职合同不受劳动法的约束，内容原则上双方可以自由约定。

- **兼职员工合同的设计**

(1)避免劳动关系的嫌疑：乙方如果有特殊身份，尽量标明其特殊身份；明确排除双方劳动关系的存在；不要存在隶属关系、管理关系的字眼；强调购买的是乙方的工作成果。

(2)工作成果的描述和交付条款。

(3)商业秘密和知识产权条款。

(4)由于没有管理，因此工作时间和地点可以自由，有时因为监督的需要，可以规定在公司内完成工作。

5. 劳动合同与委托合同的区别

与企业签订代理协议，或产生貌似代理关系的商业推销人员，与企业之间是否存在劳动关系？他们能否被视为劳动法上的劳动者，从而得到劳动基准与社会保险等方面的利益？

(1)劳动关系中劳动力提供强调劳动者将其人身在一定限度内交给用人单位，因而必须接受用人单位的管理与支配；而代理关系中的代理人一方面受被代理人授权的限制，另一方面又有在特殊情势下独立决定的权利。

(2)当事人不同，劳动关系的当事人是劳动者与用人单位，而委托关系的当事人则为本人与代理人。

(3)两者的时间过程不同，劳动合同具有继续性的特征，而代理关系不以继续性为要件。

(4)报酬支付的方式，劳动者的工资是按月支付的报酬，代理人的报酬由双方协商，不一定均为有偿契约，也不一定按月支付。

(5)劳动者不承担商业经营的风险责任，而代理人则需自己承担商业风险责任。

(6)危险责任的承担不同，前者由用人单位就危险承担无过错责任，即工伤的无过错责任原则。代理关系中代理人从事代理活动只有在不可归责于自己的事由受到损失时，才可以向被代理人要求赔偿损失。

劳动关系与代理关系的交织：一方面，劳动者和用人单位之间可能会同时存在劳动关系和代理关系，从劳动法角度观之为劳动关系，从民法角度则存在代理关系。

例如，商店营业员与商店之间存在劳动关系，但营业员又以商店的名义与顾客订立契约，成为商店的代理人。一方面，不能因代理关系的存在而断然排除劳动关系；另一方面，一些隐蔽的劳动关系，可能在表象上具有代理关系的特征，身份隶属性是判断劳动关系存在的根本特征。身份隶属性主要从双方之间的人格上的从属性和经济上的从属性来考察：

人格上的从属性主要指劳动者对用人单位的指示服从的义务。人格上的从属性主要表现为如下标准：①用人单位对劳动者的工作时间、地点和业务内容具有广泛的指示权；②劳动者成为用人单位组织中的一员，必须服从用人单位组织中的内部劳动规则，即必须遵守本单位的规章制度；③劳动者有接受用人单位的检查以及接受合理制裁的义务。

经济上的从属性，即劳动者并不是为自己之营业活动，而是从属于他人，为他人之目的而劳动，因而不具有经济上的独立性。这可从以下几个方面来判断：①生产工具或器械由用人单位所有，原料由用人单位供给；②劳动者的工作是作为用人单位所经营的事业整体的、不可分割的一部分，劳动者是为用人单位的事业提供劳动而不是为自己提供劳动；③劳动者依赖用人单位的工资为其主要生活来源。

6. 劳动合同的转移与劳动合同主体变更

劳动用工主体变更，通常有如下几种情形：

(1)公司合并、分立。

公司合并分立包括吸收合并、新设合并、分解分立、新设分立。这几种情况均有一个共同特点，即有主体地位消失和有新主体地位产生。

合并、分立关键词

吸收合并，是指一个企业吸收另一个企业而成立，吸收企业仍保持原有的名称不变，而被吸收的企业在法律上其主体地位已不复存在；

新设合并是指几个企业的法律主体地位均不复存在重新建立新的企业；

分解分立指一个企业分解成几个企业，其中一个企业保持分解前原企业的法律地位；

新设分立是指一个企业分解成几个新企业，原企业的法律地位消失。

用人单位合并、分立的，劳动合同由合并、分立后的用人单位继续履行；经劳动合同当事人协商一致，劳动合同可以变更或者解除；当事人另有约定的，从其约定。

(2)公司形式和性质变更。

例如公司名称变化、性质变化(由国有变为私营、由有限公司变为股份公司)、地址变化、法定代表人变化、股东发生变化，均不影响劳动合同的继续履行。

在我国的现实法律生活中，普遍存在的人员借调等现象完全具备合同权利义务转让的实质。同时，法律和行政法规中对此也并没有任何禁止性的规定，而国务院劳动行政部门则以行政解释的方式对这些做法的合法性予以了明确的肯定。

(3)借调。

借调则是由借用单位从借出单位承受大部分权利和义务，被借用人不是以原单位的名义而是以自己的名义向借入单位提供劳动、接受报酬，借入单位也是以自己的名义接受其劳务，向其直接支付劳动报酬，不存在借出单位由他人代为行使权利和履行义务的问题。这种发生在用人单位之间的人员借调，均以其中一个用人单位与劳动者之间订有劳动合同为前提，然后又在两个用人单位之间以协议的方式将该劳动合同项下的权利义务进行转让。

原劳动部《关于贯彻执行〈劳动法〉若干问题的意见》第 14 条规定："派出到合资、参股单位的职工如果与原单位仍保持着劳动关系，应当与原单位签订劳动合同，原单位可就劳动合同的有关内容在与合资、参股单位订立的劳务合同时，明确职工的工资、保险、福利、休假等有关待遇。"

(4)关联公司间员工调动。

关联公司出资或公司组织上的密切联系显然并不影响各个公司的独立法人地位，也不影响各个公司对外法律关系的独立性。因此，原用人单位与新用人单位之间在与劳动者的劳动关系方面原则上并无承继关系，原则上工龄不应连续计算。但是，如果劳动者与新用人单位在不违反法律、法规禁止性规定的基础上就工龄计算作出明确约定予以连续计算的，应予认可。

关联公司

是指在出资或公司组织上的有密切联系的两家或数家公司，如控股公司与子公司、子公司与子公司、参股公司与被参股公司、参股公司与参股公司等。

关联公司间员工调动，劳动者从原用人单位到新用人单位，原单位应办理劳动合同解除手续，新单位办理劳动合同录用手续。

关联公司间员工调动，应与员工协商，征求员工的同意。

《关于实施〈上海市劳动合同条例〉若干问题的通知》规定，用人单位因主体发生变更、职工组织调动等情况，虽然办理了招退工手续，但职工的工作年限由变更后的企业连续计算而未造成实际失业的，用人单位可不支付经济补偿金。

小知识

百家争鸣

也有观点认为，新用人单位与原用人单位对劳动者存在着人事调动关系，劳动者的工龄也应连续计算。

其原因是：在人事调动情况下，实际上是产生了劳动关系的概括转移，即在劳动者、原用人单位与新用人单位协商一致的情况下，由原用人单位转移至新的用人单位，这种转移一般包括工龄在内，从而表现为劳动者在原用人单位的工龄到新的用人单位后连续计算。

案例：劳动关系延续的认定

孙某于1991年6月在大新集团公司参加工作，经多次变更工作单位后，进入大新电子有限公司工作。2000年9月，孙某进入当时还在筹备期的大新数码公司工作。孙某到该数码公司工作后，未与大新数码公司就是否延续其在大新电子有限公司的待遇问题作出书面约定，亦未向电子公司提出异议。2000年9月至2001年5月期间，大新数码公司按其在该电子有限公司时月工资15650元的标准为孙某发放工资。2001年4月30日，大新数码公司向孙某发出签订劳动合同意向书，内容为：“公司人力资源部已于4月19日通过电邮公告全体员工签订劳动合同的意向及具体时间表。您已于4月24日准时出席了公司安排的关于劳动合同的培训。公司希望与您在5月20日前签署完毕劳动合同。如逾期不签，公司将参照国家有关规定视同您单方与公司解除劳动关系。"孙某接到上述通知后，对劳动合同内容有异议，并与公司进行了多次协商，但未能达成一致意见未签订劳动合同。大新数码公司于2001年5月23日向孙某送达了终止劳动关系通知书，解除了与孙某的劳动关系，工资截止至2001年5月23日，其中含年休假工资，并在离职手续转单中注明不支付孙某经济补偿金。

法院经审理认为，大新电子有限公司与大新数码公司系两个独立的法人。孙某由大新电子有限公司进入大新数码公司工作，不属于两公司经协商而形成的人事调动关系，不能认定公司对孙某的劳动关系是孙某在大新电子有限公司劳动关系的延续。孙某到大新数码公司工作后，其与大新电子有限公司的劳动关系自行终止，与大新数码公司形成了事实上的劳动关系。大新数码公司与孙某协商签订劳动合同未能达成一致意见，故大新数码公司在解除与孙某劳动关系时应当给予经济补偿金15650元。因大新数码公司未按国家有关规定给予孙某经济补偿，故还须支付额外经济补偿金7825元。

资料来源：《个人原因调工作　工龄该咋计算》(北京劳动保障网 www.bjld.gov.cn，2007年1月6日)

【思考与行动】　　(2分钟)

A公司是外国独资公司，2006年公司吸引投资公司后进行资产重组，重新注册了一家性质为内资的B公司。公司要求把所有员工的劳动合同甲方主体由A变更为B公司，工作内容、职位、地点、薪酬、合同期限等内容都无变化。符合法律规定的操作流程是什么？

○ ____________________

○ ____________________

○ ____________________

○ ____________________

参考解析详见附录2“参考解析六”

(5)资产和员工关系收购。

一是承担债务式兼并，即在资产与债务等价的情况下，兼并方以承担债务为条件接收资产及员工；二是购买式兼并，即以现金购买的方式接受企业及员工。兼并企业将被兼并企业吸收为自身的一部分，兼并企业将承继被兼并企业所有的权利与义务。

第11章：劳动合同条款设计

【本章提要】

- □ 劳动合同条款设计常见问题
- □ 劳动合同期限
- □ 试用期
- □ 工作内容
- □ 劳动报酬
- □ 劳动合同违约责任

1. 法律对劳动合同条款的规定

《劳动合同法》第17条规定："劳动合同应当具备以下条款：

（一）用人单位的名称、住所和法定代表人或者主要负责人；

（二）劳动者的姓名、住址和居民身份证或者其他有效身份证件号码；

（三）劳动合同期限；

（四）工作内容和工作地点；

（五）工作时间和休息休假；

（六）劳动报酬；

（七）社会保险；

（八）劳动保护、劳动条件和职业危害防护；

（九）法律、法规规定应当纳入劳动合同的其他事项。

劳动合同除前款规定的必备条款外，用人单位与劳动者可以约定试用期、培训、保守秘密、补充保险和福利待遇等其他事项。”

《劳动合同法》规定的劳动合同必备条款与《劳动法》规定相比，有较大变化，用人单位在设计劳动合同条款时应予以充分注意：

一是增加了部分必备条款。(1)增加了用人单位的名称、住所和法定代表人或者主要负责人，劳动者的姓名、住址和居民身份证或者其他有效身份证件号码等条款。这些内容是劳动关系双方主体的基本情况，在劳动合同中明确有很重要的意义。(2)增加了工作地点条款。原因是实践中劳动者的工作地点可能与用人单位住所地不一致，有必要在订立劳动合同时予以明确，当工作地点发生变化时构成劳动合同的变更。(3)增加了工作时间和休息休假条款，进一步明确该劳动者具体的工作时间和休息休假安排。(4)增加了社会保险条款。依法参加社会保险和缴纳社会保险费，是用人单位和劳动者的法定义务。增加社会保险必备条款的原因，是为了强化用人单位和劳动者的社会保险权利义务意识。(5)增加了职业危害防护的条款。《职业病防治法》规定：用人单位与劳动者订立劳动合同时，应当将工作过程中可能产生的职业病危害及其后果、职业病防护措施和待遇等如实告知劳动者，并在劳动合同中写明，不得隐瞒或者欺骗。《劳动合同法》的这一规定是更好地与《职业病防治法》规定的衔接，更有效地保护劳动者。

二是取消了部分必备条款。(1)取消了劳动纪律条款。原因是劳动纪律属于用人单位规章制度，没有必要在劳动合同中由用人单位与劳动者个别约定。(2)取消了劳动合同终止的条件条款。原因是为了防止用人单位规避劳动合同期限约束，随意终止劳动合同，《劳动合同法》取消了《劳动法》中有关用人单位与劳动者可以约定终止劳动合同的规定，明确劳动合同终止是法定行为，只有符合法定情形的，劳动合同才能终止。(3)取消了违反劳动合同的责任条款。原因是为了防止用人单位滥用违约责任条款，《劳动合同法》规定只有在依法约定的培训服务期以及竞业限制条款中，用人单位才能与劳动者约定违约金。

2. 劳动合同条款设计常见问题

劳动合同条款设计中最大的问题就是盲目地使用劳动合同范本，而没有针对性地根据公司的要求设计劳动合同条款。

下面是笔者在互联网上搜索的一个劳动合同范本——绝大部分的公司使用的都是这样的劳动合同范本。

网络流传的某劳动合同范本

用人单位(甲方)：

地址及邮政编码：

职工(乙方)：

身份证号码：

住址及邮政编码：

劳动局印制甲方(单位)因生产(工作)需要，按照国家、省、市有关劳动法律、法规、规章规定，招用(以下称乙方)为劳动合同制职工。双方根据“平等自愿、协商一致”的原则，签订本合同，确立劳动关系，明确双方的权利、义务，并共同遵守履行。

一、合同期限

本合同自__年__月__日起生效。本合同有效期经甲、乙双方商定，采取下列第__种形式：

1. 合同有效期限为__年，至__年__月__日止。

2. 无固定期限。本合同除可因甲方生产经营发生变化或在定期考核中发现乙方未能认真履行本合同规定的劳动义务而依法予以终止外，其他终止条件为：__。

3. 合同期限至__工作(任务)完成时终止。

其完成的标志事件是__。新招收、调入、统一分配人员的劳动合同，自生效之日起__个月内为试用期。

本合同由甲乙双方各存一份。鉴证时还需交鉴证机构一份。均具有同等效力。

二、工作任务

(一)乙方生产(管理)工种(岗位或部门):__。

(二)乙方完成甲方正常安排的生产(工作)任务。

三、工作时间

(一)甲方实行每日不超过8小时,平均每周不超过44小时的工作制度。并保证每周乙方至少不间断休息24小时。

(二)甲方可以报经劳动行政部门批准实行不定时工作制或综合计算工时工作制。

(三)甲方因生产、工作需要,经与工会和乙方协商同意,可安排乙方加班加点,但每个工作日延长工作时间不得超过3小时,每月累计不得超过36小时。

(四)有下列情形之一的,甲方延长工作时间不受第(三)项规定限制:

1. 发生自然灾害、事故或者其他原因,威胁劳动者生命健康和财产安全,需要紧急处理的;

2. 生产设备、交通运输线路、公共设施发生故障,影响生产和公共利益,必须及时抢修的;

3. 在法定节日和公休假日内工作不能间断,必须连续生产、运输或者营业的;

4. 必须利用法定节日和公休假日的停产期间进行设备检修、保养的;

5. 为完成国防紧急任务的;

6. 为完成国家下达的其他紧急生产任务的。

四、休假乙方在合同期内享受国家规定的节日、公休假日以及年休假,探亲、婚丧、计划生育、女职工劳动保护等假期的待遇

五、劳动报酬

（一）乙方工资分配形式、标准：

1. 甲方按照政府有关企业职工工资，特别是不得低于本市最低工资标准的规定，制定本企业工资制度，确定乙方工资形式和工资标准。

2. 乙方试用期工资__元/月；试用期满乙方起点工资定为__元/月。甲方可按企业工资制度调整乙方工资。

（二）甲方每月如期发放货币工资。如遇节假日或休息日，应提前在最近的工作日支付工资。

（三）甲方安排乙方加班，平时和休息日加班无法安排补休的，按不低于国家（含省、市）规定的标准发给加班工资。其中：

1. 安排延长工作时间的，甲方支付不低于工资150%的加班工资，如加班时间在22时至次日6时期间的，支付200%的加班工资；

2. 休息日加班，支付200%的加班工资；

3. 法定休假日加班支付300%加班工资。但乙方实行综合计算工时工作制的，其工作时间应以一定周期综合计算，属加班时间部分，应按加班工资计发。

（四）非因乙方原因所致的停工、停产，在一个工资支付周期内的，甲方应按本条第（一）项标准支付工资；超过一个工资支付周期的，甲方按不低于本市规定的失业救济标准发给乙方生活费。

（五）乙方在法定工作时间内依法参加社会活动期间，以及依法享受年休假、探亲假、婚假、丧假、计划生育假、女职工劳动保护假期间，甲方按不低于本合同确定的乙方的工资标准支付工资。

（六）如甲方克扣或无故拖欠乙方工资，拒不支付乙方加班工资，低于本市最低标准支付乙方工资的，均应予补发，并应按国家规定支付乙方经济补偿和赔偿金。

六、保险福利待遇

(一)在合同期内，甲、乙双方需按照国家及省、市有关规定，缴纳基本养老保险、失业保险和工伤保险等社会劳动保险基金，同时甲方应定期向乙方通告缴纳社会劳动保险基金情况。

(二)甲方按国家、省、市有关规定，给予女工“五期”(经期、孕期、产假期、哺乳期及更年期)的劳保福利待遇和乙方符合计划生育子女的劳保医疗待遇。

(三)乙方患职业病或因工负伤医疗期间的保险福利待遇，甲方按本市有关社会工伤保险规定执行；医疗终结，经市医务劳动鉴定委员会确认，属完全丧失劳动能力的，由甲方按规定给予办理提前退休；属部分丧失劳动能力的，按本市有关规定执行。

(四)乙方在合同期内患病或非因工负伤，其病假工资，疾病救济费和医疗费等按不低于国家、省、市有关规定执行。

(五)乙方因工或非因工死亡的丧葬补助费、供养直系亲属抚恤费、救济费、一次性优抚金、生活补贴、供养直系亲属死亡补助费等，按国家及本市有关规定由社会劳动保险公司或甲方分别计发。

(六)非因乙方原因所致的停工、停产期间，乙方按国家规定享受的休假、劳动保险、医疗等待遇不变。

(七)乙方其他各种福利待遇、按甲方依法制定的制度执行。

七、劳动保护和劳动条件

(一)甲方执行国家有关劳动保护规定和标准，包括有关女职工、未成年工(16周岁至未满18周岁的职工)的劳动保护规定和《广东省劳动安全卫生条例》，切实保护乙方在生产、工作中的安全和健康。

(二)甲方按国家“先培训后上岗”的规定对乙方进行安全生产知识、法规教育和操作规程培训以及其他的业务技术培训。乙方应参加上述培训并严格遵守其岗位有关的安全卫生法规、规章、制度和操作规程。

（三）甲方根据乙方从事的工作岗位和有关规定，发给乙方必需的劳动保护用品，按劳动保护规定定期免费安排乙方及进行体检。

（四）乙方有权拒绝甲方的违章指挥，对甲方及其管理人员漠视乙方安全健康的行为，有权提出批评并向有关部门检举、控告。

八、劳动纪律及奖惩

乙方应遵守甲方依法制定的《职工守则》等各项管理制度，甲方有权对乙方履行制度的情况进行检查、督促、考核和奖惩。

九、续订、变更、解除、终止劳动合同

（一）本合同固定期限届满即自然失效，双方必须终止执行。如经双方协商同意，可以续订合同。

（二）如甲方因生产经营情况变化，调整生产任务，或者乙方因个人原因要求变更本合同条款，经合同双方协商同意，可以变更劳动合同的相关内容，并由双方签字（盖章）。如甲方订立劳动合同时所依据的客观情况发生重大变化，致使原合同无法履行，经当事人双方协商不能就变更劳动合同达成协议的，甲方可以解除劳动合同。

（三）有下列情形之一的，劳动合同即告终止：乙方已达到法定退休年龄的；乙方死亡；乙方被批准自费出国留学或出境定居的；甲方被依法撤销、解散、歇业、关闭，宣告破产；本劳动合同约定的终止条件（事件）已经出现。

（四）本合同经甲、乙双方协商一致可以解除。

（五）有下列情形之一的，甲方可解除劳动合同；

乙方在试用期内，被证明不符合录用条件的；

乙方严重违反劳动纪律及甲方依法制定的规章制度；

乙方严重失职、营私舞弊、对甲方利益造成重大损害的；

乙方的行为按照国家的法律、法规规定被追究刑事责任的；

乙方不能胜任工作，经培训或调整工作岗位仍不能胜任工作的；

乙方患病或非因工负伤，医疗期届满后不能从事原工作，也不能从事由用人单位另行安排工作的。

如属完全丧失劳动能力达到残废标准一至四级的，应同时按规定办理退休或退职手续。

停工医疗期计算，按甲方制定的不低于《广州市劳动局转发劳动部〈企业职工患病或非因工负伤医疗期规定〉=的标准执行。劳动合同期虽未满，但甲方因生产经营状况发生严重困难以及破产或濒临破产处于法定整顿期间，确需按有关规定裁减人员的；其他符合国家、省、市规定的可以解除劳动合同条件的。

（六）有下列情形之一的，乙方可随时解除劳动合同：

在试用期内；经国家有关部门确认，甲方劳动安全卫生条件恶劣，没有相应保护措施，严重危害乙方安全健康的；甲方不能按劳动合同规定支付劳动报酬；甲方不按规定为乙方办理缴纳退休养老保险等社会劳动保险金的；甲方以暴力、威胁或者非法限制人身自由的手段强迫劳动的；甲方故意不履行劳动合同，严重违反国家法律、法规，侵害乙方其他合法权益的。如乙方依据上款第2项至第6项规定解除劳动合同的，均可追究甲方违约责任。

（七）乙方非依据本合同规定解除劳动合同，应提前30天以书面形式通知甲方。但不免除乙方应依约承担的责任。

（八）有下列情形之一，甲方不得解除劳动合同：乙方患职业病或因工负伤，医疗终结期内，或医疗终结后经市、县级医务劳动鉴定委员确认属大部分丧失劳动能力的；乙方患病或非因工负伤，在规定的医疗期内或医疗期虽满但仍住院治疗的；符合计划生育政策的女职工在孕期、产假期、哺乳期内的；方经批准享受法定假期，在规定期限内的；符合国家、省、市有关规定不得解除劳动合同的。

（九）除试用期内或职工被违纪辞退、除名、开除及本合同另有其他特别规定等情况外，甲乙双方解除本合同，必须提前一个月书面通知对方。提前时间不足者，按相距的实际天数，以乙方当月工资收入的日平均数额计算补偿给对方。

（十）甲方应按规定为终止、解除劳动合同的职工办理填发《职工劳动手册》、转移档案等有关手续，为乙方办理待业登记、领取失业救济金提供方便。

（十一）甲方租赁、出售给乙方居住的房屋，双方应签订住房合同。甲乙双方因各种原因解除或终止本劳动合同时，有关住房问题按住房合同规定办理。

（十二）若本合同终止或解除，乙方应将合同履行期内甲方交给乙方无偿使用、保管的物品、工具、技术资料等，如数交还给甲方，如有遗失应予赔偿。

（十三）乙方符合国家规定的退休（含提前退休）条件，甲方应按规定为其办理退休手续，并按本市有关规定管理。

（十四）甲方在合同期内解除劳动合同按《广州市劳动局转发劳动部〈违反和解除劳动合同的经济补偿办法〉》规定发给乙方经济补偿金、医疗补助费。属试用期内或因乙方被作违纪辞退、除名、开除导致劳动合同解除的，甲方不发给补偿金。

根据劳动法基本理论我们知道，劳动法以强行性规范为主，劳动合同不能违反《劳动法》的规定，否则无效。对《劳动法》规定的用人单位和劳动者的权利、义务，无论劳动合同中是否约定，都必须执行。因此劳动合同没有必要对《劳动法》已经规定的内容再复述一遍。

在上述劳动合同条款中，我们把《劳动法》已经规定的内容剔除，看还剩下多少条款。

删除已规定内容后的合同范本

劳动合同范本

用人单位（甲方）：

地址及邮政编码：

职工（乙方）：

身份证号码：

住址及邮政编码：

劳动局印制甲方（单位）因生产（工作）需要，按照国家、省、市有关劳动法律、法规、规章规定，招用(以下称乙方)为劳动合同制职工。双方根据“平等自愿、协商一致”的原则，签定本合同，确立劳动关系，明确双方的权利、义务，并共同遵守履行。

一、合同期限

本合同自__年__月__日起生效。本合同有效期经甲、乙双方商定，采取下列第__种形式：

1. 合同有效期限为__年，至__年__月__日止。

2. 无固定期限。本合同除可因甲方生产经营发生变化或在定期考核中发现乙方未能认真履行本合同规定的劳动义务而依法予以终止外，其他终止条件为：__。

3. 合同期限至__工作(任务)完成时终止。

其完成的标志事件是__。新招收、调入、统一分配人员的劳动合同，自生效之日起__个月内为试用期。

二、工作任务

(一)乙方生产(管理)工种(岗位或部门)：__。

三、劳动报酬

1. 乙方工资分配形式、标准：

2. 乙方试用期工资__元/月；试用期满乙方起点工资定为__元/月。甲方可按企业工资制度调整乙方工资。

也就是说，剔除劳动法的强行性规定后，劳动合同的内容还剩下不到200字。

劳动合同的目的是为了分配用人单位和劳动者双方权利、义务，预防纠纷，而且劳动合同是持续性履行的合同，在履行中会遇到各种各样的问题，每一个问题处理不当都可以引起劳资双方的争议。缺乏劳动合同的预先性安排，处理劳动争议时，经常会遇到无法可依的情形。

实际上用人单位和劳动者的劳动争议80%以单位败诉而告结，这与劳动合同内容的贫乏、单位不会用劳动合同手段保护自己不无关系。

为避免法律风险，用人单位应把劳动合同条款设计作为保护自己权利的第一步。

3. 劳动合同期限

劳动合同期限是指当事人双方所订立的劳动合同起始和终止的时间，也就是劳动关系具有法律效力的日期。确定劳动合同期限，必须遵循劳动法的基本原则，即平等自愿、协商一致、合法的原则。

按照劳动合同法的规定，劳动合同的期限分为有固定期限、无固定期限和以完成一定的工作为期限。

◆ 有固定期限的劳动合同

有固定期限的劳动合同是指劳动合同当事人双方所签订的劳动合同规定了具体明确的起始和终止时间。劳动合同期满，劳动关系即告终止，经双方协商同意，可以续订合同。一般劳动合同是以固定期限(如 1 年或几年)为限，事实上劳动法和地方性法规并没有设定下限。在理论上，以一天、一个小时作为劳动合同的期限都是可以的。

提醒

劳动合同期限约束力

劳动合同期限对用人单位具有约束力，除非具有法律规定的情形或者合同约定的终止条件，否则用人单位不得解除劳动合同。而对于员工，劳动法明文规定保护员工的辞职权。员工只要提前 30 天通知，就可以单方解除与用人单位的劳动合同而不承担违约责任。

- **小时工**

也称非全日制工，是指以小时计酬为主，劳动者在同一用人单位一般平均每日工作时间不超过 4 小时，每周工作时间累计不超过 24 小时的用工形式。用人单位与小时工之间，同样是劳动合同关系，小时工同样受到劳动法的保护。用人单位应按照双方约定的工资标准支付非全日制劳动者的工资，不得低于政府规定的小时工最低工资标准，小时工劳动报酬结算支付周期最长不得超过 15 日。用人单位应为小时工缴纳社会保险。

相比全日制用工，小时工具有一定的特殊性：

(1)合同形式：劳动者与用人单位约定以小时作为工作形式，可以采取书面形式，也可以采取口头形式订立非全日制劳动合同。

(2)合同期限：任何一方均可随时通知对方终止劳动关系。

(3)劳动者在同一用人单位平均每日工作时间不得超过 4 小时，累计每周工作时间不得超过 24 小时。

(4)“小时工”可以与一个或多个用人单位建立劳动关系。小时工的劳动者与一个以上用人单位建立劳动关系的，后订立的劳动合同不得影响先订立的劳动合同的履行。

(5)终止用工，用人单位不向劳动者支付经济补偿。

(6)小时工参加社会保险多样，可以按个人身份参加社会保险，也可以由共同聘用的单位联合缴纳社会保险。

非全日制用工非常具有灵活性，双方当事人任何一方都可以随时通知对方终止用工，这种通知无需提前发出，即时提出即可实现终止劳动关系的目的，而且，在非全日制用工状态下，用人单位提出终止的，无需向劳动者支付经济补偿，这和全日制用工是截然不同的。所以从公司角度，只要条件允许，可以尽量选择小时工的用工方式。

对于超市、大卖场、饭店、宾馆、旅行社等部分行业受季节性、时间性的影响，业务开展有很大的不平衡性，其中的许多岗位，在营业高峰或服务高峰时，需要大量的人员，但是在非营业高峰时，少部分人员即可满足需要。这时候就比较适合非全日制用工方式；部分中小公司中财务、保洁等间歇性的人员，也比较适合非全日制用工。

有人计算过：通过全日制用工方式，企业人员可以减少三分之一以上，管理成本和人工成本大大降低。同时，企业实行非全日制用工制度，可以使企业在对人力资源的客观需求总量不变的条件下，招用比全日制职工更多的非全日制员工。

非全日制员工在企业工作时间短，劳动关系双方相互的约束力、认同感较为脆弱，人员流动率远远高于全日制员工。因此公司应注意加强公司文化建设，建立激励机制，实现员工对企业的强烈归属感和对工作的高度投入。

律师提示：

由于时间是小时工中最重要的因素，所以公司一定要加强考核。确保小时工每天工作不超过4小时，每周不超过24小时，并根据工作时间计算报酬。对于并非全天出勤的非正式岗位，用人单位应当首先确认是否属于非全日制用工，然后根据相应的法律规定规范自身行为。如果仲裁机构、法院认定下来并非小时工，而且又没有签订劳动合同的话，那么公司将承担严厉的法律责任。

◆ 以完成一定的工作为期限的劳动合同

以完成一定工作任务为期限的劳动合同，是指用人单位与劳动者约定以某项工作的完成为合同期限的劳动合同。某一项工作或工程开始之日，即为合同开始之时，此项工作或工作完毕，合同即告终止。如以完成某项科研，以及带有临时性、季节性的劳动合同。合同双方当事人在合同存续期间建立的是劳动关系，劳动者要加入用人单位集体，参加用人单位工会，遵守用人单位内部规章制度，享受工资福利、社会保险等待遇。这种劳动合同实际上属于固定期限的劳动合同，只不过表现形式不同。

一般在以下几种情况下，用人单位与劳动者可以签订以完成一定工作任务为期限的劳动合同：(1)以完成单项工作任务为期限的劳动合同；(2)以项目承包方式完成承包任务的劳动合同；(3)因季节原因临时用工的劳动合同；(4)其他双方约定的以完成一定工作任务为期限的劳动合同。

签订“以完成一定工作任务为期限”的劳动合同，人事资源部门应当与项目业务部门密切合作，精确核定定额标准。定额标准是指在标准时间内完成的工作量。有国家标准的，适用国家标准，没有国家标准的，适用行业标准。没有标准规定的，可协商约定。定额标准的正确适用，是工作质量和进度的保证。设定的定额过高或过低，都为完成工作设定了障碍。

◆ 无固定期限劳动合同

无固定期限的劳动合同是指用人单位与劳动者约定无确定终止时间的劳动合同。

无固定期限劳动合同的特征是：

(1)劳动合同不约定确定的合同终止时间，这是无固定期限劳动合同区别于固定期限劳动合同的显著特征。

(2)除非存在法定或约定合同解除的情形，否则该合同直至劳动者退休才终止，因此无固定期限劳动合同具有很强的稳定性。

根据《劳动合同法》规定用人单位与劳动者协商一致，可以订立无固定期限劳动合同。有下列情形之一，劳动者提出或者同意续订劳动合同的，应当订立无固定期限劳动合同：

(一)劳动者已在该用人单位连续工作满 10 年的；

(二)用人单位初次实行劳动合同制度或者国有企业改制重新订立劳动合同时，劳动者在该用人单位连续工作满 10 年且距法定退休年龄不足 10 年的；

(三)连续订立两次固定期限劳动合同且劳动者没有本法第 39 条规定的情形续订劳动合同的。

用人单位自用工之日起满 1 年不与劳动者订立书面劳动合同的，视为用人单位与劳动者已订立无固定期限劳动合同。

第(一)项“连续”具体是指劳动者与同一用人单位签订的劳动合同的期限不间断达到 10 年。如有的劳动者在用人单位工作 5 年后，离职到别的单位去工作了 2 年，然后又回到了这个用人单位工作 5 年。虽然累计时间达到了 10 年，但是劳动合同期限有所间断，不符合在“该用人单位连续工作满 10 年”的条件。

第(一)项针对的是已经实行劳动合同制的情形，第(二)项是针对初次实行劳动合同制或国有企业改制的情形，第(二)项的出发点是尽量减轻国有企业的历史包袱。

对第(三)项签订无固定期限劳动合同的情形，可以分解为下列三个条件：

1. 连续订立两次固定期限劳动合同；

2. 劳动者没有本法第39条和第40条第1项、第2项规定的情形；

3. 续订劳动合同的。

第(一)项，第(二)项均无"续订劳动合同的"这个条件，只要达到10年则可直接签订，第(三)项中增加了"续订劳动合同的"这个条件，根据法条前后文意思应当是指前面两次固定期限劳动合同终止后，再次决定续订劳动合同的，劳动者提出要求，则应当签订无固定期限劳动合同。如果用人单位不愿意再次"续订劳动合同的"呢，则双方劳动关系终止，因为缺乏"续订劳动合同的"意思表示，即使劳动者提出要求，也因不符合该条规定的条件而无法达到目的。

对第(三)项的规定，也存在着另外一种理解：在劳动者没有《劳动合同法》规定的用人单位可以解除劳动合同的情形下，如果用人单位与劳动者签订了一次固定期限劳动合同，在签订第二次固定期限劳动合同时，就意味着下一次必须签订无固定期限劳动合同。根据这种理解，第一次劳动合同期满，用人单位与劳动者准备订立第二次固定期限劳动合同时，应当作出慎重考虑。

笔者倾向于第一种理解，第二种理解从保护劳动者角度出发，也具有一定道理。有关部门对本条作出进一步的解释时，公司法律风险防范沙龙 www. falvsalon. com. cn 将第一时间作出更新，请读者定期登陆。

对于公司影响最大的就是《劳动合同法》第14条第3项的规定，因此，公司必须改变以前一年一签劳动合同的思维定势，合理搭配本单位不同岗位员工的劳动合同期限。对于企业需要保留的核心员工，企业是乐于签订无固定期限劳动合同，但是需要公司给员工提供足够的发展空间和合理的职业规划；对于可替代性较强的中低层次通用岗位，公司倾向于签订中长期的固定期限合同，合同到期终止，另行招募另一批员工。

《劳动合同法》还规定了用人单位不签订无固定期限劳动合同的处罚措施，即用人单位违反规定不与劳动者订立无固定期限劳动合同的，自应当订立无固定期限劳动合同之日起向劳动者每月支付2倍的工资。

另外，因为《劳动合同法》和《劳动法》对应签订无固定期限劳动合同的条件规定不同，为体现“法不溯及既往”原则，《劳动合同法》第97条规定了无固定期限劳动合同的过渡期，“本法第14条第2款第3项规定连续订立固定期限劳动合同的次数，自本法施行后续订固定期限劳动合同时开始计算”。

4. 试 用 期

用人单位对劳动者的根本要求，是提供合格的劳动。劳动者能否提供合格的劳动，是用人单位最关心的事项。在与劳动者订立劳动合同之前，用人单位通常都会对劳动者进行初步的审查。但是，仅凭这种初步的审查，不能得出该劳动者究竟是不是符合该用人单位对劳动者的全部要求。因此，在建立劳动关系的同时，允许用人单位与劳动者约定试用期，利用试用期让双方有一个相互进一步考察的机会，这也是劳动法规定可以约定试用期的现实意义所在。试用期合同解除是一种相对成本较低的合同解除方式，无需支付补偿金，对程序和依据上的要求偏低。

试用期是用人单位和劳动者建立劳动关系后为相互了解、选择而约定的不超过6个月的考察期。

(1)试用期的时间。

按照《劳动合同法》的规定，劳动合同期限3个月以上不满1年的，试用期不得超过1个月；劳动合同期限1年以上不满3年的，试用期不得超过2个月；3年以上固定期限和无固定期限的劳动合同，试用期不得超过6个月；以完成一定工作任务为期限的劳动合同或者劳动合同期限不满3个月的，不得约定试用期。试用期包括在劳动合同期限中。

如劳动合同约定的试用期超过了法律、法规规定的最长期限，则超过部分无效。劳动合同仅约定试用期的，试用期不成立，该期限为劳动合同期限。

(2)试用期的适用范围。

同一用人单位与同一劳动者只能约定一次试用期。即使对劳动者的工作岗位进行了调整，劳动者可能被调整到一个全新的，所不熟悉的岗位，也不能再约定试用期。

(3)试用期的劳动合同内容。

试用期仅仅是劳动合同当事人双方对对方的考察期，经过考察认为对方不符合自己的要求，有权根据法律规定随时解除劳动合同。除此以外，试用期内应全面履行劳动合同和劳动合同的全部内容。试用期内用人单位应为劳动者缴纳社会保险。

《劳动合同法》第20条规定，劳动者在试用期的工资不得低于本单位相同岗位最低档工资或者劳动合同约定工资的80%，并不得低于用人单位所在地的最低工资标准。

(4)试用期内劳动合同的解除。

虽然试用期是用人单位逐步了解劳动者的过程，但用人单位要想解除劳动合同也必须有充足的事实和理由。按照劳动合同法规定，在试用期内，劳动者具有如下情形之一，用人单位可以解除劳动合同，除此之外，用人单位不得解除劳动合同：

① 在试用期间被证明不符合录用条件的；

② 在试用期间严重违反用人单位的规章制度的；

③ 在试用期间严重失职，营私舞弊，给用人单位造成重大损害的；

④ 在试用期间劳动者同时与其他用人单位建立劳动关系，对完成本单位的工作任务造成严重影响，或者经用人单位提出，拒不改正的；

⑤ 在试用期间因欺诈、胁迫的手段或者乘人之危，使对方在违背真实意思的情况下订立或者变更劳动合同致使劳动合同无效的；

⑥ 在试用期间被依法追究刑事责任的。

⑦ 在试用期间劳动者患病或者非因工负伤，在规定的医疗期满后不能从事原工作，也不能从事由用人单位另行安排的工作的；

⑧ 在试用期间劳动者不能胜任工作，经过培训或者调整工作岗位，仍不能胜任工作的。

在试用期内，用人单位解除劳动合同无需提前30日书面通知，但应当向劳动者说明解除的理由。

(5) 违法约定试用期的后果。

用人单位违反《劳动合同法》规定与劳动者约定试用期的，由劳动行政部门责令改正；违法约定的试用期已经履行的，由用人单位以劳动者试用期满月工资为标准，按已经履行的超过法定试用期的期间向劳动者支付赔偿金。

提醒

试用期的误区

(1) 劳动合同当事人仅约定试用期的，试用期不成立，该期限即为劳动合同期限。

(2) 对于试用期解除合同权利，有些企业理解失误，以为试用期可以随意辞退员工，而不必有理由并提前30天书面通知。实际上劳动法只是法律赋予劳动者在试用期自由选择就业单位权利，而企业只能根据职工"在试用期间被证明不符合录用条件的"才能解除合同。公司对在试用期内解除劳动合同负有举证责任，必须证明劳动者"在试用期间被证明不符合录用条件"。

随时解除劳动合同必须在试用期内，试用期满后即使考核不合格，也不能够再解除劳动合同。

【思考与行动】 (6分钟)

1. 思考一下，劳动合同中关于约定"劳动者在试用期解除合同需承担违约责任”的条款是否有效？

○ ________________

○ ________________

○ ________________

2. 试用期内，劳动者解除劳动合同，是否需赔偿用人单位的培训费用？

○ ________________

○ ________________

○ ________________

参考解析详见附录2“参考解析七”

案例：试用期间符合录用条件的认定与处理

吴某是持有机动车驾驶证书的失业人员，经人介绍进入一家电子元件公司从事车辆驾驶工作，双方约定吴某先在该公司工作1年，同时对吴某的工资待遇、工作岗位、作息时间等也作了约定，但没有订立书面劳动合同。该公司制定的规章制度中规定，新进员工工作的前3个月为试用期，但该规定从未告知于吴某。吴某工作伊始，该公司即发现吴某的驾驶技术较差，很难胜任繁重的驾驶工作。经过一段时间的工作，仍无实质性的改善，该公司即在第二个月以吴某在试用期内被证明不符合录用条件为由，即时通知吴某终结了双方的劳动关系。吴某认为，双方并没有订立劳动合同，也没有约定过试用期，该公司终结劳动关系的理由无依据，因而不同意终结劳动关系。双方的争议由此发生。

法院审理后认为，劳动合同的试用期不能依一方当事人的意志成立，而应当由当事人双方在平等自愿、协商一致的基础上作出约定。该电子元件公司虽然在其规章制度中规定新进员工要有3个月的试用期，但该公司既未与吴某明确约定试用期，也未明确将该规定作为双方劳动权利义务的内容之一，甚至也没有充分证据证明已经将该规定的内容告知于吴某。该公司的行为实属单方设立试用期，该行为对吴某无约束力。双方口头约定的1年期劳动合同应视为无试用期，该公司不得依劳动法关于试用期的规定解除双方的劳动合同。法院最终驳回了该公司的诉讼请求。

让我们一起来思考一下这起案件，《劳动法》第25条第1项规定“试用期间被证明不符合录用条件的”，用人单位可以随时解除劳动合同。从文义分析，法律规定试用期考察的内容，乃是劳动者是否符合用人单位的录用条件。而实际上，任何一个用人单位招聘一名员工，实质乃是其内部岗位对劳动力的一种需求，岗位要求的条件是考察劳动者是否合格的基本内容。因此就要求用人单位在招聘广告上的录用条件不能泛泛而谈，必须针对岗位要求设置录用条件。使岗位录用条件指标与岗位胜任指标一致。

因为试用期内公司对劳动者的考察内容应以招聘要求中的“录用条件”指标为依据，而不能以岗位胜任指标为依据。所以如果岗位录用条件指标与岗位胜任指标不一致，可能导致公司录用了符合招聘条件的员工，但是该员工却不能胜任岗位要求的结果。面对这些情况，公司会有苦难言。

例如，某汽车修理公司承接了某品牌汽车的特约维修工作。为此，该公司向劳动力市场发布招聘信息，要求应聘者的性别为男性，年龄在30岁以下，身体健康，持有汽车维修专业培训证书。兰某认为自己具备了上述所有的条件，遂前往应聘。该公司最终录用了兰某，双方订立了一年期的劳动合同，并约定了3个月的试用期。同时，该公司还请该品牌汽车生产商派员对包括兰某在内的多名员工进行了专门的培训。在劳动合同履行过程中，该公司发现，兰某经过培训，并未真正掌握该品牌汽车维修的技术，且在顾客提出意见时，对顾客的态度也比较粗暴。鉴于此时尚在劳动合同试用期内，该公司随即解除了双方的劳动合同。这种情况在严格执行《劳动法》的地区，公司会因为自己的管理疏忽付出代价。

资料来源：《劳动合同试用期有关法律问题研究》（148法律在线www.148online.com.cn，2006年11月）

5. 工作内容

劳动合同中的工作内容，指企业单位安排职工从事的具体工作，即劳动者在用人单位的岗位和职位。用人单位里的管理人员是指担任各级行政领导职务的人员、各职能管理机构的工作人员及生产经营部门中专职从事管理工作的人员，一般都有职务，其职务与岗位合一。在一线生产、工作的人员，一般只有岗位，没有职务。

员工的职位升降、岗位调整是现代企业制度中一种正常的管理机制，但是《劳动法》规定，劳动合同中应约定劳动者的工作岗位。因此劳动者在用人单位中的工作内容成了劳动合同的条款。

用人单位调整劳动者的工作岗位，不再仅仅属于公司自主管理权的范畴，同时属于劳动合同条款的变更。根据《劳动法》规定，一方变更劳动合同，应经过对方的同意；在对方同意之前，必须遵守劳动合同的约定。

根据劳动合同的必备条款，要求在劳动合同中确定劳动者的工作岗位。过于具体、详细的岗位硬性规定会让企业一旦调动该职工工作而处于违约的境地。

研究劳动合同工作内容条款的法律意义在于，如何平衡因调整劳动者的工作岗位引起的公司自主管理权与经过劳动者同意之间的冲突。

原劳动部办公厅《关于职工因岗位变更与企业发生争议等有关问题的复函》(劳办发[1996]100号)明确规定，按照《劳动法》第17条、第26条、第31条的规定精神，因劳动合同订立时所依据的客观情况发生重大变化，致使原合同无法履行而变更劳动合同，需经双方申诉人协商一致，若不能达成协议，则可按法定程序解除劳动合同；因劳动者不能胜任工作而变更、调整职工工作岗位，则属于用人单位的自主权。

“不能胜任工作”，指在劳动者能力(智力、技能)不足的情况下，不能按要求完成劳动合同中约定的任务或者同工种、同岗位人员的工作量等情况。

劳动部的这一规定明确界定了用人单位变更职工岗位问题自主权的范围，即因劳动者不能胜任工作而变更、调整职工工作岗位，则属于用人单位的自主权；除此以外的调岗，属于变更合同，必须与劳动者协商一致。

为保证公司管理权的正常行使，不因变更合同遇到障碍，公司可在劳动合同中预先与劳动者约定职位升降、岗位调整的内容和程序。例如在劳动合同必备条款作出工作岗位的约定后，可对此进一步约定：

“甲方可以根据生产和工作需要及乙方的身体状况、工作能力和表现升、降乙方的职务，调整乙方的工作岗位，乙方愿意服从甲方的安排。”这是对员工岗位调整所作的变更性约定。

同时为使调岗的约定具有实际意义，双方可进一步约定：

“乙方有下列情形之一的，甲方可以随时解除合同，并可不支付乙方经济补偿金：

甲方依据本合同第×条第×项约定调整乙方职位时，乙方不服从甲方工作安排的；

这里的乙方不服从甲方工作安排的行为，按照严重违纪来处理，即甲方可以按违纪和乙方解除劳动合同。”

双方当事人将需要变更的情况和条件协商一致，写进劳动合同。一旦这种情况出现，即可变更合同，如有一方违约，应按约定承担责任。

用人单位行使其用工自由权并不意味着可以随心所欲地支配劳动者。用人单位在行使用工自主权的同时，也有义务证明其调岗调薪的充分合理性，上海市高院民一庭《关于审理劳动争议案件若干问题的解答》第15条对调岗调薪的法律适用作了进一步的明确：“用人单位和劳动者约定，用人单位有权根据生产经营需要随时调整劳动者工作内容或岗位的，双方为此发生争议的，应由用人单位举证证明其调职具有充分的合理性。用人单位不能举证证明其调职具有充分合理性的，双方仍应按原劳动合同履行。”

因此，公司在作出调岗调薪决定时，一定要事实充分、证据确凿，证明它是根据经营上的需要，在有此需要的情况下，还需要证明调岗行为本身的合理性，变动的程度要合理，对职工的岗位进行调整要做到新岗位与原岗位相近相似、收入基本持平、发挥劳动者的特长。

《劳动法》第47条规定："用人单位根据本单位的生产经营特点和经济效益，依法自主确定本单位的工资分配方式和工资水平。"用人单位有权依法制定员工职、薪升降，岗变薪变的规章制度，并依据其对员工的职、岗、薪进行管理。

用人单位必须通过合法的内部规章制度和劳动合同实现对员工职、岗、薪调整的管理，并以此证明岗位调整的合理性。

用人单位调整员工职、岗、薪机制的建立与实现，首先依赖于制定的内部规章制度。用人单位应建立以下几方面的制度：

(1)岗位职责与技能要求方面的制度。

这类规章制度主要是结合本单位的实际，对员工的职责范围，工作质量、数量，业务、技能水平，职业道德，身体条件等作出规定，提出要求。用以为考核员工，衡量其是否胜任本职工作提供标准。

(2)内部分配方面的制度。

用人单位应建立以岗位工资为主的结构工资制度，明确规定与岗位职责、技能水平、工作业绩等相对应的工资和奖金，实行以岗定薪，岗变薪变，工资随企业经济效益上下浮动。以使员工工资随职务和岗位的调整而升降的机制有所遵循。

(3)考评和考核方面的制度。

用人单位可对管理人员实行竞聘任职，制定竞聘办法和定量考核与定性评价相结合的考评制度。以考评和考核结果为依据，可对员工的职、岗、薪进行调整；还可对不能胜任本职、本岗人员及未能竞聘、竞争上岗人员，进行转岗或培训，对不服从者或经转岗、培训后仍不胜任者，可与之解除劳动关系。

(4)奖惩方面的制度。

除在考评和考核方面的制度中，依据考评和考核的结果进行奖惩的规定以外，用人单位还应建立日常工作、生活中的奖惩制度，以对员工随时作出的突出业绩和优良行为给予奖励；对其随机发生的违纪和不良行为给予惩罚。自然应将调整员工职、岗、薪的内容列入其中，作为对员工奖励和惩罚的一种手段。

用人单位调整员工的工作岗位的客观依据是用人单位生产经营的状况和需求，以及对员工整体表现的考核结果。用人单位是否增减工作岗位、员工的工资福利；如何设置内部管理机构、确定劳动定员定额等，无一不取决于其生产经营状况和需求。而具体到某一位员工的职、岗、薪是否需要调整，则主要看其整体状况和表现，例如员工的身体状况、工作表现与业绩、知识技能水平等，是否与本职、本岗工作的要求相符合。而作出是否相符的判断，则应由用人单位依据相应的规章制度和劳动合同的约定对员工进行考核。

在劳动合同约定工作岗位情况下，用人单位有权在四种情况下单方面调整劳动者的岗位：

(1)在用人单位与劳动者前述的劳动合同中明确约定了用人单位根据生产经营的需要可以变更劳动者的工作岗位。

(2)在劳动者不能胜任工作情况下，由用人单位对其进行岗位调整。

(3)劳动者与用人单位签署了带有脱密期条款的保密协议，在劳动者提出辞呈后，用人单位对其工作岗位进行的调整。

(4)用人单位生产经营状况发生重大变化，需调整劳动者工作岗位。

案例：这样调岗合法吗？

2004年9月3日，黎某被安排在美的公司的技术研发中心从事技术工作。2005年12月30日，美的公司以书面形式向黎某发出内部调动通知单，将黎某从家用空调事业部技术研发中心研究一所开发工程师的岗位调动到家用空调事业部顺德工厂品质部进货检模块任化学分析员，并保持原来的工资待遇。

当日，黎某以美的公司单方调岗行为违反劳动岗位变更应当遵循自愿的原则为由，不服调岗安排并要求美的公司自收取申请之日起15日内进行协商解决。

2006年3月14日，美的公司以黎某不服从工作安排，在员工中造成严重的不良影响为由，对黎某作出解除劳动合同的决定，并停止支付2006年2月份、3月份的工资。黎某在收到该决定后于当天离职，只收取了2006年1月份的工资。

美的公司指出，黎某在2005年第三季度、第四季度绩效考核均不及格，2005年年度绩效考核也不及格，说明黎某已经不能胜任开发工程师的工作，故美的公司决定把黎某调整到对于技术能力要求相对低的化学分析员岗位，原工资待遇保持不变。

法院认定，美的公司对黎某的工作在技术岗位的范围内予以适当的调整，属于企业自主管理行为，并没有违反双方劳动合同。

黎某不服调动岗位违反了双方劳动合同的约定，严重违反了美的公司的劳动纪律，美的公司据此有权依照双方劳动合同的约定及法律的规定解除与黎某的劳动合同关系而无需支付经济补偿金。

资料来源：《不服调岗被炒 员工状告美的》(刘艺明、李艳玲，广州日报，2006年10月25日)

6. 劳动报酬

劳动报酬是用人单位为获得劳动者提供的劳动而承诺支付给劳动者的对价。

- **劳动报酬的特点**

劳动报酬具有如下特征：

(1)劳动报酬以劳动关系为前提条件，是双方劳动关系的基本构成部分。没有劳动关系，也就不存在劳动报酬。

(2)劳动报酬是一种交换关系。劳动关系双方用来交换的，一方是薪酬，另一方是劳动。

劳动报酬的交换对象是劳动行为，而不是劳动的结果或其他。如果某种报酬指向的对象不是劳动行为，而是其他；那么这种报酬就不属于劳动报酬。比如，自由职业者用以交换的不是劳动行为本身，而是劳动行为的结果，是自由职业者通过劳动形成的某种方案、设计、程序或者报告等，他们因此取得的收入就不属于劳动法范畴的劳动报酬。

随着劳动关系的发展，用人单位越来越注重劳动行为的效果，并逐渐把劳动报酬和劳动结果挂钩，用人单位根据劳动成果支付报酬，例如计件工资、销售人员的工资，但仍然没有改变劳动报酬的交换对象是劳动行为，劳动报酬和劳动成果挂钩，只是一种例外。

对于一些企业就某个科研项目资助科研人员，并要求分享科研成果的行为，如果双方对什么时间出成果、出什么标准的成果有严格约定的话，那么这些资助就不具有薪酬性质。

(3)劳动报酬具有合同属性。《劳动法》规定，劳动合同应约定劳动者的劳动报酬。劳动报酬属于劳动合同的内容。劳动合同签订后，用人单位如要调整劳动者工资，属于劳动合同变更，应与劳动者协商，取得劳动者的同意。而且在整个劳动合同履行过程中，双方对劳动报酬的约定是经常发生的。用人单位对某一名员工的任何一次劳动报酬调整，都意味着双方对劳动报酬进行了重新约定。

(4)劳动报酬属于公司自主管理权范畴。根据《劳动法》第47条，“用人单位根据本单位的生产经营特点和经济效益，依法自主确定本单位的工资分配方式和工资水平”，因此用人单位对工资的管理和分配属于企业自主权的范畴。劳动者加入用人单位后，要适应或者接受雇佣方的薪酬管理模式。在劳动关系存续期间，薪酬项目、数额等内容的调整都是用人单位控制或主动作出的。

(5)劳动报酬具有稳定性。劳动报酬数额是签订劳动合同时双方约定好的，用人单位不会经常调整员工的薪酬标准；除了劳动报酬结构中按约定可以变动的部分(如绩效奖金)外，其他部分数额的任何变化都意味着有一方没有遵守约定。因此，即使某一名员工的劳动表现没有达到用人单位的预期要求，用人单位也不太容易对他作出降薪的决定；同理，即使某一名员工的劳动表现超出了用人单位的预期要求，用人单位也不可能马上给他增加薪酬。

(6)劳动报酬对劳动者具有保障性。劳动报酬是劳动者维持自身及家人生命过程的物质保证，必须及时发放，且数额不能低于满足其最基本生活需要的标准。劳动报酬的发放纳入国家强制管理的范围，用人单位如果没有按照规定发放劳动报酬，要承担法定的责任。

- **同工同酬**

同工同酬是指用人单位对于从事相同工作，付出等量劳动且取得相同劳动业绩的劳动者，支付同等的劳动报酬，不得因其性别及民族、年龄或身份等方面的不同而支付不同的劳动报酬。

《劳动法》第46条规定：工资分配应当遵循按劳分配原则，实行同工同酬。同工同酬必须具备三个条件：一是劳动者的工作岗位、工作内容相同；二是在相同的工作岗位上付出了与别人同样的劳动工作量；三是同样的工作量取得了相同的工作业绩。对于前两个条件：同岗位、同工作量，衡量起来还比较容易，但是对于同样的工作业绩衡量起来就比较困难，因此不同的人从事相同的工作，有时待遇会有很大出入。

(1)男女同工同酬。

我国加入了1951年《世界男女同工同酬公约》；我国《妇女权益保障法》对实行男女同工同酬作出了相应规定。依据法律规定，男女同工同酬应体现在：

√ 在国家工资等级制度中，保障男女同等劳动获得同等报酬；

√ 在晋升、晋级、评聘专业技术职务时，保障男女机会平等；

√ 在实行劳动合同制中，劳动报酬是劳动合同的重要内容，应保证妇女与男子有平等获得劳动报酬的权利；

√ 在评级、定级、转正等方面，保障妇女与男子有平等的权利；

√ 在实行各项资金制度时，应保障妇女有获得资金的权利；任何单位、个人不得因性别差异而削减女职工的资金；

√ 女性获得津贴时，在同等条件下，不因性别差异而减少；

√ 在实施奖惩制度时，不得随意扣发女职工工资。

（2）未有书面劳动合同的同工同酬。

《劳动合同法》第 11 条规定："用人单位未在用工的同时订立书面劳动合同，与劳动者约定的劳动报酬不明确的，新招用的劳动者的劳动报酬按照集体合同规定的标准执行；没有集体合同或者集体合同未规定的，实行同工同酬。"

（3）劳动合同中薪酬约定不明确的同工同酬。

《劳动合同法》第 18 条规定："劳动合同对劳动报酬和劳动条件等标准约定不明确，引发争议的，用人单位与劳动者可以重新协商；协商不成的，适用集体合同规定；没有集体合同或者集体合同未规定劳动条件等标准的，适用国家有关规定。"

（4）劳动合同无效的同工同酬。

《劳动合同法》第 28 条规定："劳动合同被确认无效，劳动者已付出劳动的，用人单位应当向劳动者支付劳动报酬。劳动报酬的数额，参照本单位相同或者相近岗位劳动者的劳动报酬确定。"

（5）劳务派遣员工的同工同酬。

《劳动合同法》第 63 条规定："被派遣劳动者享有与用工单位的劳动者同工同酬的权利。用工单位无同类岗位劳动者的，参照用工单位所在地相同或者相近岗位劳动者的劳动报酬确定。"

（6）薪酬设计与同工同酬。

通过科学的薪酬体系设计，体现薪酬的公平性。公平的薪酬体系要求薪酬与岗位特点、员工个人能力素质以及实际工作绩效相关联。其中，不同的岗位对员工能力和素质的要求有所差异。员工个人素质主要包括教育、培训、知识和经验；能力是指个人素质的行为表现，主要包括分析和解决问题的能力，如计划能力、沟通能力、独立工作能力和协作能力等。从事同类岗位的员工个人情况可能不相同，能力也可能大相径庭。实际工作绩效则与员工个人努力直接相关，是个人能力素质的物化表现。员工个人能力素质以及实际工作绩效都是员工对组织的投入，应当与组织的回报相匹配。

组织在进行薪酬体系设计时应尽量使每个员工的投入与产出的比例相等以实现公平。就薪酬来说，应当存在差异，但差异必须是合理的，与员工的投入相对应的。

在薪酬设计的实际操作过程中，岗位与员工能力素质差异主要通过固定的岗位薪酬体现，岗位薪酬主要由员工的岗位特点、教育经历和工作经验决定。而浮动的绩效薪酬是组织对员工的努力和贡献的回报，与员工的实际工作绩效相关。

- **用人单位调整劳动报酬的处理**

劳动报酬是劳动合同条款的内容，在劳动关系期间调整劳动报酬是劳动合同的变更，合同应经双方协商一致，一方面，用人单位也必须遵守其签订的劳动合同，无权单方变更劳动合同内容。另一方面，用人单位在劳动过程中，有权根据劳动者的表现和本单位的实际情况，自主确定本单位的工资分配方式和工资水平，应承认和保护企业的用工自主权。

在两者冲突的情况下，法律一般认定劳动合同的效力优先于用人单位的内部管理。如用人单位调整劳动报酬违反了劳动合同的规定，则用人单位调整劳动报酬的行为无效。如因此导致劳动者收入的减少，劳动者可以用人单位未足额发放劳动报酬立即解除合同，并要求用人单位支付经济补偿金。

为保证用人单位调整劳动报酬行为的合法性，单位应做到以下几点：

(1)劳动合同的约定应具有灵活性。

① 在“劳动报酬”的条款中，约定了具体的劳动报酬以后，可以进一步约定：

“甲方可根据实际经营状况、内部规章制度、对乙方考核结果，以及乙方的工作年限、奖罚记录、岗位变化等，调整乙方的工资水平，但不可低于国家规定的最低工资标准。”

② 在劳动合同中尽量不要约定固定报酬，而应把劳动者的劳动报酬和公司的工资制度联系起来，用人单位调整工资制度时，可相应调整劳动者的工资。

③ 规定劳动报酬的构成，每一部分的劳动报酬都根据用人单位的工资制度确定。

(2)公司应制定工资制度及与工资相关的考核制度、奖惩制度。

① 工资制度应与劳动合同劳动报酬条款的内容相吻合，每一

项工资构成都有清晰的发放标准和数额确定，每一个岗位都有相应的工资级别相对应。

② 与工资相关的考核制度，包括岗位任职条件，考核内容和程序，对不胜任岗位任职资格的认定和处理，降薪的条件、情形等。

③ 与工资相关的奖惩制度，主要是罚款、降薪的情形与处罚程序。

(3)执行调薪时，应与员工沟通，争取员工的同意和理解，并保留相关证据。

案例：这样扣发工资合法吗?

2001 年，秦某到某市一电器公司任仓管主任。去年 6 月双方签订《仓管主任岗位责任书》，约定秦某的月工资为 1500 元。当年 8 月，公司以 7 月份岗位考核不合格为由将秦某当月工资扣除，同时要求秦某整改。9 月 3 日，双方再次为工资发放问题发生争议，协商不成后，秦某于当天离开公司，公司拒绝发放秦某 7 至 9 月份工资。

秦某向某市劳动仲裁委提出仲裁。电器公司辩称，扣发工资是因发现秦某管理仓库期间有“大比例的物资账物不符，公司口头批评后秦某又不肯作出整改措施”。但公司向仲裁庭提交的《盘点报表》中只有 76 种物品数量有盈亏，并非公司所称的“约 506 项不合格”，根据《最高人民法院关于民事诉讼的证据的若干规定》的规定，电器公司应承担证据证明力不足的不利后果。

仲裁委认为，扣发工资属罚款性质，参照《企业职工奖惩条例》的规定，公司将秦某 7 月份的工资全部扣除属违法行为，公司应支付秦某 8、9 月份的工资。据此，仲裁委裁决：电器公司支付秦某工资 3150 元。裁决后，公司履行了裁决。

资料来源：《考核不合格就可以滥扣工资吗?》(杨维松，新疆律师网 www. xinjianglawyer. com，2003 年 12 月)

《企业职工奖惩条例》第11条规定

对于有下列行为之一的职工，经批评教育不改的，应当分别情况给予行政处分或者经济处罚：

(1)违反劳动纪律，经常迟到、早退、旷工，消极怠工，没有完成生产任务或者工作任务的；

(2)无正当理由不服从工作分配和调动、指挥，或者无理取闹，聚众闹事，打架斗殴，影响生产秩序、工作秩序和社会秩序的；

(3)玩忽职守，违反技术操作规程和安全规程，或者违章指挥，造成事故，使人民生命、财产遭受损失的；

(4)工作不负责任，经常产生废品，损坏设备工具，浪费原材料、能源，造成经济损失的；

(5)滥用职权，违反政策法令，违反财经纪律，偷税漏税，截留上缴利润，滥发奖金，挥霍浪费国家资财，损公肥私，使国家和企业在经济上遭受损失的；

(6)有贪污盗窃、投机倒把、走私贩私、行贿受贿、敲诈勒索以及其他违法乱纪行为的；

(7)犯有其他严重错误的。

- **劳动合同约定工资与实际发放工资**

一般情况下，劳动合同约定的工资与实际发放工资有一定出入：

(1)根据国家的工资计算标准，奖金、津贴均属于工资范畴，但奖金、津贴就其法律属性而言，不具有强制性，用人单位根据公司的实际情况和相关制度发放，一般不约定在劳动合同中。劳动合同约定的“工资”是和“奖金”、“津贴”并列的概念，是工资范围的一部分。但奖金、津贴具有工资的性质。即实际发放的工资包括劳

动合同约定的工资、奖金和津贴。另外，加班工资不在劳动合同约定的范围内，但是应计算在劳动者实际发放的工资范畴内。

(2)劳动合同约定工资是一种税前工资，而实际发放的工资则扣除了个人所得税、个人应承担的社会保险，习惯中又成为劳动者拿到手的工资。

根据劳动法规定，用人单位应制作并保存工资发放记录，要求劳动者签收，并应打印一份工资清单给劳动者。

劳动者在每月领取工资时签字确认的工资单、工资条以及用人单位的工资表，起到证明用人单位向员工发放实际工资数额的作用。用人单位向劳动者发放的实际工资数额，是计算用人单位对劳动者承担其他义务的依据：

(1)计算各种假期工资的标准；

(2)它能证明员工每月应缴纳的社会保险费缴费基数与数额；

(3)它是向员工支付住房公积金的计算依据；

(4)若用人单位与劳动者解除劳动合同，该薪资确认单上记载的每月的工资数将是计算经济补偿金的依据；

(5)计算加班费的依据和标准；

(6)是缴纳个人所得税的计算依据；

(7)计算工伤赔偿的依据；

(8)计算女职工领取生育津贴的依据。

实践中逃避工资名目的表现：

(1)差旅费：例如，公司外派人员至外地，薪资增加10%名为差旅津贴，员工虽然名义上是出差，实为驻外，但财务上作为差旅费处理。

(2)以实物单据报销，在一定范围内实报实销。

以实物单据报销，则是劳工因工作而必需之开支。如果员工报销发票内容为私人使用性质，而非因工作支出，则属工资范畴。

7. 劳动合同违约责任

违约责任是指劳动合同的当事人一方或双方由于自己的过错造

成劳动合同不能履行或不能完全履行时，按照法律规定或者合同约定向对方承担的一种民事经济责任。

劳动合同中对违约责任的明确规定，可以借助国家法律的形式，保障劳动合同的效力，保护劳动合同当事人或双方当事人的合法权益。

违约行为又称违反劳动合同的行为，它是指劳动合同当事人一方或双方不履行劳动合同义务或履行劳动合同义务不符合约定或法律规定的行为。劳动合同中的违约行为，主要包括提前解除劳动合同、用人单位没有按照约定的条件支付工资、提供劳动条件等。至于劳动者的其他行为，例如违反劳动纪律、没有按照约定提供劳动等，因为同时也违反了用人单位的规章制度，既可以按照违约处理，也可以按照违反用人单位规章制度处理。

违反劳动合同的法律后果包括：违约金、赔偿损失、恢复劳动关系(实际履行)等。

◆ 违约金

劳动合同中的违约金是指在劳动合同一方不履行或不完全履行劳动合同时向另一方支付一定数额的金钱或其他财物。在劳动合同的实践中，由于劳动合同范本一般由用人单位提供，所以用人单位在劳动合同内一般不会约定对其不利的违约责任。劳动合同的违约金一般仅针对劳动者适用，对用人单位适用违约金十分罕见。

《劳动合同法》第 22 条规定：“劳动者违反服务期约定的，应当按照约定向用人单位支付违约金。违约金的数额不得超过用人单位提供的培训费用。用人单位要求劳动者支付的违约金不得超过服务期尚未履行部分所应分摊的培训费用。”

比如，公司派某员工接受为期 1 个月的专业技术培训，培训费用为 3 万 6 千元，公司和该员工签订一个服务期协议，员工接受培训后必须为公司服务 3 年，否则，要赔偿公司的培训费。如果员工培训后在公司工作满 2 年后想解除合同，那么按照规定，只需赔偿公司 1 万 2 千元(即 36000 元违约金分摊到 3 年的服务期，每年为 12000 元)，而不需要全部赔偿。

律师提示：

“单位提供的培训费用”，是指单位必须出具第三方开的培训费用发票才能证明对劳动者进行过培训，企业内部培训或没有第三方发票的都不能约定服务期。

《劳动合同法》第23条规定：“用人单位与劳动者可以在劳动合同中约定保守用人单位的商业秘密和与知识产权相关的保密事项。对负有保密义务的劳动者，用人单位可以在劳动合同或者保密协议中与劳动者约定竞业限制条款，并约定在解除或者终止劳动合同后，在竞业限制期限内按月给予劳动者经济补偿。劳动者违反竞业限制约定的，应当按照约定向用人单位支付违约金。”

《劳动合同法》第25条还规定，除《劳动合同法》第22条和第23条规定的情形外，用人单位不得与劳动者约定由劳动者承担违约金。

根据《劳动法》第31条规定：“劳动者解除劳动合同，应当提前30日以书面形式通知用人单位。”这是法律赋予劳动者的充分的解除劳动合同权。提前解除劳动合同是劳动者的一种法定权利，劳动者解除劳动合同，提前30日以书面形式通知用人单位，是一种行使权利，依法履行义务的行为，因此不能视为违约。劳动者提前辞职不应支付违约金。

◆ 赔偿损失

尽管《劳动合同法》规定的劳动者承担违约金只有两种情形，但是如果出现其他劳动者过错给用人单位造成损失的其他情形，即使不需要承担违约责任，但是仍然可以要求对方赔偿损失。

赔偿损失是指一方当事人由于过错造成对方损失时，应以其相应价值的财产给予补偿。《劳动法》第98条规定，用人单位违反本法的规定解除劳动合同，对劳动者造成损害的，应当承担赔偿责任。

根据《劳动合同法》规定，用人单位应对劳动者进行赔偿的情形有：

(1)劳动者不要求继续履行劳动合同或者劳动合同已经不能继

求继续履行劳动合同，也可以要求赔偿损失。

《上海市企业工资支付办法》第23条规定，用人单位单方解除劳动者的劳动关系，引起劳动争议，经劳动争议仲裁部门或人民法院裁决撤销单位原决定的，用人单位应当支付劳动者在仲裁、诉讼期间的工资。其标准为：用人单位作出决定之月时该劳动者所在岗位前12个月的月平均工资乘以停发月份。双方都有责任的，根据责任大小各自承担相应的责任。

案例：解除后却仍应继续履行的劳动合同

1月9日，钱某和胡某进入上海某酒店管理有限公司工作，钱某担任该酒店行政主厨，胡某为一般厨师。双方签订了期限为一年的劳动合同，钱某的月工资为8000元，胡某的月工资为4000元。

半年过去了，酒店领导层及客户对钱某作为行政主厨的管理评价很差，而顾客对胡某的厨艺评价也很差。6月14日，酒店以两厨师厨艺差为由，解除了双方签订的劳动合同，并支付了钱某和胡某截至当天的工资。

法院经审理后认为，我国劳动法规定，劳动者不能胜任工作，经过培训或者调整岗位仍不能胜任工作的，用人单位可以解除劳动关系，因用人单位作出解除劳动合同而发生的劳动争议，用人单位负举证责任。而在本案中，酒店未能就其解除与被告钱某、胡某之间的劳动合同提供相应的依据，故对酒店单方作出的解除劳动合同的决定应予撤销，被告钱某、胡某要求恢复劳动关系的请求法院予以支持，同时酒店应当按照《上海市企业工资支付办法》的相关规定支付劳动者在仲裁期间的工资。

资料来源：《以“厨艺不高”解雇厨师 上海一酒店被判败诉》（吴红兰，新华网，2006年11月21日）

第 12 章：劳动合同签订、解除和终止

【本章提要】

- ☐ 劳动合同签订
- ☐ 劳动合同解除
- ☐ 劳动合同终止
- ☐ 公司如何最小成本解除、终止劳动合同
- ☐ 公司劳动合同管理
- ☐ 事实劳动合同

1. 劳动合同签订

◆ 员工背景调查

随着人才市场竞争的加剧，找到一份好工作的确不易。于是有人在简历上动起了脑筋，轻者“锦上添花”，重者“改头换面”。一项调查报告显示，有近三分之一的求职者对他们过去的业绩略有夸张，其中超过 10% 的人在他们的教育背景和工作经历中夸大其词。公司在招聘、筛选和培训员工上所花费的金钱与精力实在不少，招错一个人，公司要付出高昂的代价。因此背景调查很重要，尤其对高层员工，背景调查更是必不可少。防假于未然，背景调查是拒假于门外的有力武器，放弃背景调查意味着公司失去了基本的免疫力。

背景调查

是指通过从外部求职者提供的证明人或以前工作的单位那里搜集资料，来核实求职者的个人资料的行为，是一种能直接证明求职者情况的有效方法。

一家卡车公司聘用了一位女士担任财务主管，但事先没有对她做背景调查。两年后，她蚕食了公司250000元，被判刑入狱3年。如果这家卡车公司当初在雇用这位女士的时候，打个电话给她以前的雇主就可以了解到，此人曾诈骗前公司十万余元。

背景调查可以帮助公司达到三个目的：

(1)核实应聘者的申请表或简历上、面试中得到的信息；

(2)搜集到应聘者可能不愿意陈述的其他信息；

(3)求证应聘者是公司真正需要的人选，尤其是那些应聘中高级管理岗位的人选。

一般来说，背景调查通常会由浅及深，进行电话咨询、问卷调查和面对面的访谈。通过这三种方式，可以初步得出候选人的基本情况。必要的时候，用人企业还要向学校的学籍管理部门、历任雇佣公司的人事部门、档案管理部门进行公函式的调查，分辨文凭和职称的真假、确认其为人和表现如何、所得的奖励是否属实、是否有违纪现象等，以得到最真实可靠的信息。

在确认没有大问题的基础之上，需要进一步做业绩调查。比如候选人在职期间公司的业绩翻了一番，要调查主要是什么因素造成的。是不是因为经济形势一片大好？如果这个行业平均已经翻了三番了，那么他的业绩与之相比并不出色。有没有别的人在其中发挥了关键性的作用？离开了候选人业绩是否就难以实现？这都需要做大量细致的调查工作，以确认他是否真的有能力。

最后是对被调查人做可信度调查，看他说话是否负责任。当遇到某些不良评价时，尤其不能轻信，而应扩大调查范围。主要调查对象：候选人的直接上司、人事部负责人、下属、工作联系密切的同事等，必要时还应涉及候选人所在公司的其他人员、客户公司、竞争对手以及其他相关人员，这样才能确保调查客观、公正。

提醒

注意不要侵犯个人隐私

背景调查会涉及个人隐私，因此要注意保护候选人的隐私，以防使用违法的手段去取证，招惹法律责任。

背景调查可以委托中介机构进行，选择一家具有良好声誉的调查公司，提出需要调查的项目和时限要求即可；如果工作量较小，也可以由人力资源部操作。

用人单位与劳动者的相互告知义务

为了使劳动合同当事人在订立劳动合同时，能比较全面地了解对方，防止盲目、草率签订劳动合同，避免或减少不必要的劳动争议的发生，《劳动合同法》规定了在订立劳动合同前公司和劳动者应履行如实告知义务。所谓如实告知义务，是指在用人单位招用劳动者时，用人单位与劳动者应将双方的基本情况，如实向对方说明的义务。告知应当以一种合理并且适当的方式进行，要求能够让对方及时知道和了解。

1．用人单位的主动告知义务。

用人单位对劳动者的如实告知义务，体现在用人单位招用劳动者时，应当如实告知劳动者工作内容、工作条件、工作地点、职业危害、安全生产状况、劳动报酬，这些内容是法定的并且是无条件的，无论劳动者是否提出知悉要求，用人单位都应当主动将上述情况如实向劳动者说明。这些内容都是与劳动者的工作紧密相联的基本情况，也是劳动者进行就业选择的主要因素之一。

2．用人单位的被动告知义务。

除用人单位应主动告知劳动者的上述情形外，对于劳动者要求了解的其他情况，如用人单位相关的规章制度，包括用人单位内部的各种劳动纪律、规定、考勤制度、休假制度、请假制度、处罚制度以及企业内已经签订的集体合同等，如劳动者提出要求，用人单位也应当进行详细的说明，但涉及商业秘密的除外。

3. 劳动者的告知义务。

只有在用人单位要求了解与履行劳动合同直接相关的劳动者基本情况时，劳动者才有如实说明的义务。劳动者与劳动合同直接相关的基本情况包括健康状况、知识技能、学历、职业资格、工作经历以及部分与工作有关的劳动者个人情况。用人单位不能侵害劳动者的隐私，如与履行劳动合同无关的劳动者个人情况，劳动者有权予以拒绝。

用人单位与劳动者双方都应当如实告知另一方真实的情况，不能欺骗。如果一方向另一方提供虚假信息，属于欺诈行为，根据《劳动合同法》的规定，将导致劳动合同的无效或者部分无效。如：劳动者向用人单位提供虚假学历证明，用人单位未如实告知工作岗位存在患职业病的可能等，因为与劳动合同的履行直接相关，都将导致劳动合同无效。

与劳动合同无关的个人信息，例如劳动者的结婚情况，如用人单位不能证明与劳动合同直接相关，劳动者即使作出了隐瞒，也不当然地导致劳动合同无效。对于这一点，用人单位应予以充分的注意。

◆ 入职通知书的法律性质

要约、承诺是签订民事合同的基本步骤。在劳动合同中，同样存在从要约到承诺最终签订劳动合同的过程。由于劳动法对要约、承诺未予规定，因此根据劳动法—民法关系原理，劳动合同的签订仍然适用要约、承诺的合同法规则。

判断要约的标准：(1)内容具体、确定(应包括劳动合同的基本条款，职位、期限等)；(2)目的：具有缔约意图，如对方承诺，即受束缚，成立合同，要约应当含有当事人表示愿意接受要约约束的意思表示，要约当事人将自己置于一旦对方承诺，合同即告成立的无可选择的地位；(3)原则上需要向特定人发出。

关键词

要约、要约邀请和承诺

要约是指希望和他人订立合同的意思表示。

要约邀请，即要约引诱，指合同一方当事人以某种方式唤起对方注意，邀请其向自己发出要约的一种表意行为。

承诺是受要约人同意要约的意思表示。

在合同签订中，与要约最容易混淆的概念是要约邀请。

要约邀请以引出要约为目的，与要约具有密切联系。但要约邀请和要约的法律后果大相径庭，直接关系到合同是否成立。要约邀请一般不具备要约的三个条件。

承诺一经作出，劳动合同成立。

入职通知书，根据其载明的内容，一般构成要约。

案例：录取通知就是合同

小秦去年大学毕业，因所学的是热门的计算机专业，很快被一家公司录用。今年初，另一家公司从网上查到小秦的资料，给他发了一份“录取通知”，“通知”中载明了“职位、月薪、工作地点、入职日期及答复期：一个月。”小秦权衡后，认为新公司待遇好，便电话告知表示同意，并辞去了原来的工作。然而，小秦去新公司报到时，却遭到了拒绝，该公司解释说，该职位已被他人“捷足先登”了。公司表示了歉意，并说“录取通知”不是劳动合同，没有法律效力，小秦的资料，公司将予以保存，今后有合适岗位将优先录用。小秦十分气愤，一纸告上了法庭，后经调解，公司以支付小秦一个月工资了事。

分析这个案例，企业向员工发放录取通知，其实是一种要约的法律行为，员工一旦表示接受，那么录取通知就是一份合同，对企业和员工双方进行约束。公司发出“入职通知”，表明公司已经同意与劳动者签订劳动合同，如果后来因某种原因拒绝签约，公司就必须承担法律责任。

为使用人单位有更多的回旋余地，人力资源部门在设计“入职通知书”时，可以把其设计成要约邀请的形式，使“入职通知书”不具有缔结劳动合同的目的，而是要求求职者提出和公司签订劳动合同。例如：“请接到本通知后，携带有关证件原件提交公司审查，公司审查无误后，将与您签订劳动合同。”

资料来源：《录取通知有法律效力吗?》(赵鹏，职场指南，2005 年 4 月 19 日)

◆ 签订书面的劳动合同

我国《劳动法》除了规定建立劳动关系应当订立劳动合同以外，还要求劳动合同应当以书面形式订立。签订劳动合同，是劳资双方权利义务的开始，也是劳资双方受法律保护的关键，如何有效地签订劳动合同，对用人单位非常重要。

《劳动合同法》出于保护劳动者利益和方便解决争议的考虑，非常强调订立书面劳动合同，并设置了两种惩罚机制：(1)用人单位自用工之日起超过 1 个月但不满 1 年未与劳动者订立书面劳动合同的，应当向劳动者每月支付 2 倍的工资；(2)用人单位自用工之日起 1 年不与劳动者订立书面劳动合同的，视为用人单位与劳动者已订立无固定期限劳动合同。公司必须把签订书面的劳动合同作为劳动关系管理的重点。

需要你注意的是：

(1)部分公司没有建立严格的劳动合同管理制度，订立书面劳动合同的时间和劳动合同结束的时间没有进行系统的统计和专人加以管理，于是出现由于劳动者原因导致书面合同迟迟没有签订，或者劳动合同到期却没有及时续签而双方在没有劳动合同的情形下劳动者实际工作超过 1 个月，对这种情形，公司仍然应该承担法律责任；

(2)对于正式员工以外从公司领取收入的其他非正式人员，由于公司认为与其没有建立劳动关系而未与其订立书面劳动合同，一旦经司法部门认定劳动关系成立且不属于非全日制用工，公司仍然应承担法律责任。

为避免风险，公司应建立劳动合同管理制度：

(1)劳动合同管理作为人力资源管理的一部分，应由专人负责。

(2)公司要制定公平、合理的劳动合同文本，保障企业发展长远利益。

(3)建立职工名册，登记所有员工的劳动合同开始时间、截止时间、试用期期限。

(4)劳动合同一式两份，公司留存一份，另一份交员工。在劳动合同交给员工时，应要求员工对劳动合同书面签收。公司应制作劳动合同签收表。

(5)公司要主动与职工签订劳动合同，做到有劳动关系就必须签订劳动合同。公司应督促员工签订或者续签书面劳动合同，对不同意与公司签订或者续签书面劳动合同的员工，应在用工开始后一个月内终止劳动合同。

(6)依据国家有关规定到当地劳动保障行政部门办理登记备案手续。公司要建立健全劳动合同管理信息库、劳动合同动态管理制度，对劳动合同的签订、续订、解除、终止实行全程管理，实现劳动合同管理的法制化、规范化、现代化。

(7)公司制定相应的劳动合同管理制度。

公司的劳动合同管理，应从签订书面的劳动合同开始。

现实中，不少企业不惜花高薪聘请专业律师起草劳动合同，原因在于完善有效的劳动合同能很好地规避法律风险，避免和减少不必要的损失。

专栏：签订劳动合同时须关注的六大细节

用人单位和劳动者签订劳动合同，应注意以下事项：

- 要求劳动者在公司的办公场所当场签劳动合同，目的是防止冒名签订劳动合同。
- 对员工进行体检，目的是招进符合企业要求的、健康的劳动者。
- 要求劳动者签收《员工手册》，目的是证明员工对《员工手册》的内容已经知晓，有利于员工遵守公司的规章制度。
- 要求提供劳动手册，劳动手册是劳动者当前劳动关系的充分证明，劳动者提供劳动手册，说明劳动者当前和其他公司不存在劳动关系；即使在事实上劳动者和其他公司存在劳动关系，公司也可以免责。
- 要求求职者填写履历表，公司可以提供员工填写的履历表对员工背景进行审查，一旦后来发现履历表有出入，公司可以欺诈为由请求宣布劳动合同无效。
- 如果劳动合同有附件，如保密协议、培训协议、非竞争协议，建议同时或提前签署。在签订劳动合同之前，公司处于主动地位，公司应利用主动条件要求员工遵守应遵循的义务。

◆ 劳动合同担保

假如用人单位采用“送货上门”的服务方式出售汽车、数码产品等贵重物品，在没有任何担保的情况下，送货员要是携贵重物品逃跑了，企业该如何追回损失？很多公司自然想到了民法上的担保措施。

(1)关于定金、保证金、抵押等物保。

劳动行政主管部门禁止用人单位向劳动者收取定金、保证金(物)或抵押金(物)，即禁止以物的形式为劳动合同提供担保。劳动部、公安部、全国总工会1994年3月4日联合发布的《关于加强

外商投资企业和私营企业劳动管理切实保障职工合法权益的通知》第2条规定“企业不得向职工收取货币、实物等作为入厂押金，也不得扣留或者抵押职工的居民身份证、暂住证和其他证明个人身份的证件”；劳动部1995年8月4日印发的《关于贯彻执行〈中华人民共和国劳动法〉若干问题的意见》第24条重申“用人单位在与劳动者订立劳动合同时，不得以任何形式向劳动者收取定金、保证金（物）或抵押金（物）”。

（2）关于保证人担保。

最高人民法院公报公布的《中国工商银行哈尔滨市和平支行诉高延民担保合同纠纷案》，哈尔滨市中级人民法院认为：“本案担保合同所指向的主合同，约定的不是平等主体之间的债权债务，而是企业内部的管理工作。担保的内容不是要实现债权人的债权，而是要保证被担保人的违法违纪行为不损害企业利益。因此，本案的担保合同不符合民法通则和担保法的规定，由此引发的纠纷不应当由民法调整，本案不属于人民法院受理的民事诉讼范围。”并以此理由驳回原告的起诉。该判例虽然没有明确否定为劳动合同提供保证的效力，但是否认保证人承担民事责任等于间接否定了为劳动合同提供保证的效力。

《劳动合同法》第9条规定：“用人单位招用劳动者，不得扣押劳动者的居民身份证或者其他证件，不得要求劳动者提供担保或者以其他名义向劳动者收取财物。”

《劳动合同法》第83条规定了向劳动者收取财物或者扣押劳动者证件的法律责任：用人单位扣押劳动者身份证等证件的，由劳动行政部门责令限期退还劳动者本人，依照有关法律规定给予处罚；用人单位要求劳动者提供担保、向劳动者收取财物的，由劳动行政部门责令限期退还劳动者本人，按每一名劳动者500元以上2000元以下的标准处以罚款；给劳动者造成损害的，用人单位应当承担赔偿责任。

因此，在我国目前为劳动合同提供物的担保或者人的担保，均得不到法律的承认和保护。建议公司在招聘重要岗位的员工之前做好背景调查，同时加强内部管理予以解决。

2. 劳动合同解除

劳动合同依法订立即具有法律约束力，当事人必须履行劳动合同规定的义务。劳动法赋予劳动合同法律约束力的同时，也赋予劳动合同当事人有条件解除劳动合同的权利。

劳动合同的解除是指劳动合同生效后，尚未履行或者尚未全部履行以前，当事人一方或者双方依法提前消灭劳动法律关系的法律行为。在人力资源管理实践中，开除、除名、辞退、解雇、辞职、离职的实质都是劳动合同解除。

劳动合同的解除与民事合同的解除相比有如下区别：

(1) 民事合同的解除包括法定解除、约定解除、协商解除三种类型；劳动合同解除以法定解除为主。

(2) 在法定解除中，合同法规定，一方当事人违约，另一方受到侵害的当事人有权解除合同，是一种过错解除；劳动合同的法定解除不以过错为要件，如企业经济性裁减人员，即使劳动者不存在任何的主观过错，用人单位也可以依法单方解除劳动合同。

(3) 民法合同双方法律地位平等，合同任何一方不享有特权；劳动合同在合同解除问题上双方权利不对等，用人单位只有在具备法定解除条件和遵循法定程序后方可以解除劳动合同，而劳动者只要提前 30 天通知就可以解除劳动合同。

◆ 员工提前解除劳动合同与责任分析

• 劳动者的一般解除权

《劳动合同法》第 37 条确立了劳动者的单方辞职权，“劳动者提前 30 日以书面形式通知用人单位，可以解除劳动合同。劳动者在试用期内提前 3 日通知用人单位，可以解除劳动合同”。劳动者提前 30 日以书面形式通知用人单位，既是解除劳动合同的程序，也是解除劳动合同的条件。劳动者提前 30 日以书面形式通知用人单位，解除劳动合同，无需征得用人单位的同意。超过30日，劳动者向用人单位提出办理解除劳动合同的手续，用人单位应予以办理。

关键词

服务期

法律对可以约定服务期的对象作出了专门规定，签订劳动合同可以约定服务期的对象仅指用人单位出资培训的劳动者。约定服务期对用人单位来说是权利性的，对劳动者则是义务性的。权利是可以放弃的，义务是必须履行的，不履行义务就是违约行为。如果劳动者在服务期内强行辞职，应承担违约责任。

提醒

劳动者在履行"提前通知义务"后与用人单位解除劳动合同关系是行使法律规定的权利，不构成"违约"。

因此，用人单位在接到劳动者辞职的通知后，应立即进行必要的准备，利用30日的期限重新安排人员，避免影响生产和经营。

突然提出"辞职"，可能对公司带来业务交接、寻找替补等方面的困难。为避免劳动者提前30天通知辞职给公司工作带来的被动，公司可采取一定的措施对劳动者的辞职进行限制。

- **劳动者特别解除权**

劳动者行使特别解除权解除合同是指出现了法定的事由，劳动者无需向用人单位预告就可随时通知解除劳动合同。

有下列情形之一的，劳动者可以随时通知用人单位解除劳动合同。

(1)未按照劳动合同约定提供劳动保护或者劳动条件的，

给员工放假、待岗，不提供劳动工具或者场所，一般可认为未提供劳动条件。

(2)未及时足额支付劳动报酬的，

公司如因客观原因不能按照劳动合同约定的时间发放工资，应提供出现客观困难的证明，并征得工会的同意。

(3)未依法为劳动者缴纳社会保险费的。

(4)用人单位的规章制度违反法律、法规的规定，损害劳动者权益的。

(5)劳动合同无效的。

(6)法律、行政法规规定劳动者可以解除劳动合同的其他情形。

用人单位以暴力、威胁或者非法限制人身自由的手段强迫劳动者劳动的，或者用人单位违章指挥、强令冒险作业危及劳动者人身安全的，劳动者可以立即解除劳动合同，不需事先告知用人单位。

在劳动者被迫离职情况下，公司仍然应支付员工经济补偿金，按劳动者在本单位工作的年限，工作时间每满一年发给相当于一个月工资的经济补偿金，不满6个月，支付半个月工资作为补偿金。

◆ 公司提前解除劳动合同的条件和程序

• 因劳动者有过失而单方解除劳动合同

过失性辞退的法定条件一般为劳动者经试用不合格，或者劳动者违纪、违法达到一定严重程度，当出现此类情形时，用人单位无需向对方预告就可随时通知解除劳动合同。

(1)以试用期间被证明不符合录用条件。

劳动者不符合录用条件，必须由用人单位提出合法有效的证明。是否在试用期间，应当以劳动合同的约定为准；若劳动合同约定的试用期超出法定最长时间，则以法定最长时间为准；若试用期满后仍未办理劳动者转正手续，不能再以试用不合格为由辞退劳动者。

案例："不符合录用条件"须证明

吴先生经猎头介绍，受雇于一家著名的外企，担任中国区的营销总监，并与公司签订了为期3年的合同。约定试用期为6个月。4个月后，公司单方面提出解除合同，原因是吴先生没有达到公司的季度营销目标。为此，吴先生向劳动仲裁委员会提出了申诉。令公司意料不到的是，仲裁的结果居然是公司败诉。

吴先生与公司在当初签订劳动合同的时候，约定了职务为"营销总监"，但是并没有与其签订具体的职务说明书，也没有书面的证明告知吴先生该职务的工作内容以及岗位要求。因此当被质询时，公司无法出具当初双方认可的职务要求，既然没有约定要求，公司就无法证明吴先生不符合录用条件。败诉是当然的结果。

资料来源：《今天的鱿鱼怎么炒》(Kevin Zhang，人才市场报，2004年4月19日)

(2)严重违反用人单位规章制度。

违纪是否严重，一般应当以劳动法规所规定的限度和用人单位内部劳动规则依此限度所规定的具体界限为准。司法部门对劳动纪律和规章制度的合法性和合理性具有审查权。

公司要进一步加强规章制度建设，没有规章制度的要赶紧订立规章制度，有规章制度的要细化规章制度，科学合理合法的规章制度完全能够解决员工的处罚问题。例如企业可以把违纪程度分类，员工犯一次小错就给予一般性警告，累计三次一般性警告就升级为严重警告，严重警告就可以开除，以此对那些"大错没有，小错常犯"的员工进行处罚。

(3)严重失职，营私舞弊，对给用人单位造成重大损害。

严重失职，是有未尽职责的严重过失行为；营私舞弊，是利用职务之便谋取私利的故意行为；对用人单位造成重大损坏，包括用人单位有形财产、无形财产或人员遭受重大损害。例如，因粗心大意、玩忽职守而造成事故；因工作不负责而经常产生废品、损坏工

具设备、浪费原材料或能源，贪污受贿，挪用资金，侵占公司财产，泄露或出卖商业秘密等。

(4)劳动者同时与其他用人单位建立劳动关系，对完成本单位的工作任务造成严重影响，或者经用人单位提出，拒不改正的。

根据《劳动法》的规定精神，除非全日制用工外，一个劳动者只能与一个用人单位建立劳动关系，这有利于保护用人单位的商业秘密，也使劳动者有充分的休息时间，更好地为用人单位提供劳动。“劳动者同时与其他用人单位建立劳动关系”，主要是指劳动者在为一用人单位提供劳动的同时，也在向其他用人单位提供劳动，例如兼职。用人单位发现劳动者同时为其他公司提供劳动时，有权制止，如果劳动者拒不改正，或者对完成本单位的工作任务造成严重影响的，用人单位可解除劳动合同。

(5)劳动者以欺诈、胁迫的手段或者乘人之危，使用人单位在违背真实意思的情况下订立或者变更劳动合同，致使劳动合同无效的。

欺诈是指一方当事人故意实施某种欺骗他人的行为，并使他人陷入错误。构成欺诈必须具备以下要件：首先，欺诈人有欺诈行为，欺诈行为是指为使被欺诈人陷于错误判断，或加深、保持其错误，而虚构、变更，隐匿事实之行为，此种行为既可以是积极作为，如故意制造虚假或歪曲的事实，也可以是消极的不作为，如故意隐匿事实真相，但在不作为的情况下，只有行为人按照法律或习惯，负有告知义务而故意不告知时，才构成欺诈；其次，欺诈人必须有欺诈的故意，欺诈故意是指欺诈人有使被欺诈人因受其欺诈而陷入错误，并因此为意思表示的目的；再次，被欺诈人因欺诈人的欺诈而陷入错误的认识，即欺诈人的欺诈行为与被欺诈人的错误意思表示之间有因果关系，被欺诈人因欺诈人的欺诈而陷入错误的意思表示不仅包括被欺诈人原无错误，是因欺诈人的欺诈行为而陷入错误的情况。

胁迫是指一方当事人直接以物质性强制或精神性强制迫使对方与已订立劳动合同。也就是行为人以给公民及其亲友的生命健康、荣誉、名誉、财产等造成损害，或者以给法人的荣誉、名誉、财产等造成损害为要胁，迫使对方作出违背真实意思表示的行为。构成胁迫应具备以下要件：首先，须胁迫人有胁迫的行为，胁迫行为是指胁迫人以未来的不法损害相恐吓，或以现时的身体强制为威胁而实施的不法行为，胁迫行为既可以直接对相对人实施，也可以对其亲属或友人实施，胁迫的对象不仅包括人的生命、身体健康、自由等，也包括人的名誉、荣誉和财产；其次，胁迫人须有胁迫的故意，胁迫的故意是指胁迫人有通过胁迫行为而使表意人产生恐惧，并因此而为一定意思表示的故意；再次，受胁迫者因胁迫者的行为作出了不真实的意思表示，即表意人的意思表示与胁迫人的胁迫行为之间有因果关系。

乘人之危是指行为人利用他人的危难处境或紧迫需要，强迫对方接受某种明显不公平的条件并作出违背其真意的意思表示。构成乘人之危必须具备以下要件：首先，表意人在客观上正处于急迫需要或紧急危难的境地；其次，行为人有乘人之危的故意，即行为人明知表意人正处于急迫需要或紧急危难的境地，却故意加以利用；再次，表意人出于危难或急迫而实施了相应的行为，至于表意人实施的行为，即可以是积极行为（如提出要求），也可以是消极行为（如拒绝对方请求）；最后，行为人获取不正当利益的同时，也严重损害了表意人的利益。

（6）被依法追究刑事责任。

只有人民法院的生效判决才能追究一个人的刑事责任，其他任何机关和个人均无权追究他人的刑事责任。因此劳动者在被逮捕、拘留期间，用人单位均不可以解除与员工的劳动合同。

- **因非过失性原因而单方解除劳动合同**

用人单位因非过失性原因而单方解除劳动合同亦称为预告辞退，即用人单位须预告后才能解除合同。根据《劳动合同法》，有下列情形之一，用人单位可提前 30 日以书面形式通知劳动者本人或者额外支付劳动者一个月工资后，解除劳动合同：

（1）劳动者患病或非因工负伤，医疗期满后，不能从事原工作也不能从事由用人单位另行安排的工作。

（2）劳动者不能胜任工作，经过培训或调整工作岗位，仍不能胜任工作。

医疗期

是指劳动者根据其工龄等条件，依法可以享受的停工医疗并发给病假工资的期间，而不是劳动者病伤治愈实际需要的医疗期。

劳动者在试用期满后不能胜任劳动合同所约定的工作，用人单位应对其进行培训或者为其调整工作岗位，如果劳动者经过一定期间的培训仍不能胜任原约定的工作，或者对重新安排的工作也不胜任，用人单位可以预告辞退。

不能胜任工作

是指不能按要求完成劳动合同中约定的任务或者同工种、同岗位人员的工作量。用人单位不得故意提高定额标准，使劳动者无法完成劳动者不能胜任工作。

(3)劳动合同订立时所依据的客观情况发生重大变化，致使劳动合同无法履行，经当事人协商不能就变更劳动合同达成协议。

这里的客观情况，是指履行原劳动合同所必要的客观条件，如自然条件、原材料或能源供给条件、生产设备条件、产品销售条件、劳动安全卫生条件等。如果这类客观条件由于发生不可抗力或出现其他情况，而发生了足以使原劳动合同不能履行或不必要履行的变化，用人单位应当就劳动合同变更问题与此劳动者协商；如果劳动者不同意变更劳动合同，原劳动合同所确立的劳动关系就没有存续的必要。

【思考与行动】 （6分钟）

"末位淘汰"是指用人单位根据其具体目标和企业战略，结合各个具体职位的实际情况，制定绩效考核指标体系，并以此为标准对员工进行考核。根据考核结果将排名相对靠后的人员予以淘汰、辞退的一种管理方法。那么，请思考下面两个问题。

1. 实行末位淘汰制，员工在年度考评中居最后一位，可以根据员工不能胜任岗位要求的法律规定解除劳动合同吗？

○ ______

○ ______

○ ______

2. 如果一定要实行末位淘汰制，应该怎样做才合法？

○ ______

○ ______

○ ______

○ ______

参考解析详见附录2"参考解析八"

- **因经济性裁员而单方解除劳动合同**

裁员是用人单位依照法律规定一次辞退部分劳动者，以缩减劳动者人数的行为作为改善生产经营状况的一种手段。它是预告辞退和无过错辞退的一种特殊形式。

根据《劳动合同法》，经济性裁员被限定为以下情形：

(1)用人单位根据破产法规定进行重整；

(2)生产经营发生严重困难；

(3)企业转产、重大技术革新或者经营方式调整，经变更劳动合同后，仍需裁减人员的；

(4)其他因劳动合同订立时所依据的客观经济情况发生重大变化，致使劳动合同无法履行的。

经济性裁员须按下列法律规定的程序进行：

用人单位提前30日向工会或者全体职工说明情况，听取工会

或者职工的意见后，裁减人员方案经向劳动行政部门报告，

(1)用人单位在决定裁减人员时，应当提前30日向工会或全体职工说明情况，听取工会或者职工的意见。

(2)裁减人员方案经向劳动行政部门报告。

(3)用人单位正式公布裁减人员方案，与被裁减人员办理解除劳动合同手续，按照法律法规规定向被裁减人员本人支付经济补偿金，并出具裁减人员证明人书。

《劳动合同法》还规定，裁减人员时，应当优先留用下列人员：

(1)与本单位订立较长期限的固定期限劳动合同的；

(2)与本单位订立无固定期限劳动合同的；

(3)家庭无其他就业人员，有需要扶养的老人或者未成年人的。

用人单位人裁减人员之日起6个月内需要新招人员的，必须优先从本单位裁减的人员中录用。

◆ 用人单位不得单方解除劳动合同的情形

为保护处于特殊情形下的劳动者，法律规定用人单位不得依据非过失性原因或经济性原因与下列劳动者解除劳动合同：

(1)从事接触职业病危害作业的劳动者未进行离岗前职业健康检查，或者疑似职业病病人在诊断或者医学观察期间的。

(2)在本单位患职业病或者因工负伤并被确认丧失或部分丧失劳动能力。职业病和工伤都是由劳动过程中的职业危害因素所致，用人单位对劳动者由此而丧失或部分丧失劳动能力负有保障其生活和劳动权的义务，不得因此单方解除劳动合同。劳动能力丧失的程度须由劳动鉴定委员会鉴定并出具证明。

(3)患病或者非因工负伤，在规定的医疗期之内。“患病”是指劳动者患职业病以外的疾病，“负伤”是指非因工负伤。劳动者患普遍病或非因工负伤，用人单位应当给予一定的医疗期以保证劳动者治病疗伤的需要，并在此期限内负有保障其医疗和生活的义务。在医疗期内，即使出现特殊的经营困难，用人单位也不得解除劳动合同。

(4)女职工在孕期、产期、哺乳期之内。

(5) 在本单位连续工作满 15 年，且距法定退休年龄不足 5 年的。

(6) 法律、行政法规规定的其他情形。

◆ 公司单方面解除劳动合同的程序性规定

根据《劳动合同法》规定，用人单位单方解除劳动合同，应当事先将理由通知工会。用人单位违反法律、行政法规规定或者劳动合同约定的，工会有权要求用人单位纠正。用人单位应当研究工会的意见，并将处理结果书面通知工会。

公司如果没有建立工会的，应通知上级工会。

◆ 公司违法解除劳动合同的情形与责任

• 公司违法解除劳动合同的常见情形有

(1) 劳动法律意识和履约意识淡薄，没有任何理由，根据老板或者上级的好恶，随意辞退劳动者。

(2) 以为试用期可以随意解除劳动合同，于是以试用期内为由，解除与劳动者的劳动合同。

(3) 认为劳动者必须遵守企业的规章制度，而不问企业规章制度合理合法与否、向劳动者公示与否，动不动就以严重违反劳动纪律和企业规章制度为由辞退轻微违纪的劳动者。

(4) 以公司亏损为由，为减少人工成本，不惜牺牲劳动者利益，解除与劳动者的劳动合同。

(5) 认为企业有权根据经营状况和管理需要随意裁减员工或调岗、降职、减薪，如果劳动者不服从安排，以员工违反劳动纪律解除员工劳动合同，或者逼迫劳动者自动离职。

(6) 随意调动劳动者工作岗位或提高定额标准，借口劳动者不能胜任工作而解除与劳动者的劳动合同。

(7) 认为处于孕期、产期、哺乳期的女职工和处于医疗期内的劳动者对单位是一种负担，找借口解除劳动合同。

- **公司违法解除劳动合同的责任**

(1)用人单位违法解除或者终止劳动合同，劳动者要求继续履行劳动合同的，用人单位应当继续履行，并赔偿劳动者应得工资收入。

关键词

应得工资收入

是指因用人单位违反法律法规或劳动合同的约定，解除劳动合同造成劳动者不能提供正常劳动而损失的工资收入，即在劳动争议期间，如果裁决认定用人单位违法解除劳动合同，则用人单位应支付劳动者在劳动争议期间的工资。

(2)劳动者不要求继续履行劳动合同或者劳动合同已经不能继续履行的，用人单位应当依照劳动者正常情况下应获得经济补偿金的2倍支付赔偿金。

《工会法》第52条规定，职工因参加工会活动、工会工作人员因履行工会法规定的职责而被解除劳动合同的，由劳动行政部门责令恢复其工作，并补发被解除劳动合同期间应得的报酬，或者责令给予本人年收入2倍的赔偿。

《最高人民法院关于在民事审判工作中适用〈中华人民共和国工会法〉若干问题的解释》(法释[2003]11号，下称《工会法解释》)第6条进一步明确规定，人民法院审理涉及职工和工会工作人员因参加工会活动或者履行工会法规定的职责而被解除劳动合同的劳动争议案件，可以根据当事人的请求裁判用人单位恢复其工作，并补发被解除劳动合同期间应得的报酬；或者根据当事人的请求裁判用人单位给予本人年收入2倍的赔偿，并参照《补偿办法》第8条的规定给予解除劳动合同时的经济补偿金；

深圳市：用人单位违法辞退“三期”女职工拒不改正的，发给女职工劳动合同期满前剩余期间的全部劳动报酬和国家规定的生活补助费（同经济补偿金）。

（3）用人单位解除合同未按规定提前30日通知劳动者的，自通知之日起30日内，用人单位应当对劳动者承担劳动合同约定的义务。

◆ 解除劳动合同支付经济补偿金的情形

● 解除劳动合同用人单位应支付经济补偿金的法定情形：

（1）劳动者被迫解除劳动合同的，用人单位需支付经济补偿。根据《劳动合同法》第38条之规定，劳动者被迫解除劳动合同有如下情形：

√ 用人单位未按照劳动合同约定提供劳动保护或者劳动条件的；比如强行给员工"放假"、"停工"，可视为未按照劳动合同约定提供劳动条件。

√ 未及时足额支付劳动报酬的；如超过工资发放日期仍未支付工资，少支付加班费等。

√ 未依法为劳动者缴纳社会保险费的；用人单位未缴纳社会保险费或者缴纳标准低于法定标准的，均为未依法为劳动者缴纳社会保险费。

√ 用人单位的规章制度违反法律、法规的规定，损害劳动者权益的；比如在规章制度中规定加班不支付加班费，未经公司批准不得辞职等规定。

√ 用人单位以欺诈、胁迫的手段或者乘人之危，使劳动者在违背真实意思的情况下订立或者变更劳动合同，致使劳动合同无效的。

√ 法律、行政法规规定因用人单位过错劳动者可以解除劳动合同的其他情形。

√ 用人单位以暴力、威胁或者非法限制人身自由的手段强迫劳动者劳动的，或者用人单位违章指挥、强令冒险作业危及劳动者人身安全的。

（2）由用人单位主动提出，协商解除劳动合同的，用人单位需支付补偿金。

(3)非过失性辞退，用人单位需支付经济补偿。

√ 劳动者患病或者非因工负伤，在规定的医疗期满后不能从事原工作，也不能从事由用人单位另行安排的工作的；

√ 劳动者不能胜任工作，经过培训或者调整工作岗位，仍不能胜任工作的；

√ 劳动合同订立时所依据的客观情况发生重大变化，致使劳动合同无法履行，经用人单位与劳动者协商，未能就变更劳动合同内容达成协议的。

(4)用人单位依法裁员，需支付经济补偿。

(5)法律、行政法规规定的其他情形。

- **经济补偿金的计算**

经济补偿金计算公式：根据劳动者在本单位工作的年限，工作时间每满一年，发给相当于一个月工资的经济补偿金。工作时间 6 个月以上不满一年的按一年计算；不满 6 个月的，向劳动者支付半个月工资的经济补偿。

(1)工资标准的确定。

根据《劳动合同法》规定：经济补偿金的工资计算标准是指劳动者在劳动合同解除或者终止前 12 个月的月平均工资。工资包括计时工资、计件工资、奖金、津贴和补贴(包括生活补贴和住房补贴)、加班加点工资、特殊情况下支付的工资。

劳动者月工资高于用人单位所在直辖市、设区的市级人民政府公布的本地区上年度职工月平均工资 3 倍的，向其支付经济补偿的标准按职工月平均工资 3 倍的数额支付，向其支付经济补偿的年限最高不超过 12 年。

(2)年限的确定。

在行业直属企业间成建制调动或组织调动等，以前单位的工作年限是否计算为在本单位的工作时间，由行业主管部门作出规定，其他调动，由各省、自治区、直辖市作出规定。

军队退伍、复员、转业军人的军龄，计算为接收安置单位的连续工龄，经济补偿金按职工在本单位的工作年限计发。

对企业改制改组中已经向职工支付经济补偿金的，职工被改制改组后企业重新录用的，在解除劳动合同支付经济补偿金时，职工在改制前单位的工作年限可以不计算为改制后单位的工作年限。

提醒

劳动者月工资高于用人单位所在直辖市、设区的市级人民政府公布的本地区上年度职工月平均工资3倍的，向其支付经济补偿的年限最高不超过12年。

3. 劳动合同终止

劳动关系的终止是指劳动合同到期或者劳动合同一方当事人不符合主体资格导致劳动关系自然终止的事实。

劳动合同的终止与解除的区别在于解除是对未履行的部分劳动合同的解除，是意料之外的提前结束；而终止是劳动合同期满或者当事人不符合主体资格，合同结束在当事人的意料之中。

在法律适用上，劳动合同解除的事由出现后，一方当事人必须按照法定的要求和程序通知对方当事人，才能导致合同的解除，如果没有通知，则合同不解除。

实战建议

及早正式提前通知

若劳动合同期满终止后不再续签，为避免不必要的纠纷的发生，企业应在期满之前30日，以书面方式并要求员工签收通知该员工终止合同。

劳动合同到期后，劳动合同是“自动终止”，不需要一方当事人通知另一方。没有提前通知，只需向员工承担没有提前通知的法定后果即可，劳动合同终止的效果不受影响。

案例：无效的提前终止约定

1997 年张某应聘到本市市郊某中外合资企业任工程师，双方签订了无固定期限的劳动合同，合同中约定“合同期间，双方可提前一个月通知对方终止劳动合同，终止劳动合同不支付经济补偿金”。

1999 年，该厂经营发生严重困难，总经理辞职，新任经理上任，进行整顿。1999 年 12 月，公司书面通知张某称，根据公司目前情况，按劳动合同中的规定，现提前一个月通知你终止劳动合同。2000 年 1 月，公司通知张某办理劳动合同终止手续，张某认为这是解除劳动合同，公司应当给予经济补偿。公司则称，双方在劳动合同中已有约定，提前一个月通知对方即为合同终止，不支付经济补偿金，公司指责张某索要经济补偿金是节外生枝。为此，张某向当地劳动争议仲裁部门提出申诉。

最后，经仲裁庭裁决，公司与张某在劳动合同中的约定提前一个月可以终止劳动合同的条款无效，公司应按解除劳动合同有关规定支付经济补偿金。

资料来源：《无效的提前终止约定》(148 法律在线 www. 148online. com. cn，2006 年 10 月)

◆ 劳动合同终止情形

根据《劳动合同法》等相关规定，当出现下列情形，劳动合同终止：

(1)劳动合同期满的。

(2)劳动者开始依法享受基本养老保险待遇的。

《劳动合同法》突破了以往司法实践中认为到达退休年龄则双方存在的不再是劳动关系的普遍认识，只要未享受基本医疗保险待遇的，劳动合同不能终止。

(3)用人单位被依法宣告破产的。

(4)劳动者死亡，或者被人民法院宣告死亡或者宣告失踪的。

(5)用人单位被吊销营业执照、责令关闭、撤销或者用人单位决定提前解散的。

(6)法律、行政法规规定的其他情形。

《劳动法》规定了劳动合同当事人可以在劳动合同中约定终止的条件，当条件成就时，劳动合同终止，但《劳动合同法》取消了《劳动法》约定终止的规定，从而使劳动合同的终止限于法定情形。

◆ 劳动合同终止的限制

根据《劳动法》的规定，有下列情形，用人单位不得终止劳动合同：

(1)劳动者患职业病、因工负伤，被确认为部分丧失劳动能力。

但是，劳动者患职业病、因工负伤，被确认为部分丧失劳动能力，用人单位按照规定支付伤残就业补助金的，劳动合同可以终止。

劳动者患职业病或者因工负伤，被确认为完全或者大部分丧失劳动能力的，用人单位不得终止劳动合同，但经劳动合同当事人协商一致，并且用人单位按照规定支付伤残就业补助金的，劳动合同也可以终止。

(2)劳动合同期满，劳动者有下列情形之一的，劳动合同期限顺延至下列情形消失：

① 患病或者负伤，在规定的医疗期内的；

② 女职工在孕期、产期、哺乳期内的；

③ 在本单位连续工作满 15 年，且距法定退休年龄不足 5 年的；

④ 法律、法规、规章规定的其他情形，如《工会法》规定员工担任工会主席、副主席等工会委员等的。

案例：工会身份不因无效改选而丧失

杜某和陈某是某公司职工。2001 年 6 月 18 日杜、陈二人经公司工会会员大会以无记名投票方式分别当选为工会主席和宣传委员，同年 7 月 6 日，公司上级主管部门市农机局批复同意选举结果，市总工会同时审定公司为合法的工会社团法人，杜为社团法定代表人。杜、陈上任伊始，恰逢公司三名员工的履行劳动合同纠纷案在市劳动争议仲裁委处理，因举证问题请求工会出面为他们伸张正义，杜、陈二人即以工会名义出具书证材料一份，证实单位改制不规范有侵犯员工合法权益、在重新签订劳动合同中有违规行为。8 月 10 日，市劳动争议仲裁委开庭审理，结果公司败诉。但公司认为杜、陈 2 人提供虚假证据，属于滥用职权，并决定将工会委员会印章收归行政办公室管理。9 月 14 日，公司以董事会、监事会成员中没有工会委员不合理为由，决定“两会”和工会同时改选。10 月 10 日，一届任期不满 4 个月的基层工会组织召开会员大会进行改选(改选前并未罢免杜、陈二人的工会主席和委员职务)。选举结果陈仍榜上有名，但公司审定时认为陈涉及出具虚假证明，不具备工会委员任职条件，在上报主管单位的名单中将其名字去掉。11 月 8 日，市总工会副主席、法工部赵部长会同市农委纪委朱书记到公司调查处理，严肃指出工会委员会任期未满即改选取严重违背了工会法，责令立即恢复原工会委员会并开展工作，但并未引起公司重视。12 月 29 日杜、陈二人同时被终止劳动合同。2002 年 2 月 27 日，他们 2 人在市总工会调停无效的情况下，一纸诉状将公司推上了被告席。

仲裁庭经合议后认为：杜、陈二人是 2001 年 7 月 6 日正式任职的合法企业工会兼职主席和兼职委员，其任期老《工会法》虽无明确规定，但 1998 年颁布的《中国工会章程》明确规定为 3 年至 5 年，新《工会法》又明确规定 3 年或 5 年。杜、陈二人任职后并未出现个人严重过失，公司在一届工会委员会任期未满又未经过罢免程序前提下进行工会委员会改选，其做法明显违背了《工会法》和《中国工会章程》的相关规定，改选举应为无效行为。

杜、陈二人的工会主席和委员身份不应因无效的改选而丧失，企业应根据《工会法》规定，将他们的劳动合同延长至任期期满，而不能仅依据劳动合同约定的期限(2001 年 12 月 29 日)予以终止。

资料来源：《企业工会主席被终止劳动合同案》(钱华，新疆律师网 www. xinjianglawyer. com，2006 年 7 月)

◆ 劳动合同终止的结果

下列情形劳动合同终止，用人单位需支付经济补偿：

(1)如果用人单位同意续订劳动合同，但降低劳动合同约定条件，劳动者不同意续订的，劳动合同终止，用人单位应当支付经济补偿。

(2)如果用人单位不同意续订，无论劳动者是否同意续订，劳动合同终止，用人单位应当支付经济补偿。

(3)用人单位被依法宣告破产导致劳动合同终止的。

(4)用人单位被吊销营业执照、责令关闭、撤销或者用人单位决定提前解散导致劳动合同终止的。

另外，因为《劳动合同法》规定了劳动合同终止在某些情况下需要支付经济补偿金，而《劳动法》则规定劳动合同终止原则上不需要支付经济补偿金。为体现"法不溯及既往"原则，《劳动合同法》第 97 条规定了支付经济补偿金的过渡期，"本法施行之日存续的劳动合同在本法施行后解除或者终止，依照本法第 46 条规定应当支付经济补偿的，经济补偿年限自本法施行之日起计算；本法施行前按照当时有关规定，用人单位应当向劳动者支付经济补偿的，按照当时有关规定执行"。

4. 公司如何最小成本解除、终止劳动合同

• 劳动合同结束公司不需要支付经济补偿金的情形

(1)劳动者提出解除劳动合同。

(2)劳动者擅自离职导致劳动合同解除。

(3)用人单位依据《劳动合同法》第39条辞退劳动者的：劳动者在试用期间被证明不符合录用条件的；劳动者严重违反用人单位规章制度的；劳动者严重失职，营私舞弊，给对用人单位造成重大损害的；劳动者同时与其他用人单位建立劳动关系，对完成本单位的工作任务造成严重影响，或者经用人单位提出，拒不改正的；劳动者以欺诈、胁迫的手段或者乘人之危，使用人单位在违背真实意思的情况下订立或者变更劳动合同，致使劳动合同无效的；劳动者被依法追究刑事责任的。

(4)劳动合同期满终止，用人单位没有降低劳动报酬和劳动条件，劳动者不同意续签劳动合同。

(5)劳动者开始依法享受基本养老保险待遇的或者劳动者死亡，或者被人民法院宣告死亡或者宣告失踪而终止劳动合同的。

- **实践中关于经济补偿金的案例**

(1)案例一：

李先生供职于一家上市公司。从1996年始，李先生就开始出任部门经理。双方所签订的劳动合同于2003年12月31日到期。在2003年10月份，公司以违纪为理由将李先生开除。李先生不服，申请了劳动仲裁，要求撤销此开除通知并要求经济补偿。谁知，仲裁进行了四个多月。2004年1月16日，公司通过EMS的方式向李先生送发了撤销开除决定的通知，同时也向李先生下发了合同终止通知书，说双方之间的劳动合同关系已经于2003年12月31日到期，合同到期后双方并没有再继续履行合同关系，故通知李先生合同已经终止。不久，仲裁又再次开庭，在开庭时，公司把此合同终止通知书与撤销决定书作为证据提交，结果不几天仲裁就下了裁决，说是既然公司已经撤销了开除决定书，那么本案的争议标的已经不存在，故裁决李先生败诉，不给予任何补偿。

(2)案例二：

利用员工劳动法意识淡薄的弱点，设下圈套，诱导员工辞职，使他们在临走时得不到任何经济补偿。有些用人单位对劳动者谎称"企业效益不好"、"濒临破产"、要实施"兼并"等，并以"可以在档案里为员工‘美言’”为诱饵，让员工主动提出终止劳动合同。员工面临这种情况时，常常会想，与其等企业“破产”、“倒闭”、“兼并”失业，不如尽早离开企业另寻出路，说不定还有一笔补偿金可以拿，于是便在企业单方提供的“辞职书”上签字。等劳动者发现欺诈后，即使提起仲裁，因“辞职申请”上员工签字的存在，也将导致败诉。

（3）案例三：

以迟到两三次这样的小事为理由，欲加之罪、何患无辞地给员工凑了些“罪状”，以严重违纪开除员工。

（4）案例四：

今年26岁的李某3月份到大东区一家名为“××市场信息开发公司”的单位任职计件员，主要是从事市场访问、调查信息等工作，李某所在的公司最初承诺的工资也不低，基本工资是500元，餐旅费100元，其他收入就是按照工作时间或工作量来算钱。

开始几个月，李某赚的工资不少。一周的工作一般事先由部门主管给他们打电话进行安排。可是近两个月来，单位开会说是效益不好，可能要减员。虽然没签劳动合同，但最初单位口头承诺都是至少要保证干一年，而且后来单位并没有拿出裁人方案。李某本来还挺高兴，可没想到单位开始对他和另外一名同事采取了“冷战”，既不解雇他们又不给安排工作。李某一打电话询问，主管就推说没有活儿或其他理由。

李某对此非常不满，认为单位就是变相让他主动辞职，并且逃避责任，他说：“不给安排活儿我很难赚到钱，虽然有基本工资，但是没有工作可做让我感觉很不好。”

（5）案例五：

张某于2004年5月11日受聘至深圳某公司从事某部门管理工作，劳动合同明确约定岗位为市场管理，期限为2004年5月11日至2004年12月31日止，试用期工资为5000元/月，试用期为3个月，起点工资为800元/月。2004年8月11日公司会议通知任命张某为此部门副总经理（并无文件通知），工资调整为7000元/月（有每月工资单为证）。然而2004年11月12日公司行政部负责人突然通知张某，要求张某本人自动提出辞职，张某表示不同意，于是公

司于2004年11月13日(文件日期却署为11月11日)以书面通知张某，决定免去张某某部门副总经理职务，改任某部门业务人员，其待遇按照业务人员岗位标准执行。张某不服，多次与公司交涉却没有结果。在此情况下，张某认为再工作下去已无实际意义，于是向行政部负责人提出，双方可以协商解除劳动合同，工资结至解除合同之日。

5. 公司劳动合同管理

- **劳动合同签订后的入职手续**

(1)劳动合同签订后，用人单位和劳动者劳动关系建立，用人单位应为劳动者办理入职手续：

(2)劳动合同一式三份，公司、员工各持一份，到劳动行政部门备案一份；

(3)复印员工身份证、学历证明等证件，和员工填写的登记表一起在公司留存；

(4)收缴并保管好员工的劳动手册；

(5)公司规章制度、《员工手册》、职位说明书提供给员工一份，并让员工签收；

(6)根据需要和员工签订《保密协议》、《非竞业协议》等；

(7)到劳动行政部门为员工办理录用手续；

(8)为员工办理社会保险、公积金的转入手续。

- **员工离职管理**

(1)如劳动合同解除系员工辞职，应保留好员工的辞职书；

(2)如解除劳动合同系双方协商，应签订《协商解除劳动合同书》，把协商内容写入合同，并注明“双方无其他争议”；

(3)如解除劳动合同系公司提出，应保留解除劳动合同事由的证据和通知员工的证据；

(4)敦促员工遵守公司的商业秘密；

(5)如和员工签订《非竞争协议书》，应根据协议向员工支付补偿金；

(6)在薪资结算前进行交接，包括财物的交接、工作的交接，对交接情况予以注明，让员工在交接表上签字；

(7)和员工结算工资、经济补偿金、赔偿金等，根据约定在工作交接完成时向员工支付；

(8)返还员工手册，为员工办理退工手续和社会保险、住房公积金的转出手续；

(9)为离职员工出具解除或者终止劳动合同的证明；

(10)用人单位对已经解除或者终止的劳动合同的文本，至少保存2年备查；

(11)如公司保存员工的人事档案，应将员工的人事档案转出。

员工离职义务

员工离职时，公司和员工的地位颠倒，这时员工占据主动地位。因此应在劳动合同的时候，在劳动合同中约定员工办理离职手续的义务，以及不配合办理的责任。

公司在与员工签订离职协议时，应注明员工在离职时和离职后的义务，把员工办理所有的离职手续作为公司支付员工工资和补偿金的前提。

6. 事实劳动合同

按照现行劳动法的规定，建立劳动关系应当订立劳动合同。然而由于各种原因，并非所有的劳动关系都能依照法律规定建立，因而导致事实劳动关系的大量存在。

事实劳动关系，就是用人单位与劳动者虽然没有订立书面劳动合同，但双方实际履行了劳动法所规定的劳动权利义务而形成的劳动关系。事实上的劳动关系与其他劳动关系相比，仅仅是欠缺了有效的书面合同这一形式要件，但并不影响劳动关系的成立。

对于事实劳动关系，仍然适用劳动法的规定。

◆ 事实劳动关系的认定

同时具备下列情形的，成立事实劳动关系：

(1)用人单位和劳动者符合法律、法规规定的主体资格；

(2)用人单位依法制定的各项劳动规章制度适用于劳动者，劳动者受用人单位的劳动管理，从事用人单位安排的有报酬的劳动；

(3)劳动者提供的劳动是用人单位业务的组成部分。

认定双方存在事实劳动关系时可参照下列凭证：

(1)工资支付凭证或记录(职工工资发放花名册)、缴纳各项社会保险费的记录；

(2)单位向劳动者发放的“工作证”、“服务证”等能证明身份的证件；

(3)劳动者填写的招工招聘“登记表”、“报名表”等招用记录；

(4)考勤记录；

(5)其他劳动者的证言等。

◆ 事实劳动关系的分类

一般认为，事实劳动关系主要有以下几种情形：(1)用人单位与劳动者自始未签订劳动合同而形成的事实劳动关系；(2)双方曾签订过劳动合同，合同期满后，劳动者仍在原用人单位工作而原用人单位未表示异议所形成的事实劳动关系；(3)劳动合同履行一段时间之后被宣告无效，已经履行期间当事人之间的权利义务按照事实劳动关系处理。

(1)用人单位与劳动者自始未签订劳动合同而形成的事实劳动关系。

① 事实劳动合同的内容：劳动报酬和劳动条件，按照有利于

劳动者权益确认。

② 事实劳动的合同期限。

《劳动合同法》规定，自用工之日起超过1年未订立书面劳动合同的，视为双方签订无固定期限劳动合同。但对用工之日起未超过1年的事实劳动合同，劳动合同期限如何，《劳动合同法》未予规定，对这个问题，有关部门将通过相关的解释予以确定，公司法律风险防范沙龙 www.falvsalon.com.cn 将予以第一时间更新，请定期登录查询。

《北京市劳动合同规定》规定："用人单位与劳动者存在劳动关系未订立劳动合同，劳动者要求签订劳动合同的，用人单位不得解除劳动关系，并应当与劳动者签订劳动合同。双方当事人就劳动合同期限协商不一致的，劳动合同期限从签字之日起不得少于1年。"

《上海市劳动合同条例》规定："应当订立劳动合同而未订立的，劳动者可以随时终止劳动关系。用人单位提出终止劳动关系，应当提前30日通知劳动者。"

③ 经济补偿金：用人单位提出终止事实劳动合同的，应支付经济补偿金。

④ 用人单位的责任：根据《劳动合同法》规定，用人单位自用工之日起超过1个月但不满1年未与劳动者订立书面劳动合同的，应当向劳动者每月支付2倍的工资；用人单位自用工之日起1年不与劳动者订立书面劳动合同的，视为用人单位与劳动者已订立无固定期限劳动合同。

（2）双方曾签订过劳动合同，合同期满后，劳动者仍在原用人单位工作而原用人单位未表示异议所形成的事实劳动关系。

① 劳动合同内容：视为双方同意以原条件继续履行劳动合同。

② 劳动合同期限：如用人单位与劳动者已经签过2次固定期限劳动合同，或者超过1年未续签书面劳动合同，则视为劳动者和用人单位之间签订了无固定期限劳动合同；但对用工之日起未超过1年的事实劳动合同，劳动合同期限如何，《劳动合同法》未予规定，对这个问题，有关部门将通过相关的解释予以确定，公司法律风险防范沙龙 www.falvsalon.com.cn 将予以第一时间更新，请定期登录查询。

③ 经济补偿金：终止事实劳动合同，应依法支付经济补偿金。

应签而未签无固定期限劳动合同的认定

劳动者符合《劳动合同法》第 14 条规定的签订无固定期限劳动合同的条件，用人单位应当与劳动者签订无固定期限劳动合同而未签订的，视为双方之间存在无固定期限劳动合同关系，并以原劳动合同确定双方的权利义务关系。

(3)无效劳动合同而形成的事实劳动关系。

关于无效劳动合同，《劳动合同法》规定了 3 种情形：(1)违反法律、行政法规强制性规定的；(2)以欺诈、威胁的手段或者乘人之危，使对方在违背真实意思的情况下订立或者变更劳动合同的；(3)用人单位免除自己的法定责任、排除劳动者权利的。无效的劳动合同，从订立的时候起，就没有法律约束力。

① 劳动关系内容：无效的劳动合同是自始无效。无效的劳动合同不能成为劳动者与用人单位双方权利、义务的依据。用人单位应参照本单位同期、同工种、同岗位的工资标准支付劳动报酬；

② 劳动关系期限：无效劳动合同确定的劳动关系应予以终结；

③ 用人单位责任：如果订立无效劳动合同是因用人单位所致，给劳动者造成损失的，则劳动者可以获得赔偿，赔偿标准为用人单位解除劳动合同经济补偿金的支付标准。

✍ 我在本部分的收获与心得

第四部分
劳动关系管理

劳动关系管理是人力资源管理法律工作中比较重要，也是问题比较多的一块，一开始介绍 HR 工作范围与劳动法的应用，包括职责说明书、招聘、培训、绩效考核、工会、员工档案以及劳务派遣员工等主题。

进而介绍公司对员工劳动管理的六大权力，包括劳务请求权、指示命令权、工作规则权、成果取得权、处罚权、请求损害赔偿权。

最后将一起探讨如何解决公司商业秘密保护这一员工管理中最近备受关注的焦点问题，介绍保密协议、竞业禁止、脱密期、离职管理等保密手段的运用。

【内容提要】

第 13 章：HR 工作范围与劳动法的应用

第 14 章：员工劳动管理

第 15 章：公司商业秘密保护

第13章：HR工作范围与劳动法的应用

【本章提要】

- ☐ 职责说明书与劳动法
- ☐ 招聘中隐藏的劳动法
- ☐ 员工培训与劳动法
- ☐ 绩效考核与劳动法
- ☐ 员工管理与工会
- ☐ 员工档案管理
- ☐ 劳务派遣员工管理

1．职责说明书与劳动法

职位是指企业赋予每个员工的权利与责任。职位是员工权利与责任的统一。

职位说明书是在岗位任职要求资格基础上作出的有关岗位任务、职责、活动、条件等职位特性方面的信息的书面描述。职位说明书界定的是“职位存在的价值”、“职位做什么事/有什么职责”和“职位要求什么样的人来做”。

- **职责说明书在劳动关系管理中的作用**

(1)确定岗位的任职条件，为招聘、录用员工提供依据，用人单位应根据职责说明书制定录用条件。对试用期员工的考核，根据劳动法的规定，应以“录用条件”为依据。如用人单位有证据证明劳动者在试用期内不符合录用条件，可以随时解除劳动合同而不必支付经济补偿金。如用人单位在招聘中制定的录用条件脱离了岗位职责说明书，将导致出现即使劳动者不符合用人单位的任职要求，用人单位也无法解除劳动合同的结果。

(2)职位说明书具体说明用人单位对特定岗位劳动者的要求，如果作为劳动合同的附件，可以使劳动者明晰其职责、权利和义务。用人单位可以凭职位说明书对劳动者实施管理。

(3)职位说明书界定劳动者的行动范围，为劳动者如何接受公司指示提供了指引。如劳动者没有按照职位说明书要求服从主管指示，可以认定劳动者“不服从主管指示”而对劳动者进行处罚。

(4)职位说明书确定了岗位职责，明确了职责范围，从而也决定了考核指标和内容，是绩效考核的基本依据。通过考核，可以认定员工是否符合岗位任职要求。如经考核员工不胜任岗位任职要求，可对员工进行培训或者转岗；经培训和转岗后员工仍然不能胜任工作要求的，公司可以解除劳动合同。职位说明书也为公司调整员工工作岗位提供了依据。

(5)为用人单位调整员工工资、发放奖金提供依据。如员工不能达到岗位职责标准，用人单位可根据劳动合同和公司的考核制度、工资制度调整员工的工资。

标杆借鉴

调整员工工资

如公司可规定，在季度考核中，如结果为优秀，岗位工资为一级，每月 2000 元；如结果为良好，岗位工资为二级，每月 1500 元；如结果为合格，岗位工资为三级，每月 1000 元。

(6)认定员工过失的依据。职位说明书告诉员工可以做什么，不可以做什么，应该如何去做等内容，如果员工没有按照职位说明书的要求从事工作，可认定员工违反职责或者滥用职权。如用人单位奖惩制度对劳动者违反岗位职责的行为有明确规定，可根据规定认定员工违反公司规章制度，从而对员工进行处罚；如员工违反岗位职责给公司造成了损失，公司可要求员工赔偿。

(7)是公司是否承担外部责任的依据。劳动者对公司具有从属性，其人格被公司吸收。劳动者在职责范围内的行为，用人单位应承担责任。在对外关系上，员工的行为如在岗位职责范围内，则对公司构成有权代理，后果由公司承担；如员工的行为超越了岗位职责，则员工的行为对公司是无权代理，对公司没有法律约束力。职位说明书是判断有权代理和无权代理的标准。

- **人力资源管理部门对职位说明书应做到**

(1)所有的岗位都有相关职位说明书，职位说明书应符合公司管理的需要；如职位说明书与公司管理相脱节，应及时修改职位说明书。

(2)在签订劳动合同时，即应把职位说明书提供给员工，并要求员工签字。

(3)帮助员工理解职位说明书，让员工明白自己的职责所在。

(4)在处理员工的考核、职位调整等问题时，应以职位说明书为依据。

案例：员工超越职责承诺

王某到某商场购买彩电，对某一标价11000元的东芝原装彩电比较满意，他在购买时要求营业员在发票背后注明“如非日本原装，按卖出价格10倍赔偿”。

后经鉴定，该彩电系马来西亚组装。该顾客向法院提起诉讼，要求赔偿。商场辩称，营业员只是负责卖彩电，没有权力承诺10倍赔偿，因此该承诺无效，被告不应承担赔偿责任。后经法院判决，要求商场对顾客进行10倍赔偿。

2. 招聘中隐藏的劳动法

员工招聘、录用是企业人力资源管理行为中的重要环节，构建员工招聘法律风险防范体系极具现实意义。

● 招聘广告的法律问题

招聘广告是指企业承担费用，通过一定的媒介和形式直接将招聘劳动者的信息向不特定的多数人发布的行为。

(1)招聘广告的性质。

一般来说，广告并不是合同，而是希望别人来与自己签订合同的一个邀请，广告对发出人并不产生法律约束力。

要约是希望和他人订立合同的意思表示，该意思表示应当符合以下规定：内容具体确定；表明经受要约人承诺，要约人即受该意思表示的约束。

广告中经常有一些夸张的表示，以吸引别人向自己要约。要约邀请是希望他人向自己发出要约的意思表示。招聘广告中的内容既不是要约也不是承诺，而是要约邀请。

用人单位的招聘广告是要约邀请的理由在于：首先，要约要求其对象必须是特定的对象，而招聘广告的对象并不是特定的人，而是潜在的不特定的对象。其次，招聘广告没有具备订立合同的主要条款。再次，最重要的，广告发出人没有相对人只要接受，劳动合同就能成立、自己愿意受法律约束的意思。

鉴于招聘广告要约邀请的性质，因此用人单位一旦录用劳动者，应和劳动者订立书面的劳动合同。用人单位和劳动者的法律关系应根据劳动合同确定，如果招聘广告的内容没有写进劳动合同，则用人单位不受广告内容的约束。

(2)招聘广告的撰写 。

广告中招聘条件的明确是最关键的问题。在试用期内，企业享有一项权利：如果发现劳动者不符合录用条件，可以随时解除劳动合同。但这项权利的行使是有条件的，即劳动者不符合录用条件。

录用条件最有力的证据就是招聘广告。如果在招聘广告中，单位的招聘条件只是一般性的描述，缺乏针对性，与岗位任职要求脱节，则单位在解除劳动合同时，很难证明员工不符合录用条件，只能吃一个哑巴亏。

(3)招聘歧视的避免。

招聘歧视，除影响用人单位的形象外，还构成违法行为。

很多用人单位认为，在招聘广告中设置一定的条件后，只有符合条件的应聘者才会寄送简历，用人单位因此会减少挑选工作量，降低招聘成本。所以在招聘广告中设置招聘条件成了一个普遍现象。但必须注意的是，招聘条件设置不合理，将构成就业歧视。例如下面的招聘广告：

“我公司因生产经营的需要，欲招聘3名技术人员。应聘者须满足下列条件：男性；大学本科以上学历；具有两年以上工作经验……”

这样的招聘广告在各类媒体上到处可见，人们已经熟视无睹。但实际上，它是违反劳动法的，只招“男性”的条件，侵犯了女性与男性的平等就业权，对女性构成就业歧视。《劳动法》第12条劳动者就业，不因民族、种族、性别、宗教信仰不同而受歧视。第12条妇女享有与男子平等的就业权利。在录用职工时，除国家规定的不适合妇女的工种或者岗位外，不得以性别为由拒绝录用妇女或者提高对妇女的录用标准。

北京市反招聘歧视规定

北京市《关于加强人才招聘广告管理的通知》规定，发布人才招聘广告不得有下列情形：

(1)以民族、宗教信仰为由拒绝聘用或提高聘用标准；

(2)除国家规定的不适合妇女工作的岗位外，以性别为由拒绝招聘妇女或提高对妇女的招聘条件。

- **防范员工可能带来与原单位有关的法律风险**

(1)企业应确定被录用者已解除与原单位的劳动关系。《劳动法》第99条规定，用人单位招用尚未解除劳动合同的劳动者，对原用人单位造成经济损失的，该用人单位应当依法承担连带赔偿责任。用人单位在招聘员工时，应注意防范录用的员工与原单位未解除劳动关系。具体方法可要求员工提供劳动手册或其与原单位解除劳动合同的证明材料。在员工无法提供的情况下，用人单位可登录劳动局网站查询，或者要求员工提供原单位的联系方式或证明人，以便进行工作背景调查。

(2)如员工掌握前一单位的商业秘密，用人单位应注意采取措施，避免使用该员工携带的商业秘密。如未采取措施，员工在工作中使用了原单位的商业秘密，无论员工的行为出于善意还是恶意，本单位都可能要承担法律责任。对此，人力资源部门应注意把关，在招聘、录用员工时，应询问拟录用员工是否与原单位签订有保密协议，是否掌握原单位的商业秘密，必要时制作书面确认文件。

(3)了解员工是否与原单位签订"限制就业协议"，如果签订，本单位是否在限制竞争公司的范围之内。如果员工和原单位签订了"限制就业协议"而且本单位在限制竞争公司范围内，则应对该员工不予录用，否则本单位将涉嫌侵犯他人商业秘密。对此，人力资源部门应对员工进行询问，必要时联系原单位进行确认，并制作书面确认文件。

- **保障应聘员工权利**

(1)知情权。

公司在招聘新员工时，若需了解员工的身体健康状况、工作经历、知识技能水平、证件情况等重要信息，则应聘者有义务将真实情况告知给企业。

同样，公司在招聘员工时，应将公司所执行的薪资制度、应聘职位、薪资结构、劳动条件、工作内容、岗位职责等关键信息告知应聘者；在录用员工时，公司应将管理制度明确告知员工。应聘者有权要求公司提供上述信息。《劳动合同法》第8条规定："用人单位招用劳动者时，应当如实告知劳动者工作内容、工作条件、工作地点、职业危害、安全生产状况、劳动报酬，以及劳动者要求了解的其他情况；用人单位有权了解劳动者与劳动合同直接相关的基本情况，劳动者应当如实说明。”

如果提供虚假信息，则属于欺诈行为，《劳动合同法》第 26 条规定，采取欺诈、威胁手段或者乘人之危订立的劳动合同无效，由此可能会产生一系列法律后果。

为减少公司与员工间因知情权所产生的争议，人力资源部门应树立证据保存意识，采取书面方式保存证据。例如，以书面方式告知应聘者信息，并要求对方签字确认；在审核应聘员工提交的信息后，要求被录用者签字承诺其真实性。

(2)员工隐私权保护。

用人单位必须保管好应聘人员的简历，避免应聘的个人资料泄露出去。有时，在招聘过程中，为保证拟录用岗位与应聘员工的配比，用人单位往往会要求员工提供个人资料，必要时会对员工进行心理测试。员工的这些个人信息，根据法律规定，都是个人隐私，法律对员工的隐私权进行保护。

提醒

侵犯隐私权须负法律责任

用人单位未经应聘人员同意，不得擅自发布、泄露求职应聘人员的资料和信息，否则构成对员工隐私权的侵犯，应承担法律责任。

(3)员工知识产权保护。

一些用人单位在考察应聘人员的业务能力时，会要求员工提供以往作品等智力成果，或者在面试时给应聘者一个问题，由应聘人给出一个解决的方案。根据法律规定，应聘人员的智力成果受知识产权法保护，如果用人单位擅自使用应聘人员的智力成果，构成对应聘人员知识产权的侵犯，将导致法律责任。

(4)对员工财产权等权利的保护。

用人单位在招聘员工时，不得以任何名义向求职应聘人员收取费用，要求应聘人员以财产、证件作抵押。向应聘人员收取报名费、押金等行为均属违法。用人单位无权扣压应聘人员的身份证、学位证、职称证等任何证件，否则不但应立即无条件归还，而且给应聘人员造成损失的，还要承担法律责任。对此，为预防用人单位的损失，公司应采取背景调查等方式。

- **其他注意事项**

(1)用人单位通过猎头公司录用员工，应与猎头公司签订书面的合同，对各种可能发生的问题加以约定，保护自己的权利不受侵犯。如员工签订劳动合同后提前离职，公司可要求员工赔偿招聘费用。

(2)若用人单位通过劳务派遣企业使用工作人员，则应与劳务派遣企业签订相关法律文件，对所派遣员工在本企业工作的相关情况予以明确约定。

(3)用人单位在录用时，如对员工提供资金进行专项培训，可要求员工签订服务期协议。

(4)对内部招聘的员工，其工作内容、薪资状况若发生了变化，则用人单位应及时变更劳动合同，执行新职位的工作内容、职责、薪资待遇等标准。

3. 员工培训与劳动法

培训是用人单位为提高员工的工作技能，而组织员工参加的在职或者脱产的学习。用人单位组织员工培训的目的是提供员工的劳动生产率，进而提高企业效益。

- **服务期**

公司在提供资金组织员工参加专项培训时，通常会要求员工必须在该公司服务达到一定年限，以弥补公司为员工培训发生的支出。

服务期

是劳动者因接受用人单位给予的特殊待遇而承诺必须为用人单位服务的期限。

劳动法规定，用人单位为员工提供出资培训，有权要求员工在该单位服务一定期限。

用人单位对员工进行出资培训，应要求员工签订《服务期协议》或者《培训协议》。通过协议约定员工的服务期期限。

因为员工培训是由用人单位承担费用，所以服务期保护的是用人单位权益。对用人单位而言，服务期是一种权利不是一种义务；对劳动者而言，服务期是一种义务不是一种权利。

《劳动合同法》约定服务期的前提是“提供专项培训费用，进行专业技术培训”，公司对员工进行的培训，除了专业技术培训外，还会有素质培训（例如沟通技巧、生涯规划）、管理能力培训，这些培训内容是否属于“专业技术培训”尚不明确，按照一般的理解，仍然应该属于专业技术培训的范畴。有关条文的准确理解，有待相关部门进行解释，届时公司法律风险防范沙龙 www. falvsalon. com. cn. 将第一时间发布，请定期登录。

“提供专项培训费用”，是指公司提供资金，由第三方培训机构进行的培训，公司岗位培训、入职培训等公司内部举行的培训均不可约定服务期。

服务期合同并不影响双方原来劳动合同的履行。之后，劳动合同到期且用人单位有意与劳动者续签合同的，劳动者在约定的服务期限内应与用人单位续签合同，否则劳动者将承担违约的赔偿责任。《关于实施〈上海市劳动合同条例〉若干问题的通知》第 6 条规定，劳动合同当事人约定的服务期限长于劳动合同期限的，劳动合同期满用人单位要求劳动者继续履行服务期的，双方当事人应当续订劳动合同。劳动者违反服务期约定的，应当承担违约责任。如果用人单位在劳动合同到期后不与劳动者续签合同的，视为其放弃服务期的权利，不得要求劳动者赔偿任何费用。

提醒

试用期内培训费用的承担

根据《劳动部办公厅关于试用期内解除劳动合同处理依据问题的复函》的规定，用人单位出资对员工进行各类技术培训，员工提出与单位解除劳动关系的，如果在试用期内，则用人单位不得要求员工支付该项培训费用。

用人单位出资对职工进行各类技术培训，职工提出与单位解除劳动关系的，如果试用期满，在合同期内，则用人单位可以要求劳动者支付该项培训费用。具体支付：约定服务期的，按服务期等分出资金额，以职工已履行的服务期限递减支付。

- **服务期协议约定的注意事项**

(1)用人单位和劳动者约定服务期协议时，应注明出资的数额、方式，并保留有关证据，提供培训费用的证据必须是第三方培训机构的发票。

(2)保留员工参加培训的记录，一旦发生争议，可以作为证据使用。

(3)有的员工与用人单位签订了服务期后，为了达到让公司主动解除合同的目的，采取消极怠工的方式，迫使公司解除劳动合同。对此服务期协议应约定：员工消极怠工、严重违纪等原因导致公司解除劳动合同的，应视为员工主动提出离职，应承担违反服务期协议的违约责任。

根据《劳动合同法》规定，对不胜任岗位工作的职工，公司不能直接解除劳动合同，只有经过转岗或者培训后，仍然不能胜任岗位工作的，才可以解除劳动合同。对不胜任岗位职责的员工，公司决定进行培训的，应注意保存培训记录，包括培训内容、培训时间等，并由接受培训的员工在培训记录上签字。

培训后，员工仍然不能胜任岗位工作的，这时候公司才可以解除与员工的劳动合同。

小知识

培训不胜任岗位员工

因员工不胜任岗位要求，公司应对员工进行培训。公司应有证据证明对员工提供了一定时数的培训，并且培训的内容与员工在该工作岗位的技能有关。员工经培训仍然不能胜任岗位要求的，公司可解除与员工的劳动合同。

【思考与行动】（4分钟）

就培训问题，请你思考如下两个问题：

1. 员工参加单位组织的培训是工作行为吗？单位应否支付工资？

○ ____________________

○ ____________________

○ ____________________

2. 员工不按公司规定参加培训，公司能否进行处罚？

○ ____________________

○ ____________________

○ ____________________

○ ____________________

参考解析详见附录2“参考解析九”

案例：劳动者的义务

2000 年 8 月吕某应聘到广文箱包公司当流水线工人，签订了期限从 2000 年 9 月 1 日到 2003 年 8 月 31 日的劳动合同。吕某业务水平也很高。

2002 年 1 月，广文公司引进一条新流水线，该流水线也是 A 大型箱包公司所采用的。新流水线对操作人员的技术要求很高，于是吕某与其他 18 名同事被选去进行新技术培训，并与广文公司签订了服务期协议，服务期限两年，从 2002 年 7 月 1 日到 2004 年 6 月 30 日，服务期内离职需支付违约金 10000 元。

2002 年 8 月，为期半年的技术培训结束了，包括吕某在内合格的 12 名员工均被安排在新流水线上工作，工资也因劳动生产率的提高而水涨船高。2003 年 10 月 A 公司一批熟练工离职，需招聘 6 名流水线工人。熟人将吕某推荐给 A 公司，经面谈后 A 公司对吕某非常满意，希望他立即来上班。吕某提出自己尚在服务期内，离职需支付违约金。A 公司即对吕某说："上班你照常去上，但不要干得那么卖力，可以不时出点差错，只要大错不犯小错不断，不久公司肯定会主动提出与你解除合同，而且你也不用支付违约金了。"

吕某于是依样画葫芦，起先几次小错并未引起注意，只是扣了他的部分奖金。2003 年底，吕某严重违反操作规程导致流水线停止运转，公司花费 3 万余元才使其得以修复，为此流水线停产 5 日，直接经济损失 45600 元。公司根据规定，认定吕某应对该 7 万余元损失承担全部责任，责令其向公司赔偿 30000 元，但多次交涉后吕某拒不赔偿。

2004 年广文公司将吕某告上劳动争议仲裁庭，要求他赔偿损失 3 万元。仲裁委员会认为，劳动者的义务是向用人单位提供职业劳动，并遵守用人单位的劳动纪律和规章制度，包括技术操作规程。吕某故意违反操作规程已构成严重违纪，应对事故负全部责任，故应当按规定赔偿用人单位的损失。但广文公司要求其一次性支付会对其生活造成困难。故裁决令吕某在两年内分期偿还广文公司赔偿金 30000 元。

资料来源：《莫当消极怠工者》(胡权，前程无忧，2006 年 9 月 9 日)

4. 绩效考核与劳动法

绩效考核是对员工过去时间的工作、绩效目标等进行考核，通过考核结果为相关人事决策(晋升、解雇、加薪、奖金)、绩效管理体系的完善和提高提供依据。

绩效考核是公司管理的方式之一，属于公司的内部管理自主权范畴。公司对绩效考核具有完全的自主权。公司有权决定考核指标的设计、谁负责考核、考核的方式等。

管理权是一种从上对下的权力，因此绩效考核具有单向性，是一种上级对下级的考核，考核结果不需要得到下级的认可。

公司员工考核的目的之一就是根据绩效考核结果对员工的晋升、辞退及调职作出决定。基于此，绩效考核应从员工的职务说明书出发，考察员工对岗位任职要求的符合程度，根据考察结果决定员工的工资是否合理，以及奖金是否应该发放。

考察结果的应用：

(1)工资的调整。工资薪酬设计是根据岗位的重要性确定的，并假设员工符合岗位要求。因此，当经过考核，认为员工不符合岗位任职要求时，这时候要么让员工转岗，要么降低员工收入。由于岗位是决定员工薪酬的重要因素，因此转岗时应相应进行调薪，执行新岗位的薪资标准。无论转岗还是调薪，都是公司内部管理的结果。公司的内部管理必须服从与员工签订的劳动合同，转岗、调薪应在符合劳动合同要求的前提下进行。

(2)奖金发放。劳动合同上约定的一般是基本工资，用人单位必须按照劳动合同的约定支付工资。除了基本工资外，很多单位还有浮动的效益工资(奖金)。效益工资(奖金)的发放是有条件的，即必须满足一定的条件。效益工资(奖金)发放的前提条件一般是根据绩效考核的结果确定的。在用人单位的工资制度和绩效考核制度中，奖金是否发放、数额标准一般和考核结果都有相对应的关系。当考核结果确定后，奖金是否发放、数额标准也就得以确定。这时候奖金发放从一种期待的权利转化为现实的权利，用人单位应根据奖金制度和考核结果发放奖金，否则应承担法律责任。

(3)岗位调整和解除劳动合同。当员工经过考核不符合岗位任职要求时，用人单位有权调整员工的工作到其他岗位。转岗后员工仍然不符合岗位任职要求时，用人单位有权解除劳动合同。

5. 员工管理与工会

劳动者个人面对强大的公司力量，总是处于弱势。只有劳动者团结起来，集体协商，才能够对抗公司的力量。工会是劳动者集体协商的组织。工会是职工利益的代表者和维护者。

- **企业工会的组建**

(1)依法应组建工会的情形。

企业、事业单位、机关有会员 25 人以上的，应当建立基层工会委员会；不足 25 人的，可以单独建立基层工会委员会，也可以由两个以上单位的会员联合建立基层工会委员会，也可以选举组织委员一人，组织会员开展活动。

(2)组建工会是工人的权利。

工会是职工自愿结合的工人阶级的群众组织，成立工会是工人的权利。成立工会的条件是员工自愿组织，任何员工都有组织工会的权利。

(3)企业员工组建工会时上级工会的角色。

成立工会必须报上级工会批准。上级工会可以派员帮助和指导企业职工组建工会，任何单位和个人不得阻挠。

(4)企业员工组建工会时公司的角色。

公司没有组建工会的义务，也没有组建工会的权利。企业对工会组织成立和活动的义务主要表现为两个方面：一是不作为义务，即工人在自愿成立工会时，不得干涉阻挠；二是作为义务，即企业必须依据法律为工人成立工会和开展活动提供必要的条件。

根据《工会法》第 50 条的规定，凡阻挠职工依法参加和组织工会或者阻挠上级工会帮助、指导职工筹建工会，侵犯职工结社权

的，应由劳动行政部门责令其改正；拒不改正的，由劳动行政部门提请县级以上人民政府处理；以暴力、威胁等手段阻挠造成严重后果，构成犯罪的，依法追究刑事责任。

案例：悄悄诞生在深夜里的沃尔玛工会

沃尔玛深圳大芬分店工会、南京新街口分店工会都是在深夜“悄悄诞生”。为什么总是选择深夜？这与沃尔玛最初的抵制有关，也反映了上级工会的不屈不挠和责任智慧——既然你不给工会活动提供时间及场所，我就利用下夜班时间另选场地进行组织动员。

依据我国《工会法》之规定，沃尔玛即使心有不甘，也不得不接受这个受法律承认的客观现实。

深夜成立的沃尔玛工会，暗喻着工会在市场经济体制与复杂劳动关系博弈中的转型，预示着中国工会在市场经济条件下责任意识的成熟、运作方式的灵活、社会角色的明晰。

- **工会的法律地位**

企业工会具备民法通则规定的法人条件的，依法取得社会团体法人资格。

(1)依法成立。

各省、自治区、直辖市对企业工会法人资格问题的规定大体有两种：一种是自然取得法人资格，即企业工会组织自批准成立之日

法律规定

民法通则规定

法人必须具备四个条件：第一，依法成立；第二，有必要的财产或经费；第三，有自己的名称，组织机构和场所；第四，能够独立承担民事责任。

起就具有法人资格；另一种是由上级工会认定企业工会的法人资格，即经上级工会批准，企业工会组织具有社会团体法人资格。

(2)工会的组织机构。

企业工会会员资格以属于该企业员工为前提，一旦不再是企业员工，企业工会会员资格自行灭失。

企业员工必须申请加入企业工会，才能够成为企业工会会员资格。企业中以工资收入为主要生活来源的体力劳动者和脑力劳动者，不分民族、种族、性别、职业、宗教信仰、教育程度，都有依法参加和组织工会的权利。任何组织和个人不得阻挠和限制。

工会委员会由会员大会或者会员代表大会民主选举产生。

工会会员大会或者会员代表大会有权撤换或者罢免其所选举的代表或者工会委员会组成人员。基层工会委员会每届任期 3 年或者 5 年。

职工 200 人以上的企业、事业单位的工会，可以设专职工会主席。工会专职工作人员的人数由工会与企业、事业单位协商确定。工会委员会的专职工作人员的工资、奖励、补贴，由所在单位支付。社会保险和其他福利待遇等，享受本单位职工同等待遇。

罢免工会主席、副主席必须召开会员大会或者会员代表大会讨论，非经会员大会全体会员或者会员代表大会全体代表过半数通过，不得罢免。

(3)工会的名称。

工会可以使用其所属企业的名称，例如“沃尔玛工会”。

(4)工会具有独立的财产。

工会经费的来源：工会会员缴纳的会费；建立工会组织的企业、事业单位、机关按每月全部职工工资总额的 2% 向工会拨缴的经费；工会所属的企业、事业单位上缴的收入；人民政府的补助；其他收入。

工会的财产、经费和国家拨给工会使用的不动产，任何组织和个人不得侵占、挪用和任意调拨。

(5)工会对于公司的独立性。

工会的组织机构、财产均独立于公司。为避免公司控制工会，《工会法》规定，企业主要负责人的近亲属不得作为本企业基层工会委员会成员的人选。

- **工会对公司的监督权力**

(1)公司制定规章制度中工会的角色：用人单位在制定、修改或者决定有关劳动报酬、工作时间、休息休假、劳动安全卫生、保险福利、职工培训、劳动纪律以及劳动定额管理等直接涉及劳动者切身利益的规章制度或者重大事项时，应当经职工代表大会或者全体职工讨论，提出方案和意见，与工会或者职工代表平等协商确定；在规章制度和重大事项决定实施过程中，工会或者职工认为不适当的，有权向用人单位提出，通过协商予以修改完善。

(2)工会帮助、指导职工与用人单位签订和履行劳动合同，并与用人单位建立集体协商机制，维护劳动者的合法权益。

(3)工会在集体合同中的作用：

集体合同由工会代表企业职工一方与用人单位订立；尚未建立工会的用人单位，由上级工会指导劳动者推举的代表与用人单位订立。

在县级以下区域内，建筑业、采矿业、餐饮服务业等行业可以由工会与企业方面代表订立行业性集体合同，或者订立区域性集体合同。

企业违反集体合同，侵犯职工劳动权益的，工会可以依法要求企业承担责任；因履行集体合同发生争议，经协商解决不成的，工会可以向劳动争议仲裁机构申请仲裁、提起诉讼。

(4)企业单方面解除职工劳动合同时，应当事先将理由通知工会，工会认为企业违反法律、法规和劳动合同时，有权要求用人单位纠正，企业应当研究工会的意见，并将处理结果书面通知工会。

(5)工会在公司裁员中的角色：用人单位决定裁员时，应提前30日向工会或者全体职工说明情况，听取工会或者职工的意见。

(6)工会对用人单位履行劳动合同的监督：工会依法维护劳动者的合法权益，对用人单位履行劳动合同、集体合同的情况进行监督。用人单位违反劳动法律、法规和劳动合同、集体合同的，工会有权提出意见或者要求纠正；劳动者申请仲裁、提起诉讼的，工会依法给予支持和帮助。

(7)企业、事业单位违反劳动法律、法规规定，有下列侵犯职工劳动权益情形，工会应当代表职工与企业、事业单位交涉，要求企业、事业单位采取措施予以改正；企业、事业单位应当予以研究处理，并向工会作出答复；企业、事业单位拒不改正的，工会可以请求当地人民政府依法作出处理：

① 克扣职工工资的；

② 不提供劳动安全卫生条件的；

③ 随意延长劳动时间的；

④ 侵犯女职工和未成年工特殊权益的；

⑤ 其他严重侵犯职工劳动权益的。

(8)工会发现企业违章指挥、强令工人冒险作业，或者生产过程中发现明显重大事故隐患和职业危害，有权提出解决的建议，企业应当及时研究答复；发现危及职工生命安全的情况时，工会有权向企业建议组织职工撤离危险现场，企业必须及时作出处理决定。

(9)工会有权对企业、事业单位侵犯职工合法权益的问题进行调查，有关单位应当予以协助。

(10)职工因工伤亡事故和其他严重危害职工健康问题的调查处理，必须有工会参加。工会应当向有关部门提出处理意见，并有权要求追究直接负责的主管人员和有关责任人员的责任。对工会提出的意见，应当及时研究，给予答复。

(11)企业、事业单位发生停工、怠工事件，工会应当代表职工同企业、事业单位或者有关方面协商，反映职工的意见和要求并提出解决意见。对于职工的合理要求，企业、事业单位应当予以解决。

- **法律对工会履行职责的保障**

(1)基层工会专职主席、副主席或者委员自任职之日起，其劳动合同期限自动延长，延长期限相当于其任职期间；非专职主席、副主席或者委员自任职之日起，其尚未履行的劳动合同期限短于任期的，劳动合同期限自动延长至任期期满。但是，任职期间个人严重过失或者达到法定退休年龄的除外。

(2)职工因参加工会活动和工会干部因履行职责而被解除劳动

合同的，应由劳动行政部门责令恢复其工作，并补发被解除劳动合同期间应得的报酬，或者责令给予本人年收入二倍的赔偿。

(3)工会主席、副主席任期未满时，不得随意调动其工作。因工作需要调动时，应当征得本级工会委员会和上一级工会的同意。对依法履行职责的工会工作人员无正当理由调动工作岗位，进行打击报复的，由劳动行政部门责令改正、恢复原工作；造成损失的，给予赔偿。

(4)企业、事业单位无正当理由拖延或者拒不拨缴工会经费，基层工会或者上级工会可以向当地人民法院申请支付令；拒不执行支付令的，工会可以依法申请人民法院强制执行。

(5)工会活动：①基层工会委员会召开会议或者组织职工活动，应当在生产或者工作时间以外进行，需要占用生产或者工作时间的，应当事先征得企业、事业单位的同意；②基层工会的非专职委员占用生产或者工作时间参加会议或者从事工会工作，每月不超过三个工作日，其工资照发，其他待遇不受影响。

案例：工会法的保护

某市一家私营企业存在随意延长劳动时间等侵犯职工劳动权益的问题，该企业工会主席王某为此经常向企业老板张某交涉，并提出依法改进劳动管理、维护职工权益的建议。但张某不仅拒不接受王某的建议，反而怀恨在心，于2001年11月通知解除王某的车间主任职务，改任厕所清洁工。王某不服，找到张某要个说法，张某回答说："你是我厂里的工人，我让你干什么，你就得干什么。我就是杀鸡给猴看，看谁还敢跟我对着干！"

某市总工会了解这一情况后立即通报市劳动保障监察大队，劳动保障监察大队经过调查，认定该企业的做法违反了《工会法》并依法责令该企业限期改正。该企业在限期内恢复了王某的车间主任职务，并赔偿了对王某造成的损失。

资料来源：《工会工作人员依法履行职责被撤职找谁维护权益》(于云，新论文网站 www.xinlw.cn，2005年10月12日)

6. 员工档案管理

在计划经济，档案与个人有着重要的关联，个人的重要信息，几乎都记载在档案中。由于员工档案记载着员工的各种个人信息，所以对用人单位了解员工背景有重要价值。

企业职工档案是企业劳动、组织、人事等部门在招用、调配、培训、考核、奖惩、选拔和任用等工作中形成的有关职工个人经历、政治思想、业务技术水平、工作表现以及工作变动等情况的文件材料。

在市场经济，随着对人的管制越来越放松，员工行为与档案之间的联系也越来越小，档案的价值越来越体现在当事人的政治背景上。员工档案对企业而言，重要性也相对减少。

目前，员工档案仍然有如下作用：

(1)在国有企业、事业单位调动；

(2)参与社会保险；

(3)出国出境政审；

(4)出具各类人事证明；

(5)评定职称；

(6)调整档案工资；

(7)计算退休费用等。

如果没有档案，个人在办理这些问题就会遇到难以解决的困难。部分国有企、事业单位可以直接管理员工档案，无权管理员工档案的企业，则应委托具有档案保管权的单位保管员工档案。

根据要求，用人单位应做好如下档案管理工作：

(1)收集应当进入档案的材料，如职称材料、工资、职务材料。

(2)做好档案利用工作，依据档案记载，向有关组织出具人事证明。

当企业职工调动、辞职、解除劳动合同或被开除、辞退时，用人单位应在一个月内将其档案转交其新的工作单位或其户口所在地的街道劳动(组织人事)部门。职工被劳教、劳改，原所在单位今后还准备录用的，其档案由原所在单位保管。

《劳动合同法》第50条规定："用人单位应当在解除或者终止劳动合同时出具解除或者终止劳动合同的证明，并在15日内为劳动者办理档案和社会保险关系转移手续。"

《最高人民法院关于审理劳动争议案件适用法律若干问题的解释(二)》第5条规定："劳动者与用人单位解除或者终止劳动关系后，请求用人单位返还其收取的劳动合同定金、保证金、抵押金、抵押物产生的争议，或者办理劳动者的人事档案、社会保险关系等移转手续产生的争议，经劳动争议仲裁委员会仲裁后，当事人依法起诉的，人民法院应予受理。"

案例：违约金要求权与返还档案请求权的不同时效

王某是某银行的业务骨干，后被某猎头公司看中，给其提供了更好的工作机会，于是王某跳槽离开了单位。但是当初王某与单位签订的是5年期的劳动合同，现在仅仅履行了2年，依照劳动合同的约定，王某应该向银行支付违约金5万元。由于没有向银行支付违约金，于是银行就扣留了王某的档案。

事实上，违约金是一种典型的劳动争议，受申诉时效60天的限制。如果在争议发生之日起60天内用人单位未申请劳动仲裁，而是采取扣留劳动者档案逼迫员工交纳违约金的做法，其后果就是过了60天后，单位因为超过申诉时效而丧失违约金的胜诉权。

档案具有专属性，劳动者的返还档案请求权不受60天的限制。

劳动者在辞职超过60天后，可以顺利地不需要支付任何违约金而要回自己的档案。

资料来源：《档案被扣怎么办?》(刘昊斌，新疆律师网 www.xinjianglawyer.com，2006年5月)

7. 劳务派遣员工管理

随着劳动法的日益复杂化，中小公司没有足够的能力熟悉劳动法，也不能很好地遵守劳动法，需要专业人员管理；派遣公司作为劳动者名义上或法律上的雇主，成为用工单位的全权劳动法务代理，处理在用工雇佣中产生的法律手续和法律争议。为减少劳动法律风险，劳务派遣是中小公司规避违法风险的一种手段。

劳务派遣

是指由有合法资质的劳务派遣机构，根据用人单位的实际工作需求，将与自己建立劳动关系的员工，派遣到用人单位工作的一种新型用工形式。也就是劳务派遣机构与员工签订劳动合同，但不使用员工；用人单位不与员工签订劳动合同，但使用员工的一种劳动关系与用人相分离的用工模式。

在劳务派遣中，派遣公司与劳动者建立劳动关系，而后将劳动者派遣到用工单位，劳动者在用工单位的指挥下从事劳动。要派单位作为劳动力的使用者是实际用人单位，并不直接向劳动者支付工资等；派遣机构作为受派遣劳动者的录用和派遣者是名义用人单位，并不组织和管理劳动过程。一般来说，与劳动过程中人身关系有关的生产性劳动管理、工作时间和劳动安全卫生等方面的权利义务归用工单位；而与财产关系有关的工资报酬、劳动合同的签订、变更、解除、终止等非生产性劳动管理方面的权利义务归派遣公司。

对于用工单位而言，剥离出非生产性劳动管理事务后，减轻了一般劳动管理负担和劳动法律负担，能够专注于生产性劳动管理事务。

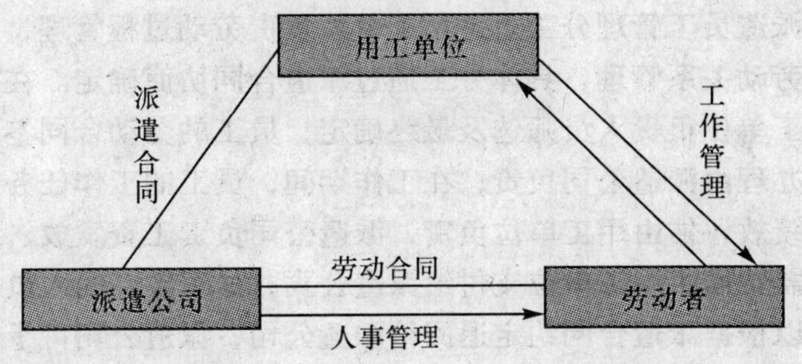

劳务派遣公司通过专业化运作可将人事管理成本减低至原来的60%～80%，节约出20%～40%。成本降低部分在劳务派遣公司和用工单位之间进行分配，使双方都能够取得良好的效益。

小知识

劳务派遣机构的资质

法律对劳务派遣机构的资质并没有明确规定，根据《行政许可法》，劳务派遣机构并不需要资质认定。但是在实践中，很多政府管理仍然认为从事劳务派遣服务需要经过政府许可。

劳动派遣涉及三方主体：派遣公司、用人单位和劳动者。

劳动派遣涉及产生三种关系：即派遣公司与劳动者的名义劳动关系、派遣公司与用人单位的民事合同关系，以及用人单位与劳动者的实际劳动关系。其中名义劳动关系和实际劳动关系是由一个完整的劳动关系分割而成的，派遣公司与用人单位的民事合同关系是名义劳动关系和实际劳动关系的联系纽带。

劳务派遣的本质特征是雇用和使用相分离。在劳务派遣关系中，派遣公司作为劳动者的名义雇主，是劳动合同的相对人，但却不是劳动者实际给付劳动的对象；而给付劳动的对象是劳动合同关系主体以外的第三人——用工单位，并且劳动者要服从用工单位的指挥进行劳动。

在派遣员工管理分工上是用工单位负责劳动过程管理，派遣公司负责劳动关系管理，具体分工通过派遣合同协商确定。在招聘阶段，用工单位负责人员筛选及最终确定，员工的劳动合同签订和用工手续办理由派遣公司负责；在工作期间，员工的工作任务、工作时间、绩效评估由用工单位负责，派遣公司负责工资发放、缴纳社保，所需费用由用工单位支付给派遣公司；对不需要的人员，用工单位可以根据派遣合同约定退回给派遣公司，派遣公司可予以转移派遣或依法定程序予以解除终止劳动合同并办理法定手续，如果产生法定的经济补偿，由派遣公司支付给员工，派遣公司和用工单位按派遣合同予以结算。

劳务派遣的法律适用见下。

- **派遣公司与劳动者的法律关系**

(1)订立劳动合同。

劳务派遣单位与被派遣劳动者订立的劳动合同，应当载明被派遣劳动者的用工单位以及派遣期限、工作岗位等情况。

劳务派遣单位应当与被派遣劳动者订立2年以上的固定期限劳动合同。

(2)劳动合同关系的内容。

劳务派遣单位是劳动法上的用人单位，应当根据劳动合同法履行一般用人单位对劳动者的义务。

劳动者的工资根据劳务派遣单位与用工单位的劳务派遣合同，可以由劳务派遣单位支付，也可以由用工单位支付。如果约定由劳务派遣单位支付的，劳务派遣单位应向劳动者按月支付报酬，并不得克扣用工单位按照劳务派遣协议支付给被派遣劳动者的劳动报酬。

被派遣劳动者在无工作期间，劳务派遣单位应当按照所在地人民政府规定的最低工资标准，向其按月支付报酬(为转嫁该风险，劳务派遣单位一般会要求用工单位按照同样的期限来履行劳务派遣协议)。

劳务派遣单位的营利来自于用工单位支付的劳务管理费，劳动派遣单位不得向被派遣劳动者收取费用。

(3)解除劳动合同。

如用工单位出现《劳动合同法》第36条、第38条规定的情形，被派遣劳动者可以与劳务派遣单位解除劳动合同；劳动者也可以依据《劳动合同法》第37条的规定与劳务派遣单位解除劳动合同。

被派遣劳动者有《劳动合同法》第39条和第40条第1项、第2项规定情形的，用工单位将劳动者退回劳务派遣单位后，劳务派遣单位可以与劳动者解除劳动合同。

律师提示：用工单位不能依据“客观情况发生重大改变”而退回被派遣者，可能是个潜在的风险。

用工单位也可以根据劳务派遣合同的约定将被派遣劳动者退回给劳务派遣单位。

注意：当劳动者被“用工单位退回”时，劳动派遣单位能否将该种情形作为“客观情况重大改变”而与被派遣者解除劳动关系，目前尚不明确，需有关部门进一步作出解释，公司法律风险防范沙龙(www.falvsalon.com.cn)将在第一时间更新，请定期登录。

- **派遣公司与用工单位的法律关系**

劳务派遣单位与用工单位订立劳务派遣合同。一份完备的劳务派遣合同会大大降低企业在派遣过程中的法律风险，用工单位在签订派遣合同时最关键的是注意派遣合同是否“责权明晰”。根据《劳动合同法》的规定，劳务派遣合同应当约定派遣岗位和人员数量、派遣期限、劳动报酬和社会保险费的数额与支付方式以及违反协议的责任。除此之外，双方还可以约定派遣员工在哪些情形下可以退回劳务公司及员工退回方式以及工伤事故、劳动纠纷如何处理，费用如何分摊等，用工单位使用劳务派遣就需要另外支付服务费用给劳务派遣公司，用工单位应根据风险转移程度和服务水平来评估服务费用的高低。

根据《劳动合同法》的规定，用工单位应当根据工作岗位的实际需要与劳务派遣单位确定派遣期限，不得将连续用工期限分割订立数个短期劳务派遣协议。

劳务派遣的运作模式是雇用和使用的分离，劳务派遣企业与派遣员工建立关系后，将派遣员工派遣到实际用人单位工作，但派遣员工与实际用人单位不建立劳动关系。因此，派遣员工不论是提起劳动仲裁还是起诉到法院，仲裁部门或法院一般把劳务派遣企业作为被告。但实际用人单位毕竟是使用者一方，与劳务派遣企业和派遣员工必然发生切实的联系，同时实际用人单位通过劳务派遣规避义务或者劳务派遣企业缺乏支付能力而导致派遣员工权益受损的现象屡禁不止，因此《劳动合同法》规定，劳务派遣单位给劳动者造成损害的，劳务派遣单位与用工单位承担连带赔偿责任。

因此，在使用劳务派遣模式用工中，用工单位必须进行风险控制。

用工单位加强对劳务派遣合同的订立和履行的管理是风险控制的重要手段。

(1)派遣公司应和劳动者签订书面的劳动合同，并且劳动合同要交有关单位一份备案。

对派遣单位和劳动者签订的劳动合同内容进行审查，关键是要求劳动合同内容在符合劳动法的基础上不能与派遣合同相抵触，而应互相配套。如劳动合同的工作时间约定应与用工单位的工时制度符合，员工的工作任务应由用工单位安排，员工应遵守用工单位的纪律等。

对于选择派遣服务的企业，管理好派遣员工的劳动合同是管理派遣服务商的核心。是否签订劳动合同、与谁签订劳动合同是管理的要点。用工单位要检查派遣服务商是否与员工签订了劳动合同，可以要求服务商提供劳动合同签名的复印件到企业备案。还有劳动合同的期限、续签等问题也是劳动合同管理的重要内容。

(2)明确规定派遣公司定期支付员工工资、缴纳社会保险的义务，防止派遣公司拖欠、克扣员工工资，不缴、漏缴社会保险费。

在派遣服务中，企业要向服务商支付员工工资和社会保险等费用，企业支付上述费用后，要敦促服务商及时为员工办理社会保险和按约定支付工资。在企业支付保险费用后，如果服务商不及时办理，也会有很大的隐患和风险。

(3)双方应当明确约定违约责任，用工企业在派遣合同中应明确规定派遣公司违约应承担所有损失并且用工企业有权解约。

不同的派遣公司有不同的用工风险承受度，用工单位应该选择能承受较多风险的公司。具体而言，用工单位可采取下列风险防范措施：

(1)对派遣公司有风险责任意识进行评估，对不愿承担风险的派遣公司予以排除；

(2)考查派遣公司风险管理体系，对没有风险管理部门或机制的派遣公司应予以排除；

(3)调查派遣公司应对风险的业务能力，对缺乏劳动法律问题处理经验和专业人员的派遣公司应予以排除。

- **用工单位与劳动者的法律关系**

(1)用工单位使用劳务派遣的目的是自己使用，而不是对劳动法义务的规避。因此《劳动合同法》规定，用工单位不得将被派遣劳动者再派遣到其他用人单位，用人单位不得设立劳务派遣单位向本单位或者所属单位派遣劳动者。

为避免用工单位在所有岗位上使用派遣用工，规避劳动法的义务，《劳动合同法》还规定，劳务派遣一般在临时性、辅助性或者替代性的工作岗位上实施。

(2)劳动者的知情权。

为避免劳务派遣单位克扣工资、侵犯劳动者利益，《劳动合同法》规定了劳动者的知情权：劳务派遣单位应当将劳务派遣协议的内容告知被派遣劳动者；用工单位应告知被派遣劳动者的工作要求和劳动报酬。

(3)劳动报酬。

在实践中，劳务派遣员工和用工单位正式员工同工不同酬现象非常严重，严重侵害了劳动者尤其是农民工的利益。对此，《劳动合同法》作出了针对性的规定：

①劳务派遣单位跨地区派遣劳动者的，被派遣劳动者享有的劳动报酬和劳动条件，按照用工单位所在地的标准执行。

②被派遣劳动者享有与用工单位的劳动者同工同酬的权利。用工单位无同类岗位劳动者的，参照用工单位所在地相同或者相近岗位劳动者的劳动报酬确定。

(4)在下列情形下，被派遣劳动者享受用工单位正式员工的待遇：

①执行国家劳动标准，提供相应的劳动条件和劳动保护。

②支付加班费、绩效奖金，提供与工作岗位相关的福利待遇。

加班费、奖金、福利待遇是用工单位直接支付给劳动者，而不必通过劳务派遣单位间接支付，而正常情况下的劳动报酬的支付方式则是可以由用工单位和劳务派遣单位约定。

③对在岗被派遣劳动者进行工作岗位所必需的培训。

④被派遣劳动者有权在用工单位依法参加或者组织工会，维护自身的合法权益；另外被派遣劳动者也有权选择在劳务派遣单位参加工会。

(5)退回。

被派遣劳动者有《劳动合同法》第39条和第40条第1项、第2项规定情形的，用工单位可以将劳动者退回劳务派遣单位。

如出现劳务派遣合同中约定的其他退回情形，用工单位也可以将被派遣劳动者退回劳务派遣单位。

- **劳务派遣中出现劳动争议的处理**

《最高人民法院关于审理劳动争议案件适用法律若干问题的解释(二)》第10条规定："劳动者因履行劳动力派遣合同产生劳动争议而起诉，以派遣单位为被告；争议内容涉及接受单位的，以派遣单位和接受单位为共同被告。"

案例：肯德基的老"员工"

在肯德基工作了11年的老员工徐某，因为工作中的疏忽被肯德基辞退。徐某起诉要求肯德基支付自己的当月工资和2万元解除劳动合同的经济补偿金。

法院经审理认为，徐某与时代桥公司签订有劳动合同，确立了双方之间的劳动关系。后徐某作为时代桥公司的职员被派遣到肯德基工作，但他与肯德基之间并没有形成事实劳动关系。故判决驳回了徐某的诉讼请求。

资料来源：《工作11年去年被辞退 老员工状告肯德基不认人》(王巍，法制晚报，2006年6月12日)

第14章：员工劳动管理

【本章提要】

- □ 劳务请求权
- □ 指示命令权
- □ 工作规则权
- □ 成果取得权
- □ 处罚权
- □ 请求损害赔偿权

用人单位与劳动者通过签订劳动合同而建立劳动关系后，用人单位获得对劳动者的“劳务请求权”和“指示命令权”。用人单位有权根据其需要要求劳动者提供劳动，指示劳动者如何劳动，并享有劳动者的劳动成果。劳动者有义务接受用人单位的指示，并把劳动成果提交给用人单位。

1. 劳务请求权

用人单位雇佣劳动者的目的，就是获得劳动者的劳务。劳动者同意和用人单位签订劳动合同，意味着同意提供劳务给用人单位。劳动合同一经签订即具有法律约束力。用人单位有权根据劳动合同的规定要求劳动者提供劳务。

根据《劳动法》和劳动合同的内容，用人单位的劳务请求权并非是无限的，必须在法律和劳动合同的范围内行使劳务请求权。

(1)只能由特定的用人单位可以向劳动者行使劳务请求权，不是劳动合同签约人的单位原则上无权向劳动者行使劳务请求权。

实践中常见的是关联公司之间的人事管理问题，如关联公司中母公司直接向子公司员工下达指令，集团公司向下属公司员工下达指令，在这种情况下，子公司员工或者下属公司员工并没有必须遵照的义务。如员工拒绝母公司或者集团公司的劳务请求，不能认为员工违反劳动合同。因此，关联公司的行为指令，不能直接下达给其他独立公司的个人。

(2)劳务请求只能在劳动合同规定的时间范围之内，超过劳动合同规定的时间范围，劳动者有权拒绝。因为员工只是把劳动合同约定范围内时间的劳动支配权提供给用人单位，对劳动合同约定范围之外的时间的行动支配权，仍然由员工保留，用人单位无权支配。

(3)用人单位只能就与劳动合同约定的工作岗位有关的劳务要求员工提供，与劳动合同约定的工作岗位无关的工作，员工有权拒绝。例如员工有权拒绝上级或者老板要求的与工作无关的私人事务，例如帮上级做家务，或者与工作岗位无关的公司其他工作。

(4)公司请求权的范围只能是劳务，不能是其他对象。例如公司无权要求员工购买公司产品，无权要求对员工的财产进行支配。

(5)劳务请求权必须在合法的范围内，如要求员工从事违反法律的行为，员工有权拒绝。例如公司要求财务人员做假账，要求员工盗窃他人财产，员工有权拒绝。

(6)不得强制要求劳动者履行劳务。如员工拒绝用人单位的劳务请求，可依据劳动法、劳动合同要求员工承担责任，而不得采取强制手段要求员工履行劳务。如用人单位采取暴力、胁迫手段强迫劳动，依法构成刑事犯罪。

在符合法律和劳动合同规定的前提下，劳动者应根据用人单位的要求履行义务。如劳动者拒绝履行，用人单位可对劳动者进行处罚，直至解除劳动合同。

2. 指示命令权

指示命令权，即用人单位要求员工做什么和怎么做的权力，员工有遵从指示的义务。

用人单位对员工的指示命令不是无限的，也必须尊重法律、劳动合同和公司规章制度的规定。

(1)用人单位向员工发布指示命令的人，应按照公司管理制度和授权规定，由员工的所有直属上级、董事长、总经理或者其他根据公司规定有权向员工发布命令的人作出。对其他人的指示命令，员工有权不遵守。

(2)指示命令应符合法律、劳动合同、公司规章制度的规定。如发出的指示命令违反法律、公司规章制度规定，员工有权拒绝。对上级的命令指示如违反公司规章制度规定而给用人单位造成损失的，员工对执行命令的行为，应免予承担责任。

(3)发布的指示命令不得危及员工的生命权、健康权，否则员工有权拒绝。例如公司不得强令员工从事冒险作业，银行不得要求员工在遇到抢劫时必须和歹徒拼命。

(4)发布的指示命令应以完成岗位工作为目的，如与工作无关，员工有权拒绝。例如上级教导员工如何追女朋友，员工有权不依据其教导的方法执行。

(5)发布的指示命令只能涉及支配员工的行为，而不能支配员工的财产和心灵自由。例如不得干涉员工的宗教信仰自由，不得强行改变员工的道德观念，不得侵犯员工的财产所有权。

(6)发布的指示命令不得侵犯员工的人格尊严和隐私权等人身权。因为尽管用人单位和劳动者经济地位不平等造成实际地位不平等，但是在法律上双方的地位仍然平等，用人单位必须尊重和保护劳动者的人格独立和尊严。例如用人单位不得要求劳动者以下跪的方式向顾客道歉，不得侵犯员工的隐私权等民事权利。用人单位负有保护劳动者的人身权利的义务，如指示命令涉及侵犯劳动者的权利，劳动者有权拒绝。

(7)如劳动者没有按照指示命令遵从，只能以员工违反主管命令进行处罚，而不能以暴力、胁迫手段强迫劳动者执行。

(8)指示命令应在现有的资源和劳动者的能力范围内进行，如要求员工从事其根本不可能做到的事情，员工有权拒绝。

在符合法律、劳动合同和公司规章制度规定的前提下，劳动者应根据上级的指示命令从事工作。即使员工认为这种方法错误，或者员工认为有更好的方法，也不能拒绝上级的命令。如劳动者不服从上级的指示命令，用人单位可对劳动者进行处罚，直至解除劳动合同。如劳动者不服从上级的指示命令造成损失的，用人单位有权要求员工赔偿。

3. 工作规则权

用人单位要维持正常的生产秩序，必须订立各种规章制度。公司制定规章管理制度是公司行使管理权的一项内容，劳动法明文规定，用人单位应当依法建立和完善规章制度。《劳动合同法》第4条规定："用人单位应当依法建立和完善劳动规章制度，保障劳动者享有劳动权利、履行劳动义务。"制定和修改公司管理制度是公司的权力。用人单位的规章制度是劳动者职务行为的行为规范，劳动者有遵守用人单位规章制度的义务。

《劳动法》共有三个条文涉及用人单位劳动规章制度。第4条规定："用人单位应当依法建立和完善劳动规章制度，保障劳动者享有劳动权利和履行劳动义务。"第25条第2项将劳动者严重违反劳动纪律或用人单位的规章制度作为用人单位可以随时解除劳动合同的法定情形之一。第89条规定："用人单位制定的劳动规章制度违反法律、法规规定的，由劳动行政部门给予警告责令改正；对劳动者造成损害的，应当承担赔偿责任。"《关于贯彻执行〈劳动法〉若干问题的意见》第87条，明确了《劳动法》第25条第3项中的"重大损害"由企业内部规章来规定。

《劳动合同法》共有5个条文涉及用人单位规章制度。第4条规定："用人单位应当依法建立和完善劳动规章制度，保障劳动者享有劳动权利、履行劳动义务。

用人单位在制定、修改或者决定有关劳动报酬、工作时间、休息休假、劳动安全卫生、保险福利、职工培训、劳动纪律以及劳动定额管理等直接涉及劳动者切身利益的规章制度或者重大事项时，应当经职工代表大会或者全体职工讨论，提出方案和意见，与工会或者职工代表平等协商确定。

在规章制度和重大事项决定实施过程中，工会或者职工认为不适当的，有权向用人单位提出，通过协商予以修改完善。

用人单位应当将直接涉及劳动者切身利益的规章制度和重大事项决定公示，或者告知劳动者。”

第38条规定：“用人单位有下列情形之一的，劳动者可以解除劳动合同：……(四)用人单位的规章制度违反法律、法规的规定，损害劳动者权益的……”

第39条规定：“劳动者有下列情形之一的，用人单位可以解除劳动合同：……(二)严重违反用人单位的规章制度的……”

第74条规定：“县级以上地方人民政府劳动行政部门依法对下列实施劳动合同制度的情况进行监督检查：(一)用人单位制定直接涉及劳动者切身利益的规章制度及其执行的情况。”

第80条规定：“用人单位直接涉及劳动者切身利益的规章制度违反法律、法规规定的，由劳动行政部门责令改正，给予警告；给劳动者造成损害的，应当承担赔偿责任。”

- **公司规章制度、劳动纪律的制定主体**

在用人单位内部，不是任何人、任何机关都可以制定公司规章制度的。公司规章制度的制定主体，应根据《公司法》执行。

(1)《公司法》第46条规定，董事会对股东会负责，行使下列职权……(10)制定公司的基本管理制度；《公司法》第50条规定，经理对董事会负责，行使下列职权：……(5)制定公司的具体规章；《全民所有制企业法》第52条规定职工代表大会行使下列职权，(二)审查同意或者否决企业的工资调整方案、奖金分配方案、劳动保护措施、奖惩办法以及其他重要的规章制度。

用人单位内部二级机构、部门经理等不能制定公司规章制度、劳动纪律，公司二级机构、部门等需要制定公司规章制度、劳动纪律，应以总经理的名义发布。

(2)如何理解“劳动者”的民主参与。

根据《劳动合同法》的规定：“用人单位在制定、修改或者决定有关劳动报酬、工作时间、休息休假、劳动安全卫生、保险福利、职工培训、劳动纪律以及劳动定额管理等直接涉及劳动者切身利益的规章制度或者重大事项时，应当经职工代表大会或者全体职工讨论，提出方案和意见，与工会或者职工代表平等协商确定。”在这里，应准确理解“平等协商确定”的程度：是经过平等协商充分听取并考虑工会、职工代表意见，在此基础上制定规章制度，还是必须征得工会、职工代表同意才能制定规章制度。笔者认为，根据《公司法》、《劳动法》等相关法律规定，只有用人单位才具有公司规章制度的制定权，工会、职工代表不具有规章制度的制定权，因此“平等协商”只是制定过程中的一个程序，协商过程中出现的意见对制定结果只有参考意义，而没有决定意义，否则就变成了共同制定，而不是协商制定规章制度。用人单位在参考工会、职工代表意见的基础上，有权独立作出公司规章制度。

《工会法》第 38 条规定：“企业、事业单位研究经营管理和发展的重大问题应当听取工会的意见；召开讨论有关工资、福利、劳动安全卫生、社会保险等涉及职工切身利益的会议，必须有工会代表参加。”

当然，由于《劳动合同法》第 4 条规定的模糊性，需要有关部门作出进一步的解释。届时，公司法律风险防范沙龙 www. falvsalon. com. cn 将第一时间发布更新，请读者定期登录查询。

- **公司规章制度、劳动纪律的内容**

劳动部(1997)338 号文件规定了劳动规章制度应包含劳动合同管理、工资管理、社会保险、福利待遇、工时休假、职工奖惩以及其他劳动管理等 7 项内容，劳动合同法主要是对有关劳动报酬、工作时间、休息休假、劳动安全卫生、保险福利、职工培训、劳动纪律以及劳动定额管理等直接涉及劳动者切身利益的规章制度或者重大事项进行了规定。

用人单位的劳动管理应包括以下方面：用人单位的工作规则，包括生产流程管理、机器操作管理、生产场所管理、工作秩序管理、任务执行方面的管理等。

公司规章制度、劳动纪律内容应以生产经营的必要为依据，应主要针对生产管理中的具体行为，不应有与生产、经营、管理无关的内容。例如，公司规章制度不应干涉员工的私生活、宗教信仰、道德观等与工作无关的事情，更应注意避免侵犯员工隐私或其他权利。

- **公司规章制度、劳动纪律生效的程序**

(1) 要有有权主体制定；

(2) 制定过程根据法律规定履行了与工会、职工代表履行了平等协商程序；

(3) 将直接涉及劳动者切身利益的规章制度和重大事项决定公示，或者告知劳动者。

需要注意的是，只有经过公示或者告知的规章制度才能对员工有约束力，换句话说，在发生劳动争议的情况下，公司必须证明劳动者对涉及的规章制度知晓。

提醒

目前采用的公示形式

有这样几种：(1) 以电子邮件形式发到每个员工的信箱；(2) 制度上墙；(3) 在内部电子公告；(4) 会议宣布；(5) 编印员工手册。前三种方式无法留存相关资料，需要举证时难以向仲裁机构、审判机关提供有效证据。

因此，最好的办法是将本单位的规章制度编印成册，让所有的员工人手一册。新员工进入单位后像发给工具、工作服一样发给一本员工手册，让其签收。需要举证时，只要将员工签收的资料提交给仲裁机构、审判机关就可以了。

以会议宣布的方式告知公司规章制度时，应注意做好会议记录，并要求员工对会议签到。

- **公司规章制度、劳动纪律生效的条件**

(1)公司规章制度、劳动纪律不得与法律相抵触，如与法律冲突，则冲突部分无效。

(2)劳动纪律的制定应当合理。

有些用人单位抱着钻法律空子的想法，在劳动纪律中制定了一些虽不违法但有违人情的规定。本质上，合理性是合法性的基础，对一些明显不合理的内容，法官也可依据自由裁量权裁定无效。如，某企业规定：员工见到上级不主动打招呼的，可处以警告直至扣奖金的处罚。这一劳动纪律已明显违反了合理性原则，应属无效。

(3)规章制度与劳动合同的关系，可以分为三种情况：

① 劳动合同是双方行为，是双方当事人意思一致而产生的合意，而规章制度一般理解为单方行为，是企业单方行使经营管理权的表现。用人单位制定的内部规章制度与集体合同或者劳动合同约定的内容不一致，劳动者请求优先适用合同约定的，人民法院应予支持。

② 当规章制度被内化为劳动纪律或者作为劳动合同附件的时候，规章制度就成为劳动合同的格式条款，此时规章制度内容和劳动合同其他条款发生冲突的时候，应该按照格式条款的法理去判断它们的效力高低。我国合同法对格式条款的规制中明确规定，当格式条款和非格式条款的规定不一致时，适用非格式条款。

提醒

规章制度的修改

当规章制度作为合同附件成为合同条款时，这时公司对规章制度的修改构成劳动合同的变更。根据法律规定，变更劳动合同应与劳动者协商，取得劳动者的同意。

③ 当用人单位的规章制度规定的劳动者利益高于劳动合同约定时，劳动者享有的利益可以规章制定为准。

- **公司规章制度、劳动纪律的法律效力**

规章制度的法律效力可以表现在三个方面：一是依法制定的规章制度，员工应当遵守。二是企业制定的规章制度也构成企业的行为依据或准则。规章制度内容上可以有权利性的规定，如也有义务性的规定。对于义务性的规定，企业也需要遵守，否则可能因此承担不利的法律后果。如规章制度规定发放工资的程序，如果不遵守则可能构成拖欠工资。三是对于司法机关来说，通过民主程序制定的规章制度，不违反国家法律、行政法规及政策规定，并已向劳动者公示或者告知的，可以作为法院审理劳动争议案件的依据。

公司规章制度的制约

(1)在规章制度和重大事项决定实施过程中，工会或者职工认为不适当的，有权向用人单位提出，通过协商予以修改完善。当然，这里的“修改完善权”仍然在公司，工会和职工只有建议修改的权利。

(2)政府劳动行政部门有权对公司制定直接涉及劳动者切身利益的规章制度及其执行的情况进行监督检查，对违法的规章制度，由劳动行政部门责令改正，给予警告。

(3)对违法的规章制度，公司应承担一定的法律后果。公司的规章制度违反法律、法规的规定，损害劳动者权益，劳动者可以解除与公司的劳动合同，并要求公司支付经济补偿金；给劳动者造成损害的，应当承担赔偿责任。

- **如何设计员工手册**

员工手册是公司规章制度的汇编文件，员工手册应是对公司背景、公司文化的宣传与介绍，适用于所有员工。

(1)员工手册应明确告诉员工哪些行为是公司禁止的，哪些行为是公司提倡的，什么样的行为将导致什么样的奖惩，员工和有关部门工作人员依照手册规定的内容去做就可以了。

(2)员工手册应明确列出员工对企业应负的责任，例如要保护公司的资产，对公司的商业秘密信息进行保密等。

(3)明确列出企业对员工权利的保护责任。

(4)明确告诉员工对手册有疑义或遇到不能确定自身行为是否符合公司规定时的沟通途径。

(5)明确告知员工在公司里的权利、义务和责任，以及从入职到离职的指导和规章制度。

案例：规章制度的效力

某企业为记录员工的上下班时间，要求员工在上下班时均需打卡，并制定了“授意或代人打卡立即开除”的规章制度。该制度张贴在打卡机和企业办公区宣传栏等公共场所。1998 年 5 月，李某进入该企业工作，但未签订劳动合同。2003 年 2 月，李某授意同事詹某代为打卡被发现。企业方认为李某的行为符合“授意或代人打卡立即开除”制度，遂将李某开除。李某认为自己的行为达不到被开除的条件，遂起争议。

法院认为，双方存在事实劳动关系，用人单位有权依法制定规章制度。但前提条件是制定的规章制度和劳动纪律措施必须符合法律规定，并负有规章制度的合法性举证责任。该企业不能证明上述制度系经民主程序制定，并且其内容与《中华人民共和国劳动法》第 25 条第 2 项强调的“违反劳动纪律或者用人单位规章制度”限于“严重违反”之情形相悖，有违立法本意。但又鉴于李某在仲裁和诉讼中均未要求继续确立劳动关系，可视为双方当事人协商一致，由该企业解除劳动关系，该企业应当发给经济补偿金，判决由该企业支付李某解除劳动关系的经济补偿金 17440 元。

资料来源：《如何制定有效的劳动纪律?》(刘磊，中国劳动保障报网络版，2006 年 6 月 15 日)

4. 成果取得权

劳动关系的最重要特点，表现为它的从属性。

从属性，也称依附性。表现为劳动者对用人单位人格上的从属性和经济上的从属性。

人格上的从属性表现为劳动关系形成后，劳动者与用人单位建立隶属关系，劳动者成为用人单位的成员，劳动者的人格被用人单位吸收，对外以本单位的名义履行职责。经济上的从属性表现为用人单位作为劳动力的使用者，安排劳动者在组织内与生产资料相结合，提供生产经营的劳动条件，并对生产经营的结果负责。

用人单位的经济权利表现为：用人单位安排劳动者提供劳务，在支付劳动者工资后，对劳动者的劳动成果享有所有权，除非有特别约定，劳动者不得主张劳动成果的任何权利。

劳动成果归属用人单位，既包括生产出产品的所有权归用人单位所有，利润由用人单位分配，也包括生产经营的风险和亏损由用人单位承担。除非证明劳动者有过失，并且这种过失造成了用人单位的损失，否则劳动者不对用人单位的损失承担责任。

劳动成果所有权的归属，决定了劳动者不得侵犯用人单位的财产所有权。劳动者在履行职责过程中所取得的一切成果，包括有形财产和无形财产，都应该立即交给公司。劳动者未经用人单位同意

关于劳动成果的特殊约定

用人单位和劳动者关于劳动成果的特殊约定，包括期股、期权计划，包括提成工资的约定，包括利润分配计划，也包括内部承包责任制的约定。只要这种约定不违反法律的规定，劳动者有权根据约定取得自己的劳动成果。

占有这种成果的所有权，行为构成侵占（如系国有公司，则构成贪污）；劳动者未经用人单位同意占有这种成果的试用期，行为则构成挪用。对侵占和挪用的行为，轻则应受公司规章制度的处罚，重则构成刑事犯罪。

5．处罚权

劳动者对用人单位隶属关系的结果决定了用人单位有权管理劳动者。劳动者必须遵守用人单位的行为规范。用人单位对劳动者的管理权，是通过处罚权的力量予以保障的。用人单位对违反管理的劳动者，有权通过处罚的方式，强制要求劳动者服从用人单位的劳动纪律和规章制度。依靠用人单位的处罚权，赋予用人单位的规章制度和劳动纪律法律约束力，从而保证生产、管理秩序的正常运行。

企业处罚是指企业依据法律法规的规定，对违犯企业规章制度的职工给予行政处分。这种处罚包括由企业作出的对其所辖职工的经济罚和特定意义上的人身罚。用人单位处罚权，更彰显了劳动者和用人单位的不平等性。

◆ 用人单位处罚权的来源

处罚权对用人单位是一种权力，而对劳动者来说则是一种义务。任何义务均来源于法律规定或者当事人之间的约定。用人单位处罚权也必须来自于法律规定或者当事人的约定。

• 用人单位处罚权来源于法律授权

（1）《全民所有制工业企业法》第52条职工代表大会的职权规定，职工代表大会有权审查同意或者否决企业的工资调整方案、奖金分配方案、劳动保护措施、奖惩办法以及其他重要的规章制度；第44条规定，厂长有权依法奖惩职工。

（2）对于中外合资经营企业，《中外合资经营企业法实施条例》第98条："在董事会研究决定有关职工奖惩、工资制度、生活福利、劳动保护和保险等问题时，工会的代表有权列席会议，董事会应听取工会的意见，取得工会的合作。”所以，对合资企业，董事会有处罚设定权，董事会即是用人单位的代表，只不过董事会在行使处罚设定权时应听取工会的意见而已。

(3)《公司法》规定董事会的职权为制定公司的基本管理制度，规定经理的职权为制定公司的具体规章。公司处罚制度系公司制度、规章的重要内容，可见，董事会、经理有权制定处罚制度，只不过在制定制度时应听取职工的意见，但职工没有决定权。

(4)《劳动法》第4条规定：“用人单位应当依法建立和完善规章制度，保障劳动者享有劳动权利和履行劳动义务”；第3条规定：“劳动者应当完成劳动任务，提高职业技能，执行劳动安全卫生规程，遵守劳动纪律和职业道德。”

◆ 用人单位处罚措施的种类

• 人身处罚

劳动者和用人单位法律地位平等，这是一个法律原则，不能因为用人单位和劳动者事实上的不平等而否定其法律上的地位平等性。劳动者通过劳动合同只让渡了其在工作时间内的行为支配权，其他人身权利原则上仍然保留为劳动者拥有。因此用人单位在对劳动者进行具有人身性质的处罚措施时，应严格把握限度。

首先，法律禁止侮辱他人，但是同志式的批评是允许的。只要不构成侮辱，可以对他人进行批评。口头批评、通报批评、警告、记过等处罚措施的内容都是指出被处罚人的错误，要求其改正，实际上都是批评的方式，因此是合法的。但是，侮辱性的批评则是不允许的，例如在通报批评中写有“某人是猪”或者“某人是卖国贼”的字眼，就超出正常批评的限度，而构成对劳动者人格尊严的侵害。

身份是人与人之间的一种地位关系。只要不违反法律规定，相对人有权改变与对方之间的身份关系。用人单位与劳动者的身份关系包括合同关系、隶属关系，在隶属关系中劳动者在用人单位内部往往担任一定的岗位职务，具有一定的级别。因此在处罚措施中可以包括改变或者解除劳动者与用人单位之间的隶属关系，用人单位的处罚措施中，降级、撤职、留用察看都是一种隶属关系的改变，开除、除名、辞退等则是隶属关系的解除。改变和解除用人单位和劳动者之间的隶属关系，本身是用人单位行使民事权利的表现，因此是合法的。

对劳动者的其他人身权利，用人单位应予尊重，不得侵害。例如不得以要求员工下跪的方式惩罚员工，不得以公开员工隐私的方式惩罚员工，否则即构成侵权。

对劳动者的人身自由权、身体健康权、生命权、身体权等，我国法律更是有明确规定，绝对不允许非法侵犯。《劳动法》第96条规定："用人单位有下列行为之一，由公安机关对责任人员处以15日以下拘留、罚款或者警告；构成犯罪的，对责任人员依法追究刑事责任：(1)以暴力、威胁或者非法限制人身自由的手段强迫劳动的；(2)侮辱、体罚、殴打、非法搜查和拘禁劳动者的。"因此对员工的处罚，绝对不允许包含这样的措施。

- **经济处罚**

经济处罚包括罚款、赔偿损失和降低工资级别。员工没有按照用人单位规章制度和劳动纪律提供劳动的行为，同时也违反了劳动合同，构成不适当地履行劳动合同。因此经济处罚实际上是要求员工承担违约责任，由于员工的违约行为导致用人单位损失的，应赔偿损失。经济处罚的实质是一种民事责任的承担。

对民事责任的承担，法律原则上遵循当事人之间的约定。但鉴于工资收入对劳动者的重要性，劳动者个人和家庭生活均依赖于工资的维持，因此法律对用人单位的经济处罚进行了一定的限制，要求用人单位对劳动者的罚款不得影响劳动者的基本生活，赔偿损失从劳动者的工资扣除时，每次扣除不得超过劳动者收入的20%，降低工资时不得低于政府规定的最低工资。

◆ 劳动者应受处罚的行为

用人单位的规章制度是劳动者职务行为的行为规范。对劳动者给予处罚必须是劳动者的行为违反了用人单位的规章制度和劳动纪律。但是，首先应该研究用人单位应对劳动者什么样的行为予以规范。

(1)用人单位对劳动者的行为要求不能违反国家法律、法规的规定。如果用人单位对劳动者的要求不符合法律、法规的规定，劳动者为遵守法律，不按照用人单位要求去做，对这种行为，用人单位无权处罚。

(2)用人单位对员工要求的行为，应是与用人单位生产经营管理有关的行为。与用人单位生产经营管理无关的行为，不应对员工提出要求。否则，即使劳动者违反了，也不得处罚。例如用人单位不得规定劳动者"不得同时谈两个以上的女朋友，如果劳动者同时谈两个以上的女朋友，对劳动者予以处罚"。

一般来说，与用人单位生产经营管理有关的行为包括：

① 生产经营规范，例如生产流程管理，机器操作规范等；

② 办公场所秩序规范，例如要求员工维护工作场所秩序，不得喧哗、斗殴，不得在特定场所抽烟，上班时必须穿工作服等；

③ 工作秩序规范，例如服从主管安排，不得与主管争吵，不得对主管打击报复，遵守上班时间，遵守公司制度等；

④ 劳动者行为规范，例如爱护公司财产，不得侵占公司财产，不得泄露公司商业秘密，不得收受客户贿赂，不得宴请客户等；

⑤ 违反岗位职责的行为，例如滥用职权，消极怠工，工作不负责任造成一定后果，与客户争吵等。

(3)用人单位对员工行为的规范，不可能面面俱到，只有劳动者违反用人单位规章制度达到一定的程度，对用人单位造成一定的损害，才应予以规范。对十分轻微和影响不大的行为，不应该包括在处分制度内。

◆ 设计处罚制度的注意事项

(1)处罚制度应具有普遍性。所谓普遍性，是指处罚规则不是针对某一个具体的人、具体的事，而是针对不特定的任何一个本企业的职工。换言之，只要是本企业的职工，达到了企业处罚规章所规定的要件，就应该受到相应的处罚。

(2)处罚制度是一种规范性文件。规范性是指规定了在何种情况下，什么人应该如何行动。处罚制度应以行为模式为对象，行为模式都包括假定和处理两个部分：假定，就是什么人、在什么情况下、做什么事；处理，就是承担什么样的后果。

(3)处罚制度具有强制性。强制性是指用人单位依据法律法规具有对劳动者单方面的处罚权。在处分员工时，处分决定要直接通知本人，要听取本人的意见。但是被处分人是否同意这个处分，不影响处分的效力。

(4)处罚制度应具有稳定性。所谓稳定性是指处罚规章一旦作出，就不能朝令夕改，要保持一定的稳定性。因为规章具有稳定性，才使规章具有预见性，即人们在行为之前可以预料到根据处罚规章是否会受到处罚；如果受到处罚会是一种什么样的处罚。

◆ 国有企业《企业职工奖惩条例》

用人单位对劳动者处罚的法律依据，只有概括性的规定，只有国有企业有明确、具体的规定。《企业职工奖惩条例》适用于国有企业，对其他性质的企业只有参照作用。

《企业职工奖惩条例》第 11 条规定 对于有下列行为之一的职工，经批评教育不改的，应当分别情况给予行政处分或者经济处罚：

(1) 违反劳动纪律，经常迟到、早退，旷工，消极怠工，没有完成生产任务或者工作任务的；

(2) 无正当理由不服从工作分配和调动、指挥，或者无理取闹，聚众闹事，打架斗殴，影响生产秩序、工作秩序和社会秩序的；

(3) 玩忽职守，违反技术操作规程和安全规程，或者违章指挥，造成事故，使人民生命、财产遭受损失的；

(4) 工作不负责任，经常产生废品，损坏设备工具，浪费原材料、能源，造成经济损失的；

(5) 滥用职权，违反政策法令，违反财经纪律，偷税漏税，截留上缴利润，滥发奖金，挥霍浪费国家资财，损公肥私，使国家和企业在经济上遭受损失的；

(6) 有贪污盗窃、投机倒把、走私贩私、行贿受贿、敲诈勒索以及其他违法乱纪行为的；

(7) 犯有其他严重错误的。职工有上述行为，情节严重，触犯刑律的，由司法机关依法惩处。

条例第 12 条规定：对职工的行政处分分为：警告，记过，记大过，降级，撤职，留用察看，开除。在给予上述行政处分的同时，可以给予一次性罚款。但是一般不要超过本人月标准工资的 20%。同时对于有第 3 项和第 4 项行为的职工，应责令其赔偿经济损失。赔偿经济损失的金额，由企业根据具体情况确定，从职工本人的工资中扣除，但每月扣除的金额一般不要超过本人月标准工资的 20%。如果能够迅速改正错误，表现良好的，赔偿金额可以酌情减少。

◆ 处罚的实施

对员工处罚，必须符合以下条件和程序：

(1) 公司规章制度和劳动纪律对违纪事实进行了明确的规定；如果未予规定，则不应处罚。

(2) 员工违纪的事实发生在公司规章制度和劳动纪律生效以后，对生效之前的违纪事实，不能依据公司规章制度和劳动纪律进行处罚。

(3) 员工存在违纪的事实。

对于违纪事实的认定很重要，什么样情况下属于违纪，有何证据证明？如果说企业不能举出有利的证据，那么也要承担相应的败诉。

通常，可以证明员工违纪行为的证据主要有：

① 违纪员工的“检讨书”、“求情书”、“申辩书”、违纪情况说明等；

② 有违纪员工本人签字的违纪记录；

③ 其他员工及知情者的证明；

平时记录

对于“大错不犯，小错不断”的员工的违纪行为，应注意平时记录在案。每次违纪时，您都作出相应的书面处理材料，要求员工签字。

④ 有关物证；

⑤ 有关书证及视听资料；

⑥ 政府有关部门的处理意见、处理记录及证明等。

(4)要根据公司规章制度和劳动纪律规定的处罚幅度处罚，不能超过规定的幅度。

(5)处罚结果应通知员工本人。用人单位应对该事实予以证明。

(6)根据公司规章制度和劳动纪律的授权，由有权部门行使。

6. 请求损害赔偿权

对于劳动者给用人单位造成损害，是否需要赔偿，《劳动法》没有具体的规定。因此应适用《民法通则》关于侵权赔偿的规定。

根据民法规定，侵权是因过错致使他人人身权、财产权的损害，侵害人应对侵权所造成的损害承担赔偿责任。

认定侵权，应构成如下条件：

(1)造成财产权、人身权的损害。在劳动关系中，一般是造成用人单位财产权的损害，例如用人单位财产丢失、损坏等。如果没有造成损害，不能要求赔偿。

(2)劳动者具有违法行为。这里的违法即包括违反法律、法规的规定，也包括违反用人单位的规章制度、劳动纪律、生产规程等。

① 行为必须是违反技术规程和安全规程或者是违章指挥的行为。如果行为在技术规程、安全规程和规章没有规定，即使行为造成了损失，也不能责令赔偿损失。例如进行科学试验时，被试设备在破坏性试验后完全失去了使用价值的情况，就不存在赔偿损失的问题。

② 行为的方式，可以是积极的作为，也可以是消极的不作为。所说积极的作为，是指以某种动作实施了违反技术规程和安全规程或者是违章指挥的行为。所说消极的不作为，是指应该作为而没有作为。应该作为的义务，要有职责条例作出明确的规定。

(3)劳动者的行为与用人单位的损害具有因果关系。

即劳动者的行为是造成用人单位财产损害的原因。行为与结果因果关系认定遵循的规则是：有行为则有该结果，没有该行为则没有该结果，则可以认定两者具有因果关系。

但是，企业生产一般是在严密的组织下进行的，劳动者的行为只是企业生产环节的一个要素。有时候损害是由很多因素造成的，劳动者的行为只是一个要素而已。这时候因果关系具有多因一果的特点。在多因一果情形下，不能要求劳动者对用人单位的损害全部赔偿，只能要求劳动者就部分损失赔偿。

(4)劳动者具有过错。

认定劳动者的过错必须结合劳动者的岗位职责认定。劳动者严重不负责任，不履行或不正确履行职责。从注意的角度来说，职务要求行为人对自己处理的业务给予必要的注意，行为人本身的认识水平、能力水平和客观环境使行为人完全可以付出这样的注意，但是行为人没有作出这样的注意；从本人的认识能力来说，行为人确实具备这种认识水平。不具备这两点的，不能让行为人承担责任。

劳动者的行为符合侵权的构成要件，即构成侵权，依法应对用人单位的损害承担赔偿责任。为保护劳动者利益，劳动法规定，用人单位从劳动者工资中扣除赔偿款的，每月的扣除额不能超过20%。

第15章：公司商业秘密保护

【本章提要】

- □ 商业秘密概念和构成要件
- □ 对掌握商业秘密的员工管理
- □ 保密协议
- □ 竞业禁止协议
- □ 不可避免泄露和使用原则
- □ 脱密期的运用
- □ 离职管理

1. 商业秘密概念和构成要件

- **商业秘密的概念**

我国法律从商业秘密的构成和范围对其进行了定义，根据该定义可对是否商业秘密进行判断。商业秘密是指公民、法人或者其他组织保有的不为公众所知悉（新颖性）、能为权利人带来经济利益、具有实用性（实用性和价值性）并经权利人采取保密措施（管理性）的技术信息和经营信息（范围）——在诉讼中，法院第一步就是对系争标的进行判断，如不是商业秘密，就不会对其保护，因此也是被告抗辩的第一步。

- **构成特点与注意事项**

(1)实用性和价值性。

实用性的判断：① 客观有用性，即是价值性的直接原因；② 具体性，即是有用的具体方案或信息，而不是大概的原理和抽象的概括；③ 确定性，即商业秘密应能说明详细内容和划定明确周界，商业秘密有何信息构成，各部分内容和相互关系，哪些是公有信息，与自己的商业秘密界限等。

价值性的判断：① 能带来经济利益，或者竞争优势；②可根据价值性的大小确定损害赔偿的数额；③ 独立性。

(2)管理性。

即拥有人采取了适当的保密措施，并且未曾在没有约定保密义务的前提下将其提供给他人。

权利人采取保密措施，表明了商业秘密的存在，并在进行控制从而主张权利，也使必要人承担了不得泄露秘密的义务。保密措施可以用来表明：① 权利人向其雇员或其他人披露信息，具有要求保密的意图；② 表明被告应承担侵权责任的主观状态；③ 帮助确认被告获取的信息手段构成不正当手段；④ 决定意外的泄露不应该导致商业秘密权的丧失。

(3)秘密性。

不为公众所知悉(反不正当竞争法)——信息不能从公开渠道直接获得(高法、工商局解释)，区别于专利申请中的秘密性。

案例：这些是商业秘密吗?

原告佛导公司成立于1994年，是一家从事介入医用导管其附件研究开发、生产和销售的企业法人，开发生产中心静脉导管和血液透析导管等系列介入导管医疗产品。后原告公司员工黄某、荆某、李某分别辞职并与他人合股开办百合公司，生产与原告公司同类产品，三人均担任副总经理。百合成立后，向原告供应商购买了与原告型号相同的各种原材料和设备，并选择了与原告相同的外协加工厂，生产与原告相近似的中心静脉导管和血液透析导管。

法院认为，原告主张其尖端成形机、流量检测仪、测漏仪、移印机、导管利料、导丝、针管、包装材料等的选形和采购渠道（以上统称设备、原材料的选形和采购渠道）、外协加工渠道是其商业秘密，虽然这些厂家名称、地址、电话可以从公开渠道获取，但原告在生产、探索的过程中，在众多的同类设备和原材料供商中通过比较和调查，分析各自的优缺点后选择的，因此，原告采购该设备和原材料这一过程是特定的，是不为公众所知悉的；被告掌握了原告流量检测仪、测漏仪、移印机、导管利料、导丝、针管、包装材料等选形和采购渠道以及模具外协加工渠道等经营信息，百合公司使用了与佛导公司上述系列相同的设备、原材料及外协加工厂商，在客观上减少了百合公司在寻找和确定上述单位所付出的劳动，上述信息是佛导公司处理过的特定化信息；佛导公司采取了合理的保密措施，该经营信息能应用在生产过程中，给佛导公司带来竞争上的优势，符合商业秘密的法律特征，应认定为商业秘密，被告黄某、荆某、李某披露上述商业秘密，被告百合公司使用上述商业秘密，被告的行为构成侵权。

资料来源：《采购渠道、外协加工渠道可构成商业秘密》（刘红，佛山法院网，2004年8月3日）

- **商业秘密的范围**

（1）产品。企业开发的新产品，在既没有申请专利，又未投放市场之前，是企业的商业秘密；有些产品即便公开面市，但是产品的组成方式也可能是商业秘密。

（2）配方。工业配方、化学配方、药品配方等是商业秘密常见的形式，包括化妆品配方，其中各种含量的比例也属于商业秘密。

（3）工艺程序。产品由于投放市场可能完全公开，但生产产品的工艺程序，特别是生产操作的知识和经验，是重要的商业秘密。许多技术诀窍即是这类典型的商业秘密。

（4）改进的机器设备。在公开的市场上购买的机器设备不是商业秘密，但企业提出特殊设计而订做的设备，或设备购买后企业技术人员对其进行改进之处，也属企业的商业秘密。

(5)图纸。产品图纸、模具图纸及设计草图等，都是重要的商业秘密。

(6)研究开发的文件。记录新技术研制开发活动内容的各类文件，比如会议纪要、实验结果、技术改进通知、检验方法等，都是商业秘密。

(7)客户情报。客户名单是商业秘密非常重要的组成部分，若被竞争对手知悉，可能危及公司生死存亡。

(8)其他资料。其他与竞争和效益有关的商业信息如，采购计划、供货渠道、销售计划、会计财务报表、价格方案、分配方案、计算机软件、重要的管理方法等，这些信息能使企业在竞争中有一定优势，并经企业有意进行保密的信息，都应当是商业秘密。

2. 对掌握商业秘密的员工管理

公司的科研开发、生产经营必须依靠其员工进行，员工在工作中不可避免地要掌握和使用公司的商业秘密。今天的员工，也许就是明天的竞争对手。90%的商业秘密泄密案件，都是由内部员工或者离职员工所致。所以，加强对掌握商业秘密员工的管理，是公司商业秘密管理中最重要的环节。

标杆借鉴

IBM公司的新员工保密培训

员工进入公司，要接受培训，向其灌输保密观念，讲明保密责任，让员工了解保密事项，警惕在外来参观、询问或洽谈业务中泄密，并根据法律与员工签订保密协议，以明确规定员工的保密责任和义务。

IBM公司更在新员工加入时的宣誓书上，特别注明不要在任何场合谈论技术秘密，参加任何活动不能触及秘密，有人问起必须拒绝，若无法回避问题宁可退出有关活动。

商业秘密保护不仅要靠制度、技术，更重要的还要靠人，对涉密人员的管理是重中之重。外国公司为了保护企业秘密，在选人上十分慎重，性格、品德都要进行审查，对涉密员工尤其严格。

员工进入公司，要接受培训，向其灌输保密观念，讲明保密责任，让员工了解保密事项，警惕在外来参观、询问或洽谈业务中泄密，并根据法律与员工签订保密协议，以明确规定员工的保密责任和义务。

◆ 对掌握商业秘密员工的管理

对公司的商业秘密首先应确定正当持有人，划定可接触人员名单，同时确定员工接触商业秘密的原则。保密的实质就是控制接触范围，公司的一切保密管理行为，首先要把目标放在有效控制商业秘密的接触范围上。公司信息保密的基本原则，就是把商业秘密知悉范围控制在不影响科研、生产和经营正常运行的最低限度。

商业秘密接触范围的控制原则包括以下内容：

(1)需要原则。即根据公司业务需要限定接触范围，只有在公司业务充分必要的前提下，才让员工接触相关的商业秘密信息，控制接触业务不需要的信息。

(2)分割原则。即把涉及商业秘密的完整事项，按知悉的需要分割成若干个部分，使不同的人员只知道自己确需知道的部分，而不掌握全部成果信息。

(3)隔离原则。即把商业秘密信息有效封闭或隔离起来。隔离控制可以增加窃取商业秘密的难度系数，有效降低泄密风险，达到阻断窃密、泄密渠道的目的。为预防泄密，公司各部门、各工序之间，进行严格的分割封锁，权力分级，相互不衔接，使员工只知其一不知其二，只知局部不知整体。

“限制接触”原则具体应当做到：

(1)公司员工职级与该员工能接触到的商业秘密呈倒金字塔结构；

(2)公司各部门和员工所知悉的商业秘密以及公司内部各个不

同业务领域的商业秘密不能共享，确保不同的部门和员工只知悉有限的业务领域的商业秘密；

(3)该商业秘密在该业务领域同时也是有限的；

(4)确保极少的员工知悉该商业秘密的整体部分；

(5)情况允许还可对知悉这些商业秘密的员工进行不定期的调换。

标杆借鉴

通用与大众的高管跳槽保密战

1993年，美国通用汽车公司的高层管理人员洛佩兹宣布跳槽，带领7名助手投奔德国大众汽车公司。洛佩兹是通用公司欧洲欧宝公司采购部的负责人，他的跳槽直接威胁通用公司在欧洲的利益。随后，美国司法部开始进行调查。克林顿总统甚至命令FBI必要时要求德国政府“引渡”洛佩兹。

1996年，通用公司起诉大众公司盗窃商业秘密以取得不正当商业利益。1997年，双方达成庭外和解，大众公司向通用公司支付1亿美元的损失赔偿金，并答应在今后7年内，购买通用公司10亿美元汽车零部件，洛佩兹在2000年前不得作为雇员或顾问为大众公司工作等。

专栏：可以考虑与员工签署的协议

- 员工创新与专有信息协议。该协议主要规定雇员独自开发或与他人合作开发的专有权归属、掌握的机密资料的移交、不披露义务等内容，特别是要求雇员在受雇期间将各种有价值信息的所有权转移给公司。这些信息不仅包括专利产品，也包括配方、电脑程序、会计方法等。
- 遵守特种材料管理程序的协议。该程序规定保护专有信息的政策、范围、责任等。

- 列出专有信息清单，诸如：战略计划、产品计划、客户名单、产品配方、产品成本、产品定价、人事记录、雇用统计、职位说明、业绩评估、预算、销售历史、市场地位资料、投票史、利润分配、纯利润、商业总赢利、技术推荐书、制作立法及条件、秘诀、公式、测试数据等。
- 保密协议。签订保密协议的签名人有正在或正考虑向公司提供上述产品或劳务的建筑师、工程师、顾问、承包人、分包人或供应商。主要规定成果的归属，提供获得的有关信息的使用保密义务，披露义务，范围等。
- 员工对来访者应知道的管理程序。包括来访者分类、限制（时间与地域限制）。
- 专有信息保护协议。专有信息定义、程序、范围、职责、类别、类别、复印、分发、保管、稽查。
- 为卖主使用的图案的管理。包括范围、程序、专有信息、版式等。

◆ 鼓励员工保守公司商业秘密

你可以运用以下激励措施来确保员工愿意保守公司商业秘密：

(1)用分配方法来保护商业秘密。即对接触、使用企业商业秘密的职工，给予较优厚的工资、奖金待遇，若有可能，再辅之以必要的雇佣合同，写明一旦享受特殊津贴，则应负有相应的保密义务；

(2)可以用长期化劳动契约来保护商业秘密。在人员流动比较普遍的今天，这一方法更具有重要作用。劳动契约长期化，可以使关键岗位(接触、掌握商业秘密)的职工，由于收益长期化的预期，而留在岗位上。如果再辅之以较优厚的工资、奖金，对增强企业重要职工保护商业秘密的责任感会更有作用。

(3)以某种产权安排，来保护商业秘密。比如，允许商业秘密的发明人，接触、掌握商业秘密的人拥有部分股权，成为企业的股东，使之与企业形成休戚相关的命运共同体。

究竟在分配、劳动契约长期化、产权安排之间做何选择，要视企业的具体情况和商业秘密的存在形态、收益大小而定。一般来说，为保护商业秘密而作出了产权安排，企业付出的成本要大一些。但是，从长远来看，为了保护对企业至关重要的商业秘密，这样做还是值得的。目前，相当一部分高新技术企业并未从产权安排的角度去保护商业秘密，是高新技术企业人员跳槽不断，企业技术诀窍、新产品被别的企业窃取、仿冒的重要原因之一。

◆ 员工在同行中兼职的管理

兼职行为在某些行业、某些企业中比较常见。随着市场经济的发展，兼职行为有可能在局部领域会进一步泛化。那么，公司有没有权力制止员工在外面兼职，什么情况下才有权制止员工在外面兼职？

金先生在一家中外合资公司工作，双方签订了无固定期限的劳动合同。他平时按公司要求准时、保质、保量地完成了自己的工作任务，从未延误过。由于工作之余的时间比较充裕，于是金先生便利用工作之余时间为另一家公司做兼职。该兼职的业务与单位的经营、业务都不同。但所在单位当知道金先生在外兼职后，要求金先生不得在外兼职，否则将立即解除劳动合同。金先生对此很不理解，他认为自己利用的是工作的业余时间，公司有什么权力来干涉？

根据劳动法的规定，劳动者每天工作 8 小时，平均每周工作 40 小时，该工作制度为法定标准工作时间。就法定工作时间而言，这是职工在与用人单位建立劳动关系之后的工作义务，在此时间内应当受用人单位的支配和调度。劳动者个人无自由的选择权。

在法定标准工作时间之外的时间，我们通常称之为是工作业余时间。而对工作业余时间而言，这是劳动者在法定工作时间之外的时间，该时间应当由劳动者个人支配和使用，从所有权的角度出发，工作业余时间由劳动者所有，任何单位、组织对此都无权予以支配和限制。

从劳动关系的基本原理分析，只要兼职与在职业务无利益冲突，兼职应当允许。理由为：兼职所需的时间是劳动者利用业余时间，这与确立劳动关系条件之下的法定标准工作时间并无冲突。对业余时间的支配权属劳动者个人所有，劳动者自由支配业余时间是法律赋予权利人对自己权利的处分权。公司无权对员工的个人时间处分权进行干涉。

从商业上的竞业禁止和保密义务的规定来看，劳动者所从事的工作应当维护本单位的经济利益，这是法律对劳动者规定的义务。同样，员工兼职也应当遵守这一基本原则，即兼职的岗位与本单位的经济利益无任何冲突，不发生任何竞争。这就要求兼职人员的工作内容在法律规定的范围内予以限制，以免产生不正当的竞争。如果兼职人员不违反竞业禁止和履行保密业务的，其所兼职的工作内容与本单位的业务或经营不发生利害冲突，则兼职行为并不为法律所限制。所以，兼职的成立是以不违反商业竞争和商业秘密为前置条件，同时也以业余时间为基本条件。

员工兼职利用自己的一般知识、经验、技能为其他公司工作。问题是，员工在兼职时，很可能会有意或者无意把本企业的一些商业机密泄露出去，如果泄露给竞争对手，对于企业的打击是巨大的。关键是如何划出区分一般知识、经验、技能与商业秘密的界限。在许多国家，划分商业秘密与一般知识和技能的界限都是一个难点。

商业秘密案件中，经常会出现公司为原告，公司以前的员工为被告的情形，公司指控员工侵犯了其商业秘密。针对公司的指控，作为被告的员工往往以自己只是利用“个人技能”、“劳动经验”，而没有侵犯公司的商业秘密作为抗辩。那么怎样划出一般知识、经验、技能与商业秘密界限呢？

劳动经验和个人技能是员工在对技术信息长期实施过程中逐步积累而成的熟练程度。在劳动经验的形成中，既有对公知技术部分的经验，也有对权利人技术秘密部分的经验。但无论怎样，劳动经验是以对权利人技术信息的实施为基础，它必须在权利人技术信息所规定的具体步骤和标准的上下限度范围内产生和实现。

如果劳动经验只是员工在掌握了权利人的技术秘密后才产生，

并且也只有在使用与权利人相同技术信息的前提下才能体现其实用性和价值性。那么这时应尊重权利人的商业秘密，限制所谓的劳动经验的使用。这时，这些知识、经验、技能就不是该员工的一般知识、经验、技能，而是企业的商业秘密。

如果员工在进入雇主处工作前就掌握的知识、经验、技能，或者员工在雇主处掌握的知识、经验、技能与员工的人格已经无法分开，这时候可以认定为员工的一般知识、经验、技能，允许员工自由使用。如果公司员工在受雇期间积累的知识、经验、技能已成为其人格的一部分，不能作为商业秘密来限制披露和使用。

通过劳动合同约定兼职行为

义务来源于法律的明文规定或者当事人之间的约定。在法律对员工的兼职没有明确禁止，甚至在部分地区不禁止员工兼职的情况下，公司应和员工在劳动合同中对是否允许员工兼职进行约定。如果在劳动合同中明确禁止员工到其他公司兼职，那么公司有正当理由要求员工不得在其他公司兼职。如果劳动合同中没有约定，那么公司只有在有证据证明员工在兼职中已经使用，或者将要使用公司的商业秘密时，要求员工停止兼职。

3. 保密协议

《劳动法》规定，劳动者应根据用人单位的要求，保护用人单位的商业秘密。用人单位要求员工保守商业秘密，一是通过规章制度的方式，另外就是通过与员工签订保密协议。用人单位通过与职工订立保密协议来保护商业秘密是最常见的有效方法。

《劳动法》对保密的规定

《劳动法》第 22 条规定："劳动合同当事人可以在合同中约定保守用人单位商业秘密的有关事项。"第 102 条规定："劳动者违反劳动合同中约定的保密事项，对用人单位造成经济损失，应当依法承担赔偿责任。"

保密协议可帮助说明商业秘密的存在，员工知道其保密义务，并明确员工的保密范围。保密协议是公司采取了合理的保密措施的有效证明。

- **保密协议主要条款**

(1)义务明示条款。此条款主要是把法定的、默示的保密义务明示为合同义务。员工应保证对在本公司工作期间知悉的本公司的商业秘密承担无条件的保密义务。

(2)公司商业秘密范围条款。首先，按照技术信息和经营信息的划分，列举所有属于本公司商业秘密的内容。其次，对该员工所在岗位涉及的技术信息或经营信息作进一步的详细规定。

(3)对第三人合同义务条款。公司在聘用新员工时应调查其在进入本公司前是否承担了对原公司的保密义务及竞业禁止义务。如未承担此类义务，应在合同中明确声明或保证，如"乙方保证在甲方工作期间使用任何知识均与前受聘单位无关，乙方承担甲方交付的任何工作或任务，均不会侵犯前受聘单位的商业秘密"。如承担了对前单位的保密义务，应要求员工在本公司工作期间不利用前公司的保密信息为本企业服务。

(4)员工职务成果与非职务成果的确认条款。应包括员工在职期间的产生成果应及时报告。对职务成果的实施、转让、归属等明确约定，对于非职务成果应由公司确认。

(5)员工任职期的界定。

(6)员工义务的具体描述。如：对上述所列商业秘密，不得直接或间接向公司内部无关人员泄露；不得复制、披露包含公司商业秘密的文件及文件副本等。

(7)员工在竞争企业任职、兼职活动的限制。

(8)员工在职期间不得自行组织公司与雇主竞争。

(9)员工不得引诱其他员工离职。

(10)员工离职前不得抢夺雇主的客户。

(11)补偿条款。明确由于企业已经支付员工工资、奖金等劳动报酬，上述保密义务作为员工的忠诚义务的重要体现，不以任何额外报酬支付为对价。可以考虑将员工现有工资中的一部分的名目列为“保密津贴”等。并约定员工离职后承担的商业秘密保护义务，不以得到任何额外补偿为条件。

(12)员工离职后继续承担保密义务的期限。

(13)离职后保密信息载体的交还。

(14)员工离职后在一定期限或特定区域内，不得开展竞争性业务或受雇于竞争公司。

(15)违约责任条款。可根据违约的不同情形约定违约金。

(16)发生纠纷后诉讼地的选择。

- **保密协议签订应注意的问题**

(1)在签订保密协议时，双方既可在劳动合同中约定保密条款，也可以订立专门的保密协议。但不管采用哪种方式，都应当采取法定的书面形式，并做到条款清晰明白，语言没有歧义。

(2)应明确保密义务期限。虽然按照法律的规定，不得侵犯公司商业秘密的义务不因劳动合同的解除、终止而免除，但很多人存在误区，以为保密协议的期限等于劳动合同的期限，劳动合同终止，保密义务也就结束了，不再存在保密义务。因此为了避免不必要的纠纷，有必要在保密协议中明确保密期限不因劳动合同的解除而结束，直到商业秘密公开，报名期限才解除。只要商业秘密存在，保密义务也就持续存在。

(3)应当明确保密主体和保密义务。商业秘密的保密主体一般仅限于职工。对于保密岗位和技术岗位，要求其不得披露、公开、出借、赠与、出租、转让、处分或者协助第三人侵犯公司的商业秘密。除上述涉密岗位以外，一般员工(包括不承担保密义务的人员)在工作中有意或无意获悉公司的商业秘密时，也应该列入保密主体的范围，承担保密责任。此外，那些掌握了商业秘密的职工的家属、朋友，对保守商业秘密也应该负有同等义务。

(4)应当明确保密范围。不同的企业和同一企业的不同时期，所持的商业秘密是不一样的，因而保密范围、内容也有所变化。在约定保密内容时，务必把需要保密的对象、范围、内容和期限等明确下来，明晰当事人的义务和责任。尤其当商业秘密具有企业无形资产和职工个人劳动成果双重性质时，例如广告公司策划人员完成的创意工作、IT公司技术人员完成编程、数据库等，应当特别注意明确其性质是属于个人的著作权还是属于公司的商业秘密。保密范围是协议的重要部分，务必在协议中写清楚。

- **关于保密协议的两个重要提示**

(1)保密义务不以支付保密津贴为对价。

很多人有一个误区，认为根据法律“权利义务一致性原则”，要求员工承担保密义务，就必须向员工支付保密津贴，否则权利义务不对等，保密义务无效。这种错误的后果是，一些员工在没有取得公司支付的保密津贴的情况下，想当然认为自己不承担保密义务。在这种思想支配下，员工泄漏、使用公司的商业秘密，因此导致法律责任的承担。

商业秘密是知识产权的内容之一，在理论体系上，应该属于民法知识产权的内容。商业秘密和知识产权的其他权利一样，是一项绝对权，也即义务人是权利人之外的所有人：任何人有尊重他人商业秘密的义务，不得窃取、使用他人的商业秘密；任何接触商业秘密的人，都有保守商业秘密的义务。这个义务是消极义务，义务人履行这个义务，并不会导致任何的损失，所以这个义务也是绝对的，不必支付任何对价。

我国所有的法律条文中，只规定了接触商业秘密的人有保守他人商业秘密的义务，而没有要求对保守商业秘密支付费用的规定。根据法律基本理论，任何义务的来源要么是法律明文规定，要么是合同约定。在我国法律没有规定，当事人也没有约定支付保密费用的前提下，任何要求公司支付保密津贴的行为是缺乏法律依据的。保守公司商业秘密的义务是单方义务，不是双方义务。

要求为保守商业秘密支付费用，否则保密义务就无效，这实际上是对商业秘密权利的限制。如果不支付保密津贴，任何人都可以泄露和使用他人的秘密，是对他人知识产权的掠夺。

很多人认为保守商业秘密要支付费用的依据是权利义务的一致性，其实要求员工保守商业秘密对员工而言，并不损害他本人的任何利益，既然没有损害他的利益，那么就没有必要支付补偿。

但是，如果支付保密津贴，对公司会有如下好处：① 提高员工保密自觉性；② 如果发生员工违反保密协议，公司举证责任降低，员工的违约行为更易被法院确认。

(2)保密义务不以保密协议为前提。

保密义务源自于法律的诚实信用原则，即权利人在实施商业秘密的过程中，不可避免地使他人接触到，接触者应遵守诚实信用的原则，以保护权利人的权利。保密义务的确定须具备两个前提条件，一是接触到商业秘密，了解商业秘密的内容；二是明知要保密。

保密义务是法定义务，也不需要对方给付任何对价，即便有的合同中约定保密义务，也约定了权利人相应的给付义务，如权利人没有履行相关义务，义务人可以追究违约责任，但不能不遵守保密义务；作为法定义务，保密义务不管当事人是否同意都应遵守。

保密义务的时间是与商业秘密存续的时间相同的，只要商业秘密存在，义务人则有义务进行保密。

专栏：关于保密协议的个别提醒

(1) 雇主与雇员一般要签订书面的保密协议。

(2) 对商业秘密来说，绝对的秘密性是不必要的。

(3) 与雇员签订不同其前雇主竞争的协议条款，不受司法方面的严格审查。如果不签订书面协议，可以通过双方存在着某种联系来达成一个潜在的保密协议。

(4) 不管是否签订保密协议，雇主必须事先向其雇员告知他或她即将接受的信息是雇主有价值的商业秘密。

(5) 尽管商业秘密可以通过雇主与雇员的默契来获得保护，但最好的办法是要求接触商业秘密的成员签订一份不泄露秘密的协议。

(6) 对所有职员不能使用同一格式的协议，保密协议应适当加以反复以适应某些特别情况，如营销职员、办公室人员等则应有所不同。

(7) 当雇员离开公司时，应同该雇员做一次离开此公司的会面，重申雇员在离开本公司之后应继续保护商业秘密的义务，有时还可以通知一下此雇员未来的雇主，此雇员对原公司应承担的商业秘密保护的义务。

(8) 如果一个竞争对手故意引诱公司原雇员泄露商业秘密，公司可通过刑事诉讼的手段诉讼原雇员和竞争对手。

(9) 当雇员与雇主关系涉及商业秘密时，应特别小心。通常法庭要在保护雇主和雇员利益方面进行平衡。

4. 竞业禁止协议

无论在中国还是在外国，目前商业秘密纠纷都主要表现为雇员带走雇主(单位)的商业秘密，然后与后者开展不正当竞争。

一般而言，员工离职导致公司商业秘密丧失大致有以下两种情况：一是员工离职带走原单位商业秘密为另一单位服务；二是员工离职后另起炉灶，从事与原单位业务相同的经营或服务。

标杆借鉴

微软谷歌李开复竞业限制案

微软全球副总裁李开复决定离职，并宣布将出任 Google 全球副总裁及中国区总裁，这跳槽立即引发轩然大波，微软以违反竞业禁止协议为由将 Google 和李开复一起告上美国法庭。法院应微软公司的请求，发布临时禁令，禁止李开复从事与中国的计算机搜索市场相关的搜索技术、经营战略、规划或开发工作，以及他在微软曾经从事的其他工作领域，Google 和李开复被禁止披露或盗用李开复在微软工作期间获得的任何商业秘密，这一裁决还禁止李开复鼓动微软的其他员工跳槽至 Google。微软此举正来源于竞业禁止制度。

竞业禁止协议便是针对上述现象而出现的事先防范措施。竞业禁止也称竞业限制，它是禁止掌握雇主商业秘密的特定雇员在任职期间或离职后一定时期内利用该商业秘密与本单位竞争，从而保护雇主在市场竞争中不会因商业秘密被泄露而遭受损失的一项法律制度。其核心内容在于约定离职者不得利用在原单位掌握的商业秘密从事此行业的不正当竞争业务。在拥有商业秘密的公司，它们在与雇员建立雇佣关系时一般与其签订协议，要求雇员在离开该企业后一定期限内，不得在潜在竞争对手处任职。

1997 年 7 月 2 日国家科委发布《关于加强科技人员流动中技术秘密管理的若干意见》，系我国官方最早引入的做法。该意见第 7 条中规定："单位可以在劳动聘用合同、知识产权权利归属协议或者技术保密协议中，与对本单位技术权益和经济利益有重要影响的有关行政管理人员、科技人员和其他相关人员协商，约定竞业限制条款，约定有关人员在离开单位后一定期限内不得在生产同类产品或经营同类业务且有竞争关系或者其他利害关系的其他单位内任职，或者自己生产、经营与原单位有竞争关系的同类产品或

业务。”

《劳动合同法》第 23 条规定：“用人单位与劳动者可以在劳动合同中约定保守用人单位的商业秘密和与知识产权相关的保密事项。对负有保密义务的劳动者，用人单位可以在劳动合同或者保密协议中与劳动者约定竞业限制条款，并约定在解除或者终止劳动合同后，在竞业限制期限内按月给予劳动者经济补偿。劳动者违反竞业限制约定的，应当按照约定向用人单位支付违约金。”

法律一方面要保护商业秘密，另一方面也要保护民众的择业自由，保证各种技术人才和经营人才的合理流动。为衡平民众择业自由和商业秘密权利人利益之间利益，竞业禁止协议成为一个较好的选择。

作为一种法律制度，竞业禁止具有两方面特征，一是其效力来源于合同的约定，无约定则无此义务；二是它的约束力延续到雇员离职之后，是防止雇员离职后泄露企业商业秘密的有效方式。

竞业禁止内容一般包括：(1)在职期间不得在竞争企业兼职甚至任职；(2)在职期间不得自行组织公司与雇主竞争；(3)离职之前不得抢夺雇主的客户；(4)不得引诱其他雇员离职；(5)离职后的特定时间和特定领域、区域内，离职者不得开展与雇主竞争的业务或受雇于竞争公司。

但竞业禁止原则不能滥用，应注意以下合理运用的要点：

(1)竞业的认定：新企业与原企业必须是同类且具有竞争关系。只生产经营同类产品而没有竞争关系的企业不形成竞业禁止的前提条件。如甲乙两企业虽然生产同一种产品，但甲的产品只能在国内销售，而乙的产品只能销往国外，国内不得销售。此种情况可以认定甲乙两企业不存在竞业禁止，因为它们之间不存在竞争关系。

(2)受限期限不能太长。竞业禁止的期限应当取决于商业秘密在市场竞争中所具有的竞争优势、持续的时间及雇员掌握该商业秘密的程度和技术水平的高低，根据《劳动合同法》的规定，竞业禁止期限不应当超过离职后 2 年。

(3)竞业禁止并不能适用于全体员工，要限定适用员工范围，一般来讲员工必须是原企业的关键人员，即掌握了解商业秘密的人员。包括：企业的高级技术人员，具体是技术研制、开发、利用人员；企业的高级管理人员，具体是董事、财务总监、经理等；其他掌握了公司商业秘密的员工，如办公室主任、部门经理、档案管理人员等。

(4)应当给予合理的补偿。由于竞业禁止员工所掌握的赖以谋生的知识、经验和技能不能发挥，极有可能不从事自己擅长的专业或所熟悉的工作，收入降低在所难免，因此企业必须给予一定的经济补偿金。如果企业没有给予员工相应的经济补偿或者没有支付，则该条款就为显失公平，该条款可能会被劳动仲裁机构或法院认定为无效，这种案例在现实生活中是很多的。在上海，公司没有支付竞业禁止补偿金，并不导致竞业禁止条款的无效，离职员工有权以法律手段要求公司支付补偿金。

关于补偿费的支付标准，现行的规定没有规定，由企业与雇员自行约定。在没有约定情况下，法院或者仲裁机关可以确定一个合理的标准。在深圳，补偿的标准一般为员工年收入的一半，在上海，一般为员工离职前年收入的20%～30%。

案例：八人出走冒出三家新公司

深圳某公司是世界上唯一掌握在常温下进行工业化生产金刚石膜材料的高科技公司，承担着国家“863”计划项目、宇航、军工等重大项目及国家火炬计划项目。前不久我国首次载人飞船“神舟”五号的总设计师戚发轫率专家组亲临该公司考察并题词“感谢深圳某公司为中国首次载人航天飞行所做的贡献”。

2001年该公司采用拥有自主知识产权的金刚石膜新材料独立研制成一种高强度、不磨损、透光良好的玻璃手机视窗产品后，公司先后有八名负责科研和市场营销人员离职纷纷成立新公司，生产玻璃手机视窗产品，该公司称这一行为导致该公司蒙受数千万元的经济损失。该公司遂以违反保密合同，侵犯商业秘密为由将这八名原员工告上法庭，要求被告停止侵权行为，并赔偿原告303万元。

深圳福田区法院审判后认为，原告与被告签订有保密合同，从双方所生产的产品来看，均生产手机视窗玻璃，属于生产同类且有竞争关系产品的企业，被告行为违背了原来双方签订的保密合同中关于竞业限制的约定。但深圳福田区法院同时认为，签订竞业限制协议，用人单位必须给予劳动者补偿。原告在保密合同的竞业限制条款中对竞业限制补偿未作具体约定，原告又未依有关规定支付过竞业限制补偿金给被告。因此，对原告要求被告停止违约行为和支付违约金的诉讼请求不予支持。

资料来源：《企业员工跳槽与商业秘密保护》(刘超荣，榕泉商报，2006年7月28日)

5. 不可避免泄露和使用原则

我国商业秘密保护主要是事后救济，着重对实际侵权行为进行规定，对于潜在侵权行为则缺乏事前救济途径。适用竞业禁止的前提，是公司和离职员工存在竞业禁止协议。在不存在竞业禁止协议的情况下，如果知道员工即将到竞争对手处工作，则这样的工作将会不可避免泄露与使用自己的商业秘密，从而使公司遭受巨大的损失。在这种情况下，可以参照美国的“不可避免泄露和使用商业秘

不可避免泄露和使用商业秘密原则

指雇主在其知悉商业秘密的员工离职后并在被竞争对手雇佣之前，认为员工在被竞争对手雇佣后会不可避免地使用其商业秘密并且会造成难以弥补的损失，可以在没有协议(或协议因某种原因无法执行)时，请求法院禁止其在一定期限内为竞争对手工作。

密原则”进行处理。

不可避免泄露和使用商业秘密原则主要是针对商业秘密潜在的侵占行为采取的保护方式。

与传统商业秘密保护方式相比，不可避免披露原则具有以下特点：

(1)事前救济的保护方式。雇主可以在其员工为竞争对手工作前就提起诉讼，请求法院禁止其在一定期限内任职。而在传统的保护方式之中，前雇主只能在确知员工加入竞争对手，并且将商业秘密用于竞争对手的商业活动中时才能采取行动，而此时已经难以挽回损失。

(2)举证责任的特殊性。它所要证明的不是已经发生的侵权行为，而是实施侵权行为的可能性。原告的证明责任在于：如果允许员工加入对方公司，泄密将不可避免。

不可避免泄露与使用原则的法律限制包括：

(1)适用主体限制。这一原则只适用于高级技术职员和经理阶层，不适用于普通员工。

(2)考虑前后工作职责类似程度以及商业秘密性质。要求离职员工在竞争对手的工作职责在性质上与前一项工作基本相同，产品或服务与自己直接竞争；而且该项工作将不可避免使用原告的商业秘密，会给原告造成不可避免的损失。

6. 脱密期的运用

一些公司害怕接触公司商业秘密的员工离开公司后泄露商业秘密，所以让员工在普通的工作岗位上呆一段时间再离开，这段时间就叫做脱密期。脱密期是用人单位让密切接触本单位商业秘密的员工在离开单位之前脱离涉密岗位的一段期间。

用人单位通过约定，要求员工在离职前提前通知用人单位，在员工通知用人单位后，还必须为用人单位再工作一定期限，该期限届满，员工才可以正式离职，在通知后的这段时间内，用人单位可以将员工调换至不需保密的工作部门，以确保员工不再获知新的商业秘密，因此又被称为“提前通知期”。

法律规定

关于脱密期的法律规定

《中华人民共和国劳动法》第22条规定：“劳动合同当事人可以在劳动合同中约定保守用人单位商业秘密的有关事项。”

劳动部《关于企业职工流动若干问题的通知》第2条规定：“用人单位与掌握商业秘密的职工在劳动合同中约定保守商业秘密有关事项时，可以约定在劳动合同终止前或该职工提出解除劳动合同后的一定时间内(不超过六个月)，调整其工作岗位，变更劳动合同中的相关内容。”

《上海市劳动合同条例》规定：“对负有保守用人单位商业秘密义务的劳动者，劳动合同当事人可以就劳动者要求解除劳动合同的提前通知期在劳动合同或者保密协议中作出约定，但提前通知期不得超过6个月。在此期间，用人单位可以采取相应的脱密措施。”提前通知期就是脱密期。

适用脱密期规定必须注意以下几个方面：

(1)员工的工作岗位必须涉及公司的商业秘密。这是单位运用脱密期来约束员工的前提。如果员工的工作岗位根本不涉及商业秘密，单位不应该设立脱密期。

(2)脱密期必须是双方约定。脱密期不能是公司单方面的要求，如果没有书面协议，单位没有权利要求员工履行脱密义务。

(3)脱密期长短必须符合法律规定。一般而言，脱密期不能超过6个月。如果员工与单位约定的脱密期超过了6个月，员工只履行6个月的脱密期即可。

(4)脱密期间员工仍与单位有劳动关系，享有员工待遇。脱密期间单位不得让员工回家待岗，以此为借口不发工资或者克扣工资。脱密期间的员工仍然是单位的有劳动关系的员工。

小知识

脱密措施

脱密措施就是用人单位可以在脱密期内采取的保护商业秘密的措施。目的是为了减少已获知商业秘密的员工进一步接触商业秘密的机会。一般来说，用人单位采取的措施多是将员工调离机密部门，变更劳动合同等。只要不违反法律的规定，用人单位可以采取任何措施保守自己的商业秘密。

案例：脱密期争议案例一

金先生是某公司技术部门的一名员工，与公司签订有无固定期限的劳动合同，合同约定的工作岗位是开发部工程师。为保护公司的商业秘密，公司曾与金先生签订有一份保密协议，其中约定：金先生在工作期间应当遵守公司制定的保密规定，如因个人原因离职，应提前6个月提出，公司在此期间将采取脱密措施。

不久，金先生向公司正式提出辞职要求。公司接到金先生的辞职报告后，当即通知金先生移交工作，并通知将其工作岗位调动至后勤总务部门。金先生认为公司调动岗位是变更合同的行为，因未与本人协商，所以通知变更岗位不能成立；而且，公司将自己调往并不在行的后勤部门，有打击报复的嫌疑，因此拒绝公司的工作调动通知。公司经多次通知金先生去新岗位报到无效后，强行封存了金先生原工作岗位的工作资料和办公场所。金先生见公司不让自己正常上班，就向公司请假回家，到了辞职报告提出后的30天，金先生即通知公司为其办理退工手续。公司对金先生的要求未予理睬，双方于是发生争议。

○ **评析**

本案争议的焦点是公司是否可以不经协商变更金先生的工作岗位，金先生在辞职30天后是否可以要求公司办理退工手续。

《劳动法》第31条规定："劳动者解除劳动合同，应当提前30日以书面形式通知用人单位"，该条规定是劳动者提出解除劳动合同的一般规定。但是，《劳动法》第22条规定："劳动合同当事人可以在劳动合同中约定保守用人单位商业秘密的有关事项"，该条款对当事人在劳动合同中约定保守用人单位商业秘密的事项作了授权性规定，对约定的"有关事项"赋予了法律效力；《上海市劳动合同条例》第15条第2款规定："对负有保守用人单位商业秘密义务的劳动者，劳动合同当事人可以就劳动者要求解除劳动合同的提前通知期在劳动合同或者保密协议中作出约定，但提前通知期不得超过6个月。在此期间，用人单位可以采取相应的脱密措施。"《上海市劳动合同条例》的该条规定，是对《劳动法》规定的细化，是对"保守用人单位商业秘密的有关事项"中有关"解除劳动合同提前通知期"的专设条款。根据该条款，当事人可以在保密协议中对劳动者解除合同提前通知期作出约定，用人单位可以在该提前通知期内采取相应的脱密措施。所谓的脱密措施，就是用人单位依法针对保密要求采取的措施，当然是包括对需保密资料的封存和需保密岗位的变换。

本案中，金先生与公司订有有效的保密协议，金先生因故向公司提出辞职时，应按保密协议的约定提前6个月提出，公司在这6个月的脱密期中，可以依法采取封存资料、调动岗位等脱密措施，金先生在提出辞职30天后就要求公司办理退工手续并赔偿损失依据不足。

资料来源：《脱密措施与岗位调动》（赵雄麟，148法律在线，www.148online.com.cn，2006年10月）

案例：脱密期争议案例二

姜某系某化工公司工程师，与公司签订有无固定期劳动合同。工作中，姜某参与了公司的一项新工艺流程设计，公司于是要求姜某签订保密协议，协议中约定：姜某在工作期限内应对公司的技术秘密予以保密；姜某如要解除合同离开公司，则必须提前6个月通知公司，公司将采取调离其原岗位另行安排工作的防泄密措施；姜某因任何原因离开公司，应在离开后3年内不得前往与公司有竞争关系的单位工作；公司因要求姜某遵守保密约定，同意按月支付姜某一定数额的保密津贴。经协商一致，双方签署了上述保密协议。

数月后，姜某因个人原因申请辞职，公司要求姜某继续工作6个月，公司将对其重新安排岗位，并再次提醒姜某在6个月后不得到有竞争关系的单位工作。姜某认为这份协议过于苛刻，且对其今后就业极为不利，于是要求公司取消有关"离开公司后3年内不得前往与公司有竞争关系的单位工作"的协议规定。公司认为保密协议经双方协商同意并已签字，履行保密义务是员工的职责，因此拒绝了姜某的要求。姜某不服，双方于是发生劳动争议。

○ 双方理由

姜某认为：自己在离开公司时提前6个月通知，公司可以马上调换其岗位，并在6个月内采取一定的措施以保护公司的技术秘密；自己离开公司后，不再接触公司的技术秘密，因此，公司再规定自己在离开后3年内不得前往与公司有竞争关系的单位工作，限制了自己的就业权利，违反了劳动法的规定。

公司认为：姜某在公司工作期间所接触的技术均是公司的核心机密，公司为保护专有的技术秘密才与姜某签订保密协议；由于技术秘密的防泄露措施并不多，所以要求姜某在离职后3年内不得到竞争单位工作也是保护技术秘密的措施，这个协议经双方协商同意签订，公司已按月支付了保密津贴，姜某现在反悔没有依据。

○ 评析

本案的争议焦点是：用人单位为了保护自己的技术秘密或商业秘密，能否与涉密的劳动者签订协议约定解除合同的提前通知期又约定解除合同后的竞业限制期。

提前通知期和竞业限制是否可以在合同中同时约定？《上海市劳动合同条例》第16条第2款规定："劳动合同双方当事人约定竞业限制的，不得再约定解除合同的提前通知期。"根据以上规定，提前通知期和竞业限制不能同时约定，也就是用人单位只能采取其中的一种作为保护商业秘密的措施，该项规定的实质含义，应是防止用人单位的过度限制而可能影响劳动者的择业权利。

本案中，化工公司为了保护其新工艺不被泄露，与参与研制该工艺的员工签署了保密协议，这本身是合法合理的。但在保密协议中，既规定了竞业限制期，又规定了提前通知期，对劳动者的择业权作了过度的限制，违反了劳动法规的相关规定。因此，公司在保密协议中约定了姜某的竞业限制期，就不得再约定解除合同的提前通知期，双方的解除合同提前6个月通知的约定不能产生法律约束力。

资料来源：《竞业限制期与提前通知期不能并用》（肖马，前程无忧，2003年4月10日）

7. 离职管理

在员工离职时，就商业秘密管理而言，应该注意完成以下工作：

（1）清退资料：离职职工应清退所有资料，如设计、数据、图纸、模型、实验记录、工作手册等，企业管理制度可规定职工离职前必须办理秘密资料的清退手续，未办理的，不予办理离职的其他手续。

（2）与离职职工的谈话：摸清去向，敦促对方履行保密义务。

（3）对离职员工进行调查，看员工是否遵守竞业限制协议，新工作有没有可能利用公司商业秘密。

【思考与行动】 (10分钟)

1. 翻开你所在公司目前的保密协议条款，详细看一遍，然后根据我们前面列出的保密协议主要条款和提示要点，列出需要改进的主要方面。

○ ______

○ ______

○ ______

○ ______

○ ______

2. 翻开你所在公司目前的竞业禁止协议条款，详细看一遍，然后根据我们前面列出的竞业禁止协议提示要点，列出需要改进的主要方面。

○ ______

○ ______

○ ______

○ ______

3. 除了保密协议和竞业禁止协议之外，你还可以运用哪些员工商业秘密管理战术，你将如何运用它？马上列出来。

(1)秘密管理战术一：______

具体运用要点：

○ ______

○ ______

(2)秘密管理战术二：______

具体运用要点：

○ ______

○ ______

(3)秘密管理战术三：______

具体运用要点：

○ ______

○ ______

我在本部分的收获与心得

第五部分

以证据为基础的劳动纠纷解决与预防

有些时候，尽管我们会全力去避免，仍需要通过仲裁或诉讼来解决部分劳动争议，通过法律手段来将“公司 VS 员工”的不同立场的利益争端简化。

首先介绍的是如何进行劳动争议仲裁和诉讼，包括劳动争议解决方式的介绍，劳动争议申请仲裁时效以及诉讼主体资格的问题。

在掌握了上面这些基本要点之后，你还需要掌握更进一步的纠纷“制胜术”，即实现以证据为基础的劳动争议解决，你需要了解证据收集的策略与问题，如何举证，以及如何判断证据的证明力和证明标准。

【内容提要】

第 16 章：劳动争议仲裁和诉讼

第 17 章：以证据为基础的劳动争议解决

第 16 章：劳动争议仲裁和诉讼

【本章提要】

□ 劳动争议解决方式

□ 劳动争议申请仲裁时效

□ 用人单位的诉讼主体资格

1. 劳动争议解决方式

• 仲裁与诉讼的衔接

劳动争议纠纷最终得到解决可能要经过三个法律程序，即劳动争议仲裁程序、诉讼一审程序、诉讼二审程序。

根据《中华人民共和国劳动法》、《中华人民共和国企业劳动争议处理条例》、最高人民法院《关于审理劳动争议案件适用法律若干问题的解释》的规定，劳动法律关系发生争议，仲裁程序是法定的必经程序，即劳动争议仲裁程序是人民法院受理的前置程序，当事人必须先向劳动争议仲裁委员会申请仲裁，对仲裁裁决不服的，才可以向人民法院起诉，否则，人民法院不予受理。

对劳动争议仲裁委员会的裁决，在法定期限内不向法院起诉，仲裁裁决发生法律效力。如一方不履行仲裁裁决的内容，当事人一方可以向法院申请执行。

当事人申请劳动仲裁，应向用人单位所在地的劳动争议仲裁委员会提出申请；劳动合同履行地与用人单位所在地不一致的，也可以由劳动合同履行地的劳动争议仲裁委员会管辖。也可以由劳动关系双方当事人在劳动合同有关仲裁条款中约定的劳动争议仲裁委员会管辖。

对仲裁裁决不服起诉的，或者仲裁裁决生效后申请执行的，应向劳动仲裁委员会所在地的人民法院提出。

鉴于"先裁后审"的劳动争议解决模式增加了劳动者维权成本，拖延了劳动争议解决时间，因此有关部门正在考虑改变目前的劳动争议解决方式，实行"或裁或审"的劳动争议解决方式，即劳动争议发生后，当事人可以选择劳动仲裁，也可以选择诉讼的方式解决劳动争议。具体内容将于《劳动争议处理法》中予以确定。公司法律风险防范沙龙 www. falvsalon. com. cn 将于第一时间更新，请定期登录。

- **仲裁与诉讼衔接的法律问题**

(1)对仲裁不予受理的司法救济。

最高人民法院《关于审理劳动争议案件适用法律若干问题的解释》的规定，当事人不服劳动争议仲裁委员会以当事人申请仲裁的事项不属于劳动争议、申请超过60日、主体不适格三种理由作出的不予受理的书面裁决、决定或通知而提起诉讼的，人民法院应当视情况作出处理。经审查属于劳动争议案件的，法院应当受理。

(2)在诉讼中增加请求的处理。

最高人民法院2001年司法解释第6条规定，法院受理劳动争议案件后，当事人增加诉讼请求的，如果该诉讼请求诉争的劳动争议有不可分性，应当合并审理，如属独立的劳动争议，应当告之当事人向劳动争议仲裁委员会申请仲裁。

是否具有不可分性应考察当事人增加的请求同已仲裁的事项是否基于同一事实或不可分离的事实而产生，若当事人增加的诉讼请求同已仲裁的事项都是因同一事件而引起，二者具有不可分性。

(3)在诉讼中减少诉讼请求的处理。

最高人民法院司法解释规定，劳动争议仲裁委员会作出裁决后，当事人对裁决中的部分事实不服，依法向人民法院起诉的，该裁决不发生法律效力。

提醒

仲裁与诉讼

当事人在仲裁中提出而未在诉讼中提出的请求，法院将不会审理；而仲裁裁决在当事人起诉后又不发生法律效力，这使得当事人之间经过仲裁后未提起诉讼的事项不能得到有效法律文书的认可而难以申请强制执行。

2. 劳动争议申请仲裁时效

根据《中华人民共和国劳动法》规定，劳动法律关系的当事人发生劳动争议，应当自劳动争议发生之日起60日内向劳动争议仲裁机构申请仲裁，除非有不可抗力或正当理由，仲裁机构应当作出不予受理的通知或决定。当事人不服，依法向人民法院起诉的，人民法院应当受理；对确已超过仲裁申请期限，又无不可抗力或者其他正当理由的，依法驳回其诉讼请求。因此，当事人在发生劳动争议后申请仲裁的时间只有60日。且在劳动仲裁委对争议进行仲裁后当事人必须在15日内向法院提起诉讼，否则仲裁发生法律效力。

(1)“劳动争议发生之日”，是指当事人知道或应当知道其权利被侵害之日。下列情形，视为劳动法第82条规定的“劳动争议发生之日”：

① 在劳动关系存续期间产生的支付工资争议，用人单位能够证明已经书面通知劳动者拒付工资的，书面通知送达之日为劳动争议发生之日。用人单位不能证明的，劳动者主张权利之日为劳动争议发生之日。

② 因解除或者终止劳动关系产生的争议，用人单位不能证明劳动者收到解除或者终止劳动关系书面通知时间的，劳动者主张权利之日为劳动争议发生之日。

③ 劳动关系解除或者终止后产生的支付工资、经济补偿金、福利待遇等争议，劳动者能够证明用人单位承诺支付的时间为解除或者终止劳动关系后的具体日期的，用人单位承诺支付之日为劳动争议发生之日。劳动者不能证明的，解除或者终止劳动关系之日为劳动争议发生之日。

(2) 拖欠工资争议，劳动者申请仲裁时劳动关系仍然存续，用人单位以劳动者申请仲裁超过60日为由主张不再支付的，人民法院不予支持。但用人单位能够证明劳动者已经收到拒付工资的书面通知的除外。

(3) 劳动者以用人单位的工资欠条为证据直接向人民法院起诉，诉讼请求不涉及劳动关系其他争议的，视为拖欠劳动报酬争议，按照普通民事纠纷受理。

(4) 当事人能够证明在申请仲裁期间内因不可抗力或者其他客观原因无法申请仲裁的，人民法院应当认定申请仲裁期间中止，从中止的原因消灭之次日起，申请仲裁期间连续计算。

仲裁时效中止，是指在仲裁时效进行期间，因发生法定事由阻碍权利人行使请求权，仲裁依法暂时停止进行，并在法定事由消失之日起继续进行的情况，又称为时效的暂停。

(5) 当事人能够证明在申请仲裁期间内具有下列情形之一的，人民法院应当认定申请仲裁期间中断：

① 向对方当事人主张权利；

② 向有关部门请求权利救济；

③ 对方当事人同意履行义务。

申请仲裁期间中断的，从对方当事人明确拒绝履行义务，或者有关部门作出处理决定或明确表示不予处理时起，申请仲裁期间重新计算。

仲裁时效中断是指已开始的仲裁时效因发生法定事由不再进行，并使已经经过的时效期间丧失效力。

3. 用人单位的诉讼主体资格

(1)劳动者与起有字号的个体工商户产生的劳动争议诉讼，人民法院应当以营业执照上登记的字号为当事人，但应同时注明该字号业主的自然情况。

(2)劳动者因履行劳动力派遣合同产生劳动争议而起诉，以派遣单位为被告；争议内容涉及接受单位的，以派遣单位和接受单位为共同被告。

(3)用人单位与其他单位合并的，合并前发生的劳动争议，由合并后的单位为当事人；用人单位分立为若干单位的，其分立前发生的劳动争议，由分立后的实际用人单位为当事人。

用人单位分立为若干单位后，对承受劳动权利义务的单位不明确的，分立后的单位均为当事人。

(4)用人单位招用尚未解除劳动合同的劳动者，原用人单位与劳动者发生的劳动争议，可以列新的用人单位为第三人。

原用人单位以新的用人单位侵权为由向人民法院起诉的，可以列劳动者为第三人。

原用人单位以新的用人单位和劳动者共同侵权为由向人民法院起诉的，新的用人单位和劳动者列为共同被告。

根据《劳动法》、《上海市劳动合同条例》规定："用人单位招用尚未解除劳动合同的劳动者，对原用人单位造成经济损失的，该用人单位应当依法承担连带赔偿责任。"

劳动争议案件中的第三人，既不是有独立请求权的第三人，也不是无独立请求权的第三人，是与案件处理结果既可以是法律上的，也可以是事实上的利害关系人。从产生劳动争议第三人的情况看，劳动争议案件第三人，一般为本案的义务人，把第三人引入诉讼或仲裁主要是为了让其承担责任，也就是在案件处理中是被诉方。

连带赔偿责任与劳动争议案件第三人

连带赔偿责任，就是指两个或两个以上的债务人，分别就共同债务对债权人承担全部清偿责任。原用人单位可以向现在的用人单位和劳动者中的任何一方或双方要求赔偿。

劳动争议案件第三人，是指与劳动争议案件的处理结果有直接利害关系，因而参加到原、被告已经开始的劳动争议诉讼中来进行诉讼的当事人。

劳动争议处理机构应通知第三人参加诉讼或仲裁活动。经劳动争议处理机构调解达成协议，其内容涉及第三人权利和义务的，第三人应在调解书上署名，劳动争议处理机构应当将调解书依法送达第三人。开庭审理劳动争议案件时，第三人经通知不到的，可以作缺席裁判。仲裁裁决第三人承担义务时，第三人对裁决不服的，有权向人民法院提起诉讼。第三人在规定的期限内不履行已发生法律效力的仲裁调解书、裁决书所规定的义务时，权利人可以向人民法院申请强制执行。

(5)劳动者在用人单位与其他平等主体之间的承包经营期间，与发包方和承包方双方或者一方发生劳动争议，依法向人民法院起诉的，应当将承包方和发包方作为当事人。

劳动争议仲裁委员会以申请仲裁的主体不适格为由，作出不予受理的书面裁决、决定或者通知，当事人不服，依法向人民法院起诉的，经审查，确属主体不适格的，裁定不予受理或者驳回起诉。

第 17 章：以证据为基础的劳动争议解决

【本章提要】

- □ 证据是胜诉的基础
- □ 证据收集
- □ 举证
- □ 证据的证明力与证明标准

1．证据是胜诉的基础

- **打官司就是打证据**

在劳动争议案件中，用人单位经常遇到有理说不清的情形。有理就是用人单位自己觉得有理，也就是确实有这回事；说不清，就是指无证据加以证明。没有证据加以证明的事实不是法律事实，不是法院认可的事实，仅仅是用人单位自己认为的事实。比如说，员工辞职到其他单位工作，后来觉得新单位还不如原单位，于是要求回来上班。原单位以其自愿辞职为由不同意，但是没有该员工的书面辞职申请。后来起诉到法院，法院认为单位应承担员工辞职的举证责任。因为单位没有了证据，只得接受员工重新回来上班的事实。

这告诉我们两个道理：第一，平时要注意保留证据。被保留的证据最好是书证或者录音、录像等视听资料。有一个人代他人领取工资，负责发放工资的人没有要求领款人签字，但留了一个心眼，要两个同伴在场见证。后来领款人果然否认领款，诉讼到法院，证人对此予以证明，结果此人败诉。这是注意保全证据的例子。第二，证据对打官司是至关重要的。打官司的时候，法官并不知道事实的真相是什么，他只能依赖证据。正是在这个意义上，我们通常所说的“以事实为依据”，实质上就是“以证据为依据”。在某种意义上，打官司就是打证据。

证据在诉讼中实际上是一个焦点与核心，证据直接决定案件事实的面貌。而有什么样的案件事实，便有什么样的法律后果或裁判结果。证据是案件的起点和基础。

- **法律规定的证据形式**

证据，能够证明民事案件真实情况的各种事实，也是法院认定有争议的案件事实的依据。

根据《民事诉讼法》规定，证据包括书证、物证、证人证言、当事人陈述、鉴定结论、视听资料、勘验笔录等形式。如果不符合这些形式，不能成为证据。

(1)书证。指以文字、符号所记录或者表示的以证明待证事实的文书。比如，劳动合同、任免文件。书证是劳动争议案件中普遍并大量应用的一种证据。

(2)物证。指用物品的外形、特征、质量等说明待证事实的一部分或者全部的物品。如劳动者生产的质量不合格的产品、被破坏的机器等。

(3)视听资料。指用录音、录像的方法记录下来的有关案件事实的材料。比如，用录音机录制的当事人的谈话，用录像机录制的人物形象及其活动，用电子计算机储存的数据和资料等。视听资料是随着科学技术的发展进入证据领域的。

(4)证人证言。指证人以口头或者书面方式向人民法院所作的对案件事实的陈述。证人所作的陈述，既可以是亲自听到、看到的，也可以是从其他人、其他地方间接得知的。证人证言是民事诉讼中广泛应用的一种证据，大部分民事案件都要依据证人证言来认定事实。

(5)当事人陈述。指案件的直接利害关系人向人民法院提出的关于案件事实和证明这些事实情况的陈述。

(6)鉴定结论。指人民法院指定的专门机关对民事案件中出现的专门性问题，通过技术鉴定作出的结论。比如劳动能力鉴定、文书鉴定、会计鉴定等。鉴定结论是应用专门知识所作出的鉴别和判断，具有科学性和较强的证明力，往往成为审查和鉴别其他证据的重要手段。

(7)勘验笔录。指人民法院对能够证明案件事实的现场或者不能、不便拿到人民法院的物证，就地进行分析、检验、勘查后作出的记录。它是客观事物的书面反映，是保全原始证据的一种证据形式。

一般认为，书证以其记载的内容来证明案件事实，易于固定，便于采信，证明效力比较高。口头证据或其他证据的证明力低于书证。

• 证据的条件

证据材料，是指民事诉讼当事人向法院提供的或者法院依职权收集的用以证明案件事实的各种材料。

证据材料是证据的来源和初始表现形式，证据材料是为了证明待证事实命题而提供的各种材料，这些材料中只有符合证据条件的，才能作为证据，成为法院认定案件事实的根据。

证据材料只有符合证据的客观性、关联性和合法性三个条件，才能够被法院采纳，成为证据。

(1)证据客观性指证据应该是客观存在的东西，必须来源于客观实际。

首先，证据的内容必须具有客观性，必须是对客观事物的反映。虽然这种反映可能会有错误和偏差，但是它必须以客观事物为基础。纯粹的主观臆断，毫无根据的猜测，即使被当事人提供为证据，也不具有可采性。

其次，证据必须具备客观存在的形式，必须是人们可以某种方式感知的东西。无论是物证、书证，还是证人证言、鉴定结论，都必须有其客观的外在表现形式，都必须是看得见摸得着的东西。

(2)证据的关联性是指证据必须与需要证明的案件事实或其他争议事实具有一定的联系，即证据的使用必须对证明案件事实或其他争议事实有确实的帮助。

在具体的司法实践中，可以把证据的关联性标准分解为以下三个问题：第一，这个证据能够证明什么事实；第二，这个事实对解决案件中的争议问题有没有实质性意义；第三，法律对这种关联性有没有具体的要求。

(3)证据的合法性标准包括以下内容：第一，证据的主体必须符合有关法律的规定。如不具备鉴定人资格的人作出的鉴定结论不符合证据的合法性标准。第二，证据的形式必须符合有关法律的规定。例如，鉴定结论和勘验检查笔录上必须有鉴定人员或勘验检查人员的签名盖章，如果没有上述人员签名盖章的鉴定结论和勘验检查笔录就属于形式不合法的证据，不能采用。第三，证据的收集程序或提取方法必须符合法律的有关规定，如采用侵犯他人权利取得的证据就不能被使用。

2. 证据收集

劳动争议进入法律程序，这时候整个程序开始围绕证据这个中心运转。在申请仲裁和起诉之前，首先面临证据的收集与调查问题。在证据的基础上，还原出事实真相。

- **当事人自行收集证据**

当事人熟悉案件背景和事实的来龙去脉，可以最为充分地利用各种途径收集证据，而且证据收集状况直接关系到当事人利益，因此当事人对收集证据具有强烈的动机。

(1)在当事人签订劳动合同、履行劳动合同和解除劳动合同整个劳动关系存续过程中，事先保留证据。主要的方法包括书证、无利害关系人证明、公证、登记备案法等。

（2）在纠纷发生过程中收集证据。例如搜集员工违纪的证据，可以要求违纪员工写事实经过、保证书等方式固定员工违纪的事实，也可以和员工面谈，与对方交涉，获得其对事实的认可同时对面谈的过程录音，通过员工的承认证明员工违纪事实。

- **申请公证机关进行证据保全**

"保全证据"是公证机关的法定业务。根据《民事诉讼法》，人民法院对经过公证证明的法律行为、法律事实和文书，应当确认其效力。但是，有相反证据足以推翻公证证明的除外。公证具有特别的证明效力，法院一般不得予以推翻。在实践中，用人单位经常遇到的举证困难是，在员工拒绝签收的情况下，如何证明通知向员工进行了送达，以及送达的内容。这种情况下，可以聘请公证机关对用人单位向员工以邮寄的方式发送通知以及通知的内容进行公证，此一公证也具有推定为真的证据效力。

- **申请鉴定机关进行鉴定**

鉴定结论是民事诉讼中常用的证据形式，它既可以使用在诉讼发生前，也可以使用在诉讼发生后。例如用人单位怀疑员工使用了假发票报销，这种情况下，用人单位可以到税务局申请对发票进行鉴定。如税务局经过鉴定，作出了该发票是假发票的鉴定结论。有了这些证据后，用人单位向法院起诉便稳操胜券了。

- **请求国家行政管理部门介入纠纷的解决**

在民事纷争发生后，可以向有关国家机关或社会公共团体请求介入处理，公共机关在处理的过程中，会对双方当事人进行询问，并作出有关笔录。而且，也可能向有关部门和个人调查收集证据。这些证据，在将来的民事诉讼中均可以使用，而且因为其有公信力的保证，其证明力往往较高。例如，员工在公司打架斗殴，用人单位可以向公安派出所报案，公安机关对纠纷处理过程中，会作出有关笔录和处理，这些均可以作为证据使用，用人单位因此证明员工扰乱办公场所秩序的事实。

证据保全

是指在证据有可能毁损、灭失或以后难以取得的情况下，人民法院对证据进行固定和保护的制度。

● **申请法院证据保全**

根据《民事诉讼法》规定，当事人可以申请法院证据保全。

申请证据保全的条件：

(1)待保全的事实材料应当与案件所涉及的法律关系有关，即应当是能够证明案件有关事实的材料；

(2)待保全的事实材料存在毁损、灭失或者以后难以取得的可能性；

(3)待保全的证据还没有提交到法院，或当事人无法将该证据提交法院；

(4)当事人申请保全证据，不得迟于举证期限届满前 7 日；

(5)法院要求当事人就证据保全申请提供担保的，当事人应提供担保。

证据保全的效力：申请人或者被申请人均可加以利用被保全的证据；被保全的证据证明了待证事实的，可免除有关当事人的举证义务；被保全的证据经过审查核实，可以作为定案的根据。

● **委托调查公司收集证据**

调查公司又被称为“私人侦探”，具有调查收集证据的专门技术和诀窍，并甘愿冒险从事。使用调查公司应注意其调查手段的合法性。

● **委托律师调查取证**

律师具有丰富的法律知识，而且具有丰富的办案经验和熟练的诉讼技巧。《律师法》明确赋予了律师调查取证的权力。律师调查取证比当事人调查取证方便得多，收集证据的范围也更加广泛。

提醒

证据的合法性

只有经过合法收集的证据材料才能作为证据使用，非法证据不具有证明力。以侵害他人合法权益或者违反法律禁止性规定的方法取得的证据是非法证据。非法证据不能作为认定案件事实的依据。

- **申请法院调查取证**

根据《民事诉讼法》的规定，“当事人及其诉讼代理人因客观原因不能自行收集的证据，或者人民法院认为审理案件需要的证据，人民法院应当调查收集”。

符合下列条件之一的，当事人及其诉讼代理人可以申请人民法院调查收集证据：

(1)申请调查收集的证据属于国家有关部门保存并须人民法院依职权调取的档案材料；

(2)涉及国家秘密、商业秘密、个人隐私的材料；

(3)当事人及其诉讼代理人确因客观原因不能自行收集的其他材料。

提醒

收集证据日期

当事人及其诉讼代理人申请人民法院调查收集证据，不得迟于举证期限届满前7日。

当事人及其诉讼代理人申请人民法院调查收集证据，应当提交书面申请。申请书应当载明被调查人的姓名或者单位名称、住所地等基本情况、所要调查收集的证据的内容、需要由人民法院调查收集证据的原因及其要证明的事实。

3. 举　证

- **举证方式**

根据民事诉讼法的规定，当事人对自己提出的诉讼请求所依据的事实或者反驳对方诉讼请求所依据的事实有责任提供证据加以证明。

当事人向人民法院提供证据，应当提供原件或者原物。如需自己保存证据原件、原物或者提供原件、原物确有困难的，可以提供经人民法院核对无异的复制件或者复制品。

当事人向人民法院提供的证据系在中华人民共和国领域外形成的，该证据应当经所在国公证机关予以证明，并经中华人民共和国驻该国使领馆予以认证，或者履行中华人民共和国与该所在国订立的有关条约中规定的证明手续。当事人向人民法院提供的证据是在我国香港、澳门、台湾地区形成的，应当履行相关的证明手续。

当事人向人民法院提供外文书证或者外文说明资料，应当附有中文译本。

当事人应当对其提交的证据材料逐一分类编号，对证据材料的来源、证明对象和内容作简要说明，签名盖章，注明提交日期，并依照对方当事人人数提出副本。

当事人应当在举证期限内向人民法院提交证据材料，当事人在举证期限内不提交的，视为放弃举证权利。对于当事人逾期提交的证据材料，人民法院审理时不组织质证。但对方当事人同意质证的除外。

当事人在举证期限内提交证据材料确有困难的，应当在举证期限内向人民法院申请延期举证，经人民法院准许，可以适当延长举

证期限。当事人在延长的举证期限内提交证据材料仍有困难的，可以再次提出延期申请，是否准许由人民法院决定。

- 举证责任

没有证据或者证据不足以证明当事人的事实主张的，由负有举证责任的当事人承担不利后果。这就是举证责任。

所谓举证责任，是指当事人对于诉讼中所主张的案件事实，应当提供证据加以证明的责任；在诉讼结束之时，如果案件事实仍处于真伪不明状态，应当由该当事人承担败诉或不利的诉讼后果的责任。

举证责任具有双重含义：

行为意义的举证责任是指当事人对其主张的事实所负担的提供证据加以证明的责任。行为意义的举证责任强调的是当事人举证的行为。

结果意义的举证责任是指待证事实处于真伪不明状态时，主张该事实的当事人所应承担的不利后果。结果意义的举证责任强调的是在作为裁判基础的事实处于真伪不明时，法院如何裁判的问题。

在法律没有具体规定，依司法解释无法确定举证责任承担时，人民法院一般根据公平原则和诚实信用原则，综合当事人举证能力等因素确定举证责任的承担。

诉讼过程中，一方当事人对另一方当事人陈述的案件事实明确表示承认的，另一方当事人无需举证。但涉及身份关系的案件除外。

对一方当事人陈述的事实，另一方当事人既未表示承认也未否认，经审判人员充分说明并询问后，其仍不明确表示肯定或者否定的，视为对该项事实的承认。

当事人委托代理人参加诉讼的，代理人的承认视为当事人的承认。但未经特别授权的代理人对事实的承认直接导致承认对方诉讼请求的除外；当事人在场但对其代理人的承认不作否认表示的，视为当事人的承认。

下列事实，当事人无需举证证明：

(1)众所周知的事实；

(2)自然规律及定理；

(3)根据法律规定或者已知事实和日常生活经验法则，能推定出的另一事实；

(4)已为人民法院发生法律效力的裁判所确认的事实；

(5)已为仲裁机构的生效裁决所确认的事实；

(6)已为有效公证文书所证明的事实。

● 劳动争议案件中用人单位的举证责任

在劳动争议纠纷案件中，因用人单位作出开除、除名、辞退、解除劳动合同、减少劳动报酬、计算劳动者工作年限等决定而发生劳动争议的，由用人单位负举证责任。

(1)劳动报酬证据。

发生劳动报酬的争议举证责任全部由用人单位承担，用人单位要证明什么时间发的、发给多少、发放的数据来源等。现在用人单位发放劳动报酬的形式有两种：单位直接发放给劳动者或通过银行代发，由银行代发的，在发放时间、发放多少的问题上通过提供银行的转账凭证就能证明，而由单位直接发放的其证明材料只能由单位出具，单位要将报酬发放表以书面的形式保存下来。有些用人单位，特别是一些私营企业、个体工商户发放劳动报酬没有工资单，没有劳动者的签字，一旦发生争议，用人单位只能承担不利后果。发放数据一般来源于这样几个文件：① 劳动合同书；② 集体合同书；③ 单位的劳动报酬分配制度；④ 出勤记录与完成任务记录。如果发放的记录与出勤记录和完成任务记录文件有关联的话，平时就要对考勤、完成任务数据的采集做到认真仔细，保证考勤、完成任务记录具有原始性、唯一性、真实性。如果单位不能提供发放报酬数据的来源，仲裁机构和审判机关就可能根据举证责任原则而采纳劳动者主张的数额。

(2)考勤证据。

考勤记录是用人单位认定员工出勤情况的凭证之一，也是计发员工劳动报酬、对旷工员工处理的依据之一，考勤记录能够作为证据使用必须具有原始性和真实性。原始性是指考勤表不是誊写、复制的，而是当时的考勤原件。真实性是指考勤记录经过本人的签字认可。如果没有相关的考勤记录，处理因此而发生的报酬纠纷、处罚纠纷、解除劳动合同纠纷时，劳动者提出疑问或否认，用人单位就要承担败诉的结果。因此，要想提高考勤资料的证明力，就必须要求考勤员认真、仔细做好考勤工作，及时将考勤情况特别是非正常出勤的考勤交与被考勤人签字确认。

(3)送达证据。

根据劳动法规的规定，劳动者被解除劳动合同，严重违纪或违法被开除的，应将决定以书面的形式及时送达劳动者。因没有送达或没有及时送达给劳动者造成损失用人单位要承担赔偿责任。因此用人单位不仅要及时将通知或决定送达劳动者，而且要留下送达的凭证。所谓凭证就是能够证明何时送达当事人的证明材料，最有效的证明材料就是让当事人签收的字据。当事人配合的好办，当事人不配合的怎么办？建议通过邮局采用特快专递将通知、决定送达到当事人住所(以当事人留给单位的最新地址为准)，采用这样送达方式的好处：一是直接快捷；二是在邮件单上能够注明送达的文件名称；三是邮局作为证明人可以证明送达过程。在邮局仍不能送达的情况下方可采用公告送达。无论采用哪种方式送达，都应尽可能留下送达的凭证，并将这些材料存档备查。

4. 证据的证明力与证明标准

◆ 证据证明力

证据的证明力系指证据对证明待证事实价值大小与强弱状态的价值或功能。

根据我国司法实践，对证据的证明力作出如下处理：

(1)下列证据不能单独作为认定案件事实的依据：

① 未成年人所作的与其年龄和智力状况不相当的证言；

② 与一方当事人或者其代理人有利害关系的证人出具的证言；

③ 存有疑点的视听资料；

④ 无法与原件、原物核对的复印件、复制品；

⑤ 无正当理由未出庭作证的证人证言。

(2)一方当事人提出的下列证据，对方当事人提出异议但没有足以反驳的相反证据的，人民法院一般确认其证明力：

① 书证原件或者与书证原件核对无误的复印件、照片、副本、节录本；

② 物证原物或者与物证原物核对无误的复制件、照片、录像资料等；

③ 有其他证据佐证并以合法手段取得的、无疑点的视听资料或者与视听资料核对无误的复制件；

④ 一方当事人申请人民法院依照法定程序制作的对物证或者现场的勘验笔录。

(3)人民法院委托鉴定部门作出的鉴定结论，当事人没有足以反驳的相反证据和理由的，一般认定其证明力。

(4)一方当事人提出的证据，另一方当事人认可或者提出的相反证据不足以反驳的，人民法院一般确认其证明力。

一方当事人提出的证据，另一方当事人有异议并提出反驳证据，对方当事人对反驳证据认可的，一般确认反驳证据的证明力。

(5)双方当事人对同一事实分别举出相反的证据，但都没有足够的依据否定对方证据的，人民法院一般结合案件情况，判断一方提供证据的证明力是否明显大于另一方提供证据的证明力，并对证明力较大的证据予以确认。

因证据的证明力无法判断导致争议事实难以认定的，人民法院一般依据举证责任分配的规则作出裁判。

(6)诉讼过程中，当事人在起诉状、答辩状、陈述及其委托代理人的代理词中承认的对己方不利的事实和认可的证据，人民法院一般予以确认，但当事人反悔并有相反证据足以推翻的除外。

(7)有证据证明一方当事人持有证据无正当理由拒不提供，如果对方当事人主张该证据的内容不利于证据持有人，可以推定该主张成立。

(8)当事人对自己的主张，只有本人陈述而不能提出其他相关证据的，其主张不予支持。但对方当事人认可的除外。

(9)人民法院就数个证据对同一事实的证明力，一般依照下列原则认定：

① 国家机关、社会团体依职权制作的公文书证证明力一般大于其他书证；

原始证据与传来证据

原始证据是指直接来源于案件事实或直接来源于原始出处的证据。

传来证据不是直接来源于案件事实的，也不是直接来源于信息原始出处的，而是经过某种中介从原始证据中产生出来的。例如书证原件是原始证据，书证的复印件和影印件就是传来证据。

② 物证、档案、鉴定结论、勘验笔录或者经过公证、登记的书证，其证明力一般大于其他书证、视听资料和证人证言；

③ 原始证据的证明力一般大于传来证据；

④ 直接证据的证明力一般大于间接证据；

⑤ 证人提供的对与其有亲属或者其他密切关系的当事人有利的证言，其证明力一般小于其他证人证言。

(10)人民法院认定证人证言，一般通过对证人的智力状况、品德、知识、经验、法律意识和专业技能等的综合分析作出判断。

◆ 证明标准

在劳动争议案件处理中，人们试图追求案件的客观事实，即完全还原案件的事实真相。所谓“客观事实”，就是原本发生的，在意识之外，不依赖人们的主观意识而存在的现实事实。案件的发生通常是在若干时间以前，法官、仲裁员不可能在场。因此在诉讼中，法官和仲裁员都不可能找出案件的客观事实，并根据案件的客观事实进行裁判。法官只能通过法定程序，按照证据规则，根据当事人提交的证据材料，经过质证采信后，对案件事实作出合理推断与认定。

法律事实只能接近客观事实，永远不能达到客观事实。因此就出现必须要解决的问题，证据对案件要证明到什么程度，才能认为证明任务已经完成，从而根据证据确定案件的事实。证据标准是证据学的基本问题。

证明标准是指证明主体对案件事实及其他待证事实的证明所应达到的程度。在劳动争议案件审理中，证明标准是证明目标是否已经达到的分界线，线上为已达到证明目标，负有举证责任当事人的证明任务完成；线下则被认为证明任务没有完成，因而其证明责任不能免除。

刑事案件中要求排除一切合理怀疑，证据标准必须做到“证据确凿、充分，事实清楚”的程度。而劳动争议案件只要求达到“高度盖然性”标准即可。

高度盖然性是指证明虽然没有达到使法官对待证事实确信为绝对真实的程度，但已经相信存在极大可能或非常可能真实的程度。

在民事诉讼证据无法达到确实充分，所证明的事实不能达到完全排除其他可能性的情况下，根据民事证据规则，案件的同一事实，除举证责任倒置外，由提出主张的一方当事人首先举证，然后由另一方当事人举证。另一方当事人不能提出足以推翻前一事实的证据的，对这一事实可以认定；提出足以推翻前一事实的证据的，再转由提出主张的当事人继续举证。

如果双方当事人对同一事实分别举出相反的证据，但没有足够的依据否定对方证据的，人民法院应当结合案件情况，判断一方提供证据的证明力是否明显大于另一方提供证据的证明力，并对证明力较大的证据予以确认。因证据的证明力无法判断导致争议事实难以认定的，人民法院应当依据证明责任分配的规则和辩论原则为基础，要求当事人为自己的主张或自己的反驳意见提供证据，如果双方当事人对同一事实分别举出相反的证据，但没有足够的依据否定对方证据，那么，如果一方提供的证据的证明力明显大于另一方提供证据的证明力，则认为达到了高度盖然性的证明标准；如果一方提供的证据的证明力不能明显大于另一方提供证据的证明力时，则人民法院依据举证责任分配的规则作出裁判。

✍ **我在本部分的收获与心得**

尾声

结束，却是新的开始！

感谢您的阅读和支持！祝你与你的企业共同取得成功！

赶快登录“公司法律风险防范沙龙”（www. falvsalon. com. cn），欢迎提出问题，让我们一起探讨令人兴奋的人力资源法律问题。

附　　录

附录1：人力资源法律即刻行动计划

有些事情给人第一印象是“不可能”，可是当你坐下来写一张行动计划表，你就会发现，还有其他许许多多的可能性呢！

- **我的现状、目标、差距与行动**

我的姓名		
我的口号		
我现在在哪里	知识现状	
	技能现状	
	其他现状	
我的目标要求我在哪里	知识要求	
	技能要求	
	其他要求	
我的差距在哪里	知识差距	
	技能差距	
	其他差距	
我的行动计划	知识行动	
	技能行动	
	其他行动	

- **我的 10 项具体行动项目**

○ ____________________

○ ____________________

○ ____________________

○ ____________________

○ ____________________

○ ____________________

○ ____________________

○ ____________________

○ ____________________

○ ____________________

附录 2：思考与行动参考解析

- **参考解析一**（思考题位置：第 2 章第 4 节）

1. “视频监控”参考解析

视频监控涉及公司管理权与员工隐私权的冲突。

首先我们看隐私权，办公场所是否存在隐私权？按照一般的法律定义，隐私权是个人私生活事务不受公开干扰的权利。因此员工是否存在隐私权，进一步归结到员工在办公场所有没有私生活的自由。公司对办公场所具有控制权，公司为员工提供办公场所，是出于办公目的，员工无权在办公场所从事私人行为。因此员工没有在办公场所从事私生活的行为自由。所以员工在办公场所没有隐私权。

就像上司对员工的工作实地视察不构成隐私权一样，视频系统不过是上司延长了的眼睛，因此通过视频系统监督员工的行为不构成隐私权。

但是，员工在工作场所、工作时间内有大小便的自由，根据公司规定有洗澡的自由。员工在方便和洗澡的时候，其身体是一种与公司无关的隐秘，公司不得窥探。员工的身体秘密构成隐私权。如果公司把摄像头安装在厕所、浴室等场所，则侵犯员工隐私权。

2. "网络监控"参考解析

网络监控的内容主要是通过 IP 地址检查员工浏览过的网站、发送电子邮件的去处和查看员工的聊天记录。检查员工浏览过的网站涉及隐私权委托，检查员工的电子邮件和聊天记录不仅涉及员工的隐私权，而且涉及员工的通信秘密。

员工的网络记录能否成为隐私权的对象，取决于公司是否允许员工利用公司网络从事一些私人活动。有些公司文化是允许员工在公司网络里从事一些私人活动的，那么员工在公司网络里从事的与公司无关的私人活动就构成隐私权的对象。如果公司不允许员工利用公司网络从事私人活动，那么员工违反公司规定从事私人活动就侵犯了公司利益，违反了公司管理，员工的私人活动不构成隐私权的对象。

聊天记录、电子邮件和私人信件、私人电话的性质一样，都是公民的通讯行为，根据宪法规定，公民的通讯秘密受法律保护，任何人都不能侵犯。因此电子邮件和聊天记录按照通讯秘密受法律保护，公司不得侵犯。

如果公司明确规定员工在工作时间不能聊天和发送公司未经允许的电子邮件，且公司已经明确告知员工公司安装了监控设施，在这样的情况下，员工的所有行为都应该是工作行为，对员工的工作行为，公司当然可以通过技术手段予以监控，通过监控员工的电脑使用，检查员工有没有聊天和发送未经公司允许的邮件。

如果公司发现员工在工作时间聊天、发送公司未允许的电子邮件，公司可以按照员工违反公司规定处罚员工，比如批评、罚金甚至解除劳动关系。但是只要员工没有侵犯公司的商业秘密，员工的聊天记录、电子邮件仍然受到通讯秘密的保护，公司不能公开员工的聊天记录和电子邮件内容。否则公司即构成侵犯员工的通信秘密。

推荐做法：公司制定网络监控相关的政策制度，合理规定个人对于即时聊天工具以及邮件系统等的使用范围，并向员工讲明监控的目的和方式。最好的做法是在雇用新员工或开始进行监督行为前，与员工签订一份协议。

3. “同事不得恋爱/结婚”参考解析

这个问题的实质是什么？——单位有没有权力禁止同一单位的员工结婚或者谈恋爱？

对此法律没有明确的规定，而只有类似的规定，如劳动合同中规定一方结婚或者怀孕，则劳动合同终止这样的条款无效。

从源头分析员工和公司的关系：签订合同前，双方地位平等，不具有管理和隶属关系；签订劳动合同后，公司可以管理员工，员工对公司具有隶属性。

通过劳动合同，员工把自己的部分权利交付给公司，这部分权利是：员工8小时的劳动时间支配权，在8小时内公司有权要求提供劳动，服从管理，遵守劳动纪律。员工必须服从公司管理和遵守公司劳动纪律。

剩下的权利员工没有交付给公司，仍然属于员工本人，这是员工保留的权利，公司无权干涉，只能尊重。

所以在一般情况下，公司无权干涉员工的恋爱、结婚等私生活，员工的私人道德等问题也不属于公司的管理范畴，员工工作时间之外兼职，只要不涉及公司的商业秘密，公司也就无权禁止。

对员工的私生活和8小时以外的管理，公司必须证明其行为对公司8小时内的工作已经构成影响，否则就无权管理。

因此，对本单位员工的相互结婚和恋爱，公司如果加以干涉，必须证明其行为对工作构成影响，而且其管理的程度以消除影响为适当。

实践中的操作：公司规章制度里不宜直接写明禁止本单位员工结婚或者谈恋爱；在发生本单位员工结婚或者谈恋爱并且对工作造成影响情况下，可采取调动的方式，如调动不能解决问题，则协商解除劳动合同。

4. “不怀孕条款”参考解析

已婚员工在符合计划生育情形下，具有生育自由。这种自由是公民的基本人权，任何公司不得剥夺。即使员工怀孕，对公司工作造成影响，公司也得接受这些现实，公司的任何管理必须在合乎法律的前提之下。所以，法律明确规定，用人单位无权以结婚、怀孕、产假、哺乳等为由，辞退女职工或单方面解除劳动合同。

- **参考解析二**（思考题位置：第 3 章第 1 节）

员工年前离职，公司应否发放年终奖，应根据年终奖的性质确定。而年终奖的性质，取决于员工年终奖的权利来源。而年终奖的权利来源，则必须看各公司的管理规定或劳动合同内容决定。

例如，若公司与员工约定每年给予 14 个月年薪，其中两个月的薪资在每年 12 月 31 日发放，在这种情形下，员工所领的年终奖金是属于“工资”，会受到《劳动法》中关于工资事项的保障。因此，员工在年前离职，公司应支付员工年终奖金。

若公司规定，年终奖应视公司当年度的盈余获利状况分配给员工，这时年终奖的“奖励”性质较浓，员工必须符合一定条件，公司才应发放年终奖给员工。

如果员工是在 12 月 31 日离职，这时公司有权利决定是否应发放年终奖给员工。

- **参考解析三**（思考题位置：第 4 章第 3 节）

界定员工的行为是不是加班，不仅要有延长工作时间的考勤记录，而且还要经过公司的批准。如果没有经过申请审批的程序，员工没有必要留下来工作，即便是自愿留下来，公司也可不认可为加班。

实践中对加班的认定包括：

第一，要看公司是否存在加班审批制度，若没有，只要员工出示了实际工作时间超过标准工作时间的考勤记录，即视为加班；

第二，如果公司有加班审批制度，员工没有经过相应的加班审

批程序，仅仅出示考勤记录，不作为加班处理。

因此公司应制定标准的加班程序：首先，单位应当设置规范的加班申请单，包含申请理由、加班截止时间等具体内容，由员工提出加班申请；其次，要经过部门经理签字，得到部门经理的确认；最后，到人事部门备案。

- **参考解析四**(思考题位置：第7章第2节)

1. “自愿放弃社会保险”参考解析

基本养老保险等社会保险，是国家要求强制实施的一项社会保障措施。我国《劳动法》等法律法规规定，用人单位和劳动者必须依法参加社会保险，缴纳社会保险费。因此，参加社会保险包括基本养老保险是用人单位及其职工的法定义务，不管是用人单位还是职工，都不得放弃参加社会保险。

虽然职工自愿放弃参加保险，甚至有的职工还签署了自愿放弃的书面声明，但这也是违反法律的行为。放弃参加保险，一方面使职工丧失了今后根据缴费年限享受养老保险的权利，不利于对自身权利的保护，另一方面，对于单位来说，同样存在着很大的风险，如果职工为此与用人单位发生仲裁、诉讼，用人单位不但要进行补缴，而且还要接受劳动保障部门的强制征缴以及行政处罚。因此，无论是用人单位还是职工，都应该认识到社会保险的重要性，依法缴纳或代扣代缴社会保险费。

2. “自行约定社会保险缴费基数”参考解析

社会保险的强制性，决定了参加保险的双方当事人不得自行确定是否参加保险，以及选择保险项目。被保险人及其所在用人单位，必须依据国家法律规定的保险金额缴纳社会保险费，并不能自行选择缴费标准，公司和员工事先约定，以基本工资作为缴纳社会保险费缴费基数的做法，是不符合国家政策规定的。

依法缴纳社会保险费是用人单位和劳动者应尽的义务。《劳动法》第 72 条规定："用人单位和劳动者必须依法参加社会保险，缴纳社会保险费。"根据该规定，劳动关系双方当事人必须参加社会保险，缴纳社会保险费，这是《劳动法》对劳动关系当事人确定的法定义务。缴纳社会保险费不单是用人单位的义务，也是劳动者的义务，它是用人单位和劳动者的共同义务。对于权利，当然可以放弃，但是对于义务，就必须履行，而无权放弃。

上年度工资总额是确定社会保险费缴费基数的依据，月缴费基数标准为上年度缴费职工月平均工资，但不超过上年度全市职工月平均工资的 300%，同时，缴费基数不低于上年度当地职工的月最低工资或上年度本市职工月平均工资的 60%。

3. "试用期期间社会保险"参考解析

试用期是用人单位和劳动者为相互了解、选择而约定的不超过 6 个月的考察期。根据原劳动部《关于实行劳动合同制度若干问题的通知》的规定，试用期包括在劳动合同期限中，因此试用期属于用人单位与劳动者建立劳动关系的期限。根据《劳动法》第 72 条的规定，用人单位对处于试用期的员工也要缴纳社会保险费。

4. "工资不确定时的缴费基数"参考解析

公司在为职工办理社会保险时，往往因为劳动者的工作职位高低和月收入稳不稳定难以确定员工缴费基数的标准。确定缴费基数的标准是上年度缴费职工月平均工资，如果无法确定上年度缴费职工月平均工资的，按社会平均工资或劳动者第一个月的工资收入作为缴费基数。

- **参考解析五**(思考题位置：第 8 章第 3 节)

《最高人民法院关于审理劳动争议案件适用法律若干问题的解

释(二)》第 6 条明确规定，“劳动者因为工伤、职业病，请求用人单位依法承担给予工伤保险待遇的争议，经劳动争议仲裁委员会仲裁后，当事人依法起诉的，人民法院应予受理”。也就是说，不论是什么原因造成的工伤，受伤职工(包括工亡职工的近亲属)都可以依法享受工伤待遇。

- **参考解析六**(思考题位置：第 10 章第 6 节)

处理这种问题一般有两种方式：

(1)是原公司注销，成立的一家与原公司没有任何法律关系的新公司，那么原公司解散注销前应当支付职工经济补偿金，B 公司再解除时只支付在 B 公司工作期间的经济补偿金。

(2)是 A 公司解散时不支付，但是由 A、B 公司和员工作出约定，约定 B 公司接受原公司职工，连续计算员工在 A 公司工作年限。

- **参考解析七**(思考题位置：第 11 章第 3 节)

1. “试用期解除合同权”参考解析

根据《劳动法》第 32 条之规定，劳动者在试用期内可以随时通知用人单位解除劳动合同。劳动法赋予了劳动者试用期随时解除劳动合同的权力，且该解除权是无条件的。用人单位在劳动合同中约定劳动者承担违约责任实际上限制了劳动者的解除权，违反了法律规定，因此无效。

2. “培训费用”参考解析

用人单位出资对职工进行各类技术培训，劳动者提出与单位解除劳动关系的，如果在试用期内，则用人单位不得要求劳动者支付该项培训费用。

- 参考解析八（思考题位置：第 12 章第 2 节）

1．“这样做是否合法”参考解析

末位淘汰的法律观点：

(1)解聘的前提条件是不胜任现担任的职务，而末位只能证明在本部门的考评分数的序列，并不能作为不能胜任工作的依据。处于末位不等于不胜任工作。在 10 个劳动者的竞争中可能 10 个人都胜任工作，但总有一个处于末位；可能 10 个人都不胜任，即使处于第一名也不符合工作要求。

(2)劳动合同是封闭性的合同，是特定的一个劳动者与单位签订的约定，单位没有权力根据其他劳动者的工作情况来决定这个劳动者是否终止合同。如果劳动合同有“末位淘汰”的约定，这样的约定本身就不合法。

(3)按照最高人民法院出台的最新司法解释《关于审理劳动争议案件适用法律若干问题的解释(二)》，“劳动合同的效力优先于单位制定的内部规章”的法律规定，企业内部规定的“末位淘汰”不能对抗劳动合同中约定的终止时间并提前与职工解除合同。

因此，对处于考评末位的员工直接解除劳动合同违反了劳动法的规定。

2．“如何做才合法”参考解析

考评指标应与职务说明书上列明的职务要求一致。如果两者不一致，则考评结果不能证明员工是否符合岗位资格要求。

末位淘汰有三种形式，一是处于末位的劳动者将调离某一职位；二是处于末位经过培训仍然处于末位时，在合同终止期到来后不再续签；三是处于末位的劳动者因此被企业提前解除合同。前两种方式没有法律上的障碍。因此公司考评的时间应稍微提前劳动合同终止的时间，对考评不合格的员工，公司可以选择不续签劳动合

同。如果在合同期中间，不宜直接解除合同，而应采取调整工作岗位或进行培训的补救办法。

- **参考解析九**（思考题位置：第13章第3节）

1．“培训是否为工作行为”参考解析

员工参加培训是不是工作行为，法律没有明确的界定。但员工参加培训可以肯定，是和工作相关联的行为。对员工参加培训，因为参加学习而不能或无法完成工作任务的，单位可以根据工作量和考核标准，适当调整工资和奖金发放标准。对在周末参加的培训，因为不是直接从事工作，所以用人单位可以不按加班处理，不需支付加班工资。

2．“不参加培训”参考解析

培训是和工资相关联的行为，员工应参加单位组织的培训。如果员工拒绝参加单位组织的培训，单位可以按照公司规章制度的规定对员工进行处罚。

附录3：劳动法掌握自查表参考答案

一、单项选择题（每小题1分，共14分）

(1)B (2)D (3)D (4)D (5)A (6)D (7)D (8)B

(9)A (10)B (11)A (12)D (13)A (14)A

二、多项选择题（每小题2分，共24分）

(1)CDE (2)BCDE (3)ABC (4)ABCE (5)BCDE

(6)ABDE (7)BCD (8)AD (9)BCD (10)BCD

(11)ABCD (12)ABD